30일 벼락치기

한국사
능력검정시험

도서인증	성함	
	아이디	
	구입날짜	

www.goseowon.co.kr

머리말

안녕하세요.

이번에 한국사능력검정시험 중급 시험을 대비하여 족집게 개념서를 만든 유쾌발랄 은쌤입니다. 이렇게 여러분을 만나게 되어 너무 기분이 좋네요.

본서는 여러분의 합격을 위해 그동안 출제된 모든 문제를 하나도 빠짐없이 분석하여 출제율이 높은 주제만을 모아서 만들었습니다.

시험공부를 할 시간이 모자라거나, 많은 양의 한국사의 내용 중 중요한 부분에 대해 전혀 감을 잡지 못하거나, 시험을 치기 전 최종적으로 중요한 부분을 정리하고 싶은 학생 등을 위해 만들었습니다.

특히 본서는 중요한 주제가 실제로 출제되었던 횟수와 문항 번호를 기재하여 복습하기에도 쉽게 만들었습니다.

비록 100점을 장담해드릴 수는 없지만, 기본적으로 시험을 치기 전에 꼭 알아야 하는 주제만을 모아 다루었기 때문에, 시험을 대비하고 합격에 한 걸음 더 가까워지는 데 큰 도움이 될 것으로 생각됩니다.

끝으로 본서를 통해 시험을 준비하시는 모든 수험생에게 합격의 영광이 있기를 간절히 바라며, 이 책이 출간되기까지 도와주시고 세심하게 신경을 써주신 모든 분께 감사의 마음을 전합니다.

저자 은동진(殷東眞)

특징 및 구성

기본 개념이 가장 쎈 한국사능력검정시험 30일 벼락치기

❶ 시험을 오랜 기간 준비한 수험생들에게는 합격을 위한 최종마무리와 주요 개념의 복습을!!
❷ 시험에 대비해야할 시간이 부족한 수험생들에게는 중요 요점만을 알려줘 최대의 효율성을!!
❸ 시험 전 마무리를 원하는 학생에게는 중요 개념에 핵심만 쏙 알 수 있어 시간단축을!!

출제 핵심포인트

각 단원마다 중요한 출제 포인트들을 간략하게 정리하여 수록하였으며 매 단원마다 시험에 출제된 횟수를 넣어 중요도 높은 단원을 쉽게 이해하도록 하였다.

자료 쏙! 쏙!

각 단원마다 중요도 높은 지도와 사진들을 모아 수록해 놓았다. 이론과 함께 사진을 보며 이해도를 높이고 더 많은 자료를 익힐 수 있다.

특징 및 구성

기본 개념이 가장 쎈 한국사능력검정시험 30일 벼락치기

1! 하루에
2! 20분씩
3! 30일 동안
완성해 나가는 완벽대비서

한국사능력검정시험 기출문제

실제 시험에 출제되었던 문제를 수록하여 수험생들의 실전 대비에 더욱 도움이 되고자 하였다. 또한 상세한 해설을 수록하여 자기주도 학습에 도움이 된다.

> **기출문제** 11회 중급 1번
> 그림은 어느 시대의 생활 모습을 나타낸 것이다. (가)에 들어갈 말로 적절한 것을 〈보기〉에서 고른 것은? [2점]
>
>
>
> | 보기 |
> ㉠ 고인돌을 만들다가 다친 돌쇠에게 문병이나 가야겠다.
> ㉡ 청동으로 무기를 만들어야 하는데, 원료를 어디서 구하지.
> ㉢ 내일은 가락바퀴로 실을 뽑는 방법을 배우러 가야겠다.
> ㉣ 조와 피를 심었는데, 조상님께 농사가 잘 되기를 빌어야지.
>
> ① ㉠, ㉡   ② ㉠, ㉢
> ③ ㉡, ㉢   ④ ㉡, ㉣

예상문제

기출문제분석을 통해 반드시 시험에 출제되는 적중률 100% 문제를 수록하였다. 또한 상세하고 꼼꼼한 해설로 수험생의 학습에 도움을 주고자 하였다.

> **예상문제**
> 다음 수업 시간에 활용할 자료로 적절한 것은? [2점]
>
> ○○○시대의 생활 모습
> • 벼농사의 시작
> • 계급 분화, 군장(족장)의 출현
> • 울주 대곡리 반구대 암각화
> • 고인돌, 돌널무덤
>
> ① 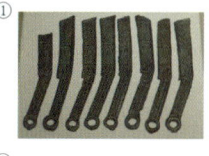   ②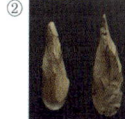
> ③    ④

차례

34회 출제 **01**일	선사시대에서 한번 신명나게 뛰어놀아 볼까요?	16
31회 출제 **02**일	우리나라 최초의 군장국가 고조선에는 어떤 일이?	24
	어머나! 철기를 바탕으로 성장한 여러 나라에는 어떤 일이?	26
43회 출제 **03**일	삼국시대 왕들의 치열했던 삶을 한번 살펴볼까요?	32
40회 출제 **04**일	통일신라·고려시대 왕들은 왕권강화를 위해 어떠한 노력을 했을까요?	40
76회 출제 **05**일	조선시대 치열한 삶을 살았던 왕들을 한번 살펴볼까요?	48
22회 출제 **06**일	흔들흔들 휘청휘청하는 신라 하대의 사회를 살펴볼까요?	60
28회 출제 **07**일	대륙을 호령한 발해의 성장과 몰락을 한번 살펴볼까요?	68
43회 출제 **08**일	고려시대 집권세력의 변화를 통해 고려사 전체를 원샷원킬!!!	76
26회 출제 **09**일	고려시대와 조선시대에서 정치를 한번 해볼까요?	84
21회 출제 **10**일	고려와 조선시대에서 우리 모두 학생이 되어 볼까요?	90
43회 출제 **11**일	조선을 이끌어간 성리학의 발전과 전개과정을 살펴볼까요?	98
25회 출제 **12**일	조선시대 수취 체제는 어떻게 개편 되었을까요?	108
	고려시대와 조선시대에 여성의 지위는 어떻게 달라졌을까요?	113
39회 출제 **13**일	조선 후기의 경제활동과 상인들의 활약상을 살펴볼까요?	116
25회 출제 **14**일	나무아미타불 관음보살!!! 나무아미타불 관음보살!!!	124
19회 출제 **15**일	백성이 잘 사는 나라를 꿈꾸었던 실학자를 살펴볼까요?	132

차례

20회 출제 **16일**	평등과 자주를 외친 동학농민운동에 가담해 볼까요?	140
54회 출제 **17일**	우리나라의 탑과 도자기의 아름다움을 느껴 볼까요?	148
45회 출제 **18일**	미소가 아름다운 불상과 조선의 옛 그림을 감상해 볼까요?	158
21회 출제 **19일**	대한독립만세!!! 대한독립만세!!! 대한독립만세!!!	168
27회 출제 **20일**	치밀한 일본의 국권 침탈 과정과 우리의 저항을 살펴볼까요?	174
37회 출제 **21일**	일본의 침략에 맞선 우리 민족의 노력을 알아볼까요?	184
31회 출제 **22일**	일제의 식민통치에 의한 우리 민족의 수난을 살펴볼까요?	192
44회 출제 **23일**	독립을 향한 불타오르는 투쟁을 살펴볼까요?	200
21회 출제 **24일**	대한민국 임시정부와 독립을 위한 노력을 살펴볼까요?	212
50회 출제 **25일**	한국사의 판도를 바꿔 놓은 결정적 전쟁을 살펴볼까요?	220
25회 출제 **26일**	대한민국의 수립과 발전을 살펴볼까요?	232
38회 출제 **27일**	이승만·박정희 정부의 빛과 그림자를 살펴볼까요?	242
31회 출제 **28일**	민주주의를 향한 열망과 평화 통일을 위한 노력을 살펴볼까요?	254
42회 출제 **29일**	우리 조상들의 지혜가 담긴 책들을 만나 볼까요?	262
52회 출제 **30일**	많은 역사가 담겨 있는 주요지역과 자주 출제되는 내용을 살펴볼까요?	272
	조선의 개항과 불평등 조약을 알아볼까요?	277
	통신사와 한·일 교류를 알아볼까요?	282

한국사능력검정시험
시험안내

〉〉〉 목적

- 학생 및 일반인을 대상으로 '한국사능력검정시험'을 시행함으로써 우리 역사에 대한 관심을 확산·심화시키는 계기를 마련함
- 전 국민이 한국사에 대해 폭넓고 올바른 지식을 공유함으로써 균형 잡힌 역사의식을 갖도록 함
- 한국사 전반에 걸쳐 역사적 사고력을 평가하는 다양한 유형의 평가 문항을 개발함으로써 역사 교육의 올바른 방향을 제시함
- 역사학습을 통해 고차원적 사고력과 문제해결능력을 육성함으로써 학생 및 일반인들의 학습 능력 향상에 도움을 주도록 함

〉〉〉 기본 방침

- 응시대상은 한국사에 관심 있는 대한민국 국민(외국인도 가능) 모두 해당함
- 시험은 고·중·초급 3종류로 구분하되, 시험 종류별로 성적에 따라 평가 등급을 2개로 나누어 인증
- 합격 기준은 급수별 만점의 60% 이상으로 하되, 70% 이상인 경우 1급(고급)·3급(중급)·5급(초급) 인증
- 공정한 운영을 위해 '한국사능력검정시험자문위원회'의 자문을 받음

〉〉〉 응시대상

- 한국사에 관심 있는 대한민국 국민(외국인도 가능)
  한국사 학습자
  상급 학교 진학 희망자
  기업체 취업 및 해외 유학 희망자 등

>>> 시험 종류 및 평가 등급

시험 구분	인증등급	합격점수	문항수(객관식)
고급	1급	만점의 70% 이상	50문항 (5지 택1)
고급	2급	만점의 60% 이상	50문항 (5지 택1)
중급	3급	만점의 70% 이상	50문항 (5지 택1)
중급	4급	만점의 60% 이상	50문항 (5지 택1)
초급	5급	만점의 70% 이상	40문항 (4지 택1)
초급	6급	만점의 60% 이상	40문항 (4지 택1)

>>> 등급별 평가내용

시험 구분	평가 기준
고급	한국사 전문과정으로 전문적인 역사 지식, 통합적 이해력 및 분석력을 바탕으로 시대의 구조를 파악하고, 현재의 문제를 창의적으로 해결할 수 있는 능력 평가
중급	한국사 기본·심화과정으로 한국사에 대한 기본적인 이해를 바탕으로 한국사의 흐름을 대략적으로 이해할 수 있는 능력과, 전반적인 이해를 바탕으로 한국사의 개념과 전개 과정을 체계적으로 파악할 수 있는 능력 평가
초급	한국사 입문과정으로 한국사에 대한 흥미와 관심을 가지고 있으면 누구나 이해할 수 있는 기초적인 역사 상식을 평가

⟩⟩⟩ 시험시간

등급	시간	내용	소요시간
고급 (1급, 2급)	10:00~10:10	답안지 작성에 관한 오리엔테이션	10분
	10:10~10:15	신분증 확인(감독교사)	5분
	10:15~10:20	문제지 배부 및 파본 검사	5분
	10:20~11:40	시험 실시 (50문항)	80분
중급 (3급, 4급)	10:00~10:10	답안지 작성에 관한 오리엔테이션	10분
	10:10~10:15	신분증 확인(감독교사)	5분
	10:15~10:20	문제지 배부 및 파본 검사	5분
	10:20~11:40	시험 실시 (50문항)	80분
초급 (5급, 6급)	10:00~10:10	답안지 작성에 관한 오리엔테이션	10분
	10:10~10:15	신분증 확인(감독교사)	5분
	10:15~10:20	문제지 배부 및 파본 검사	5분
	10:20~11:20	시험 실시 (40문항)	60분

⟩⟩⟩ 활용 및 특전

○ 2012년부터 한국사능력검정시험 2급 이상 합격자에 한해 인사혁신처에서 시행하는 5급 국가공무원 공개경쟁채용시험 및 외교관 후보자 선발시험에 응시자격 부여

○ 2013년부터 한국사능력검정시험 3급 이상 합격자에 한해 교원임용시험 응시자격 부여

○ 국비 유학생, 해외파견 공무원, 이공계 전문연구요원(병역) 선발 시 국사시험을 한국사능력검정시험(3급 이상 합격)으로 대체

○ 일부 공기업 및 민간기업의 사원 채용이나 승진 시 반영

○ 2014년부터 한국사능력검정시험 2급 이상 합격자에 한해 인사혁신처에서 시행하는 지역인재 7급 수습직원 선발시험에 추천 자격요건 부여

○ 대학의 수시모집 및 공군·육군·해군·국군간호사관학교 입시 가산점 부여

⟫⟫⟫ 응시 수수료

시험 구분	고급	중급	초급
응시료	18,000원	16,000원	11,000원

⟫⟫⟫ 원서접수 방법 및 시험 장소

- ○ 접수 방법 : 한국사능력검정시험 홈페이지(http://www.historyexam.go.kr)
- ○ 시험 장소 : 서울, 부산, 대구, 인천, 광주, 대전, 울산, 경기, 강원, 충남, 충북, 경남, 경북, 전남, 전북, 제주
- ○ 성적통지 방법 : 응시자가 '한국사능력검정시험 홈페이지'에서 확인
  (성적 조회 및 성적 통지서, 인증서 출력 가능)

※ 성적통지서 및 인증서(카드포함) 등은 기관에서 별도로 발급하지 않음

⟫⟫⟫ 한국사능력검정시험 특징

한국사능력검정시험은 역사에 대한 전 국민적 공감대를 형성하고, 한 나라의 국민으로서 알아야 하는 기본적인 역사적 소양을 측정하기 위한 시험으로,

① 한국사 학습능력을 측정할 수 있는 대표적인 시험이다.

② 입시생, 각종 채용시험뿐만 아니라 다양한 연령층과 직업군의 사람들이 응시한다.

③ 국가기관인 국사편찬위원회가 주관하여 수준 높고 참신한 문항과 공신력 있는 관리를 통해 안정적인 시험 운영을 하고 있다.

④ 단순 암기위주의 문항에서 탈피하여, 다양한 영역에서의 여러 접근방법을 통해 풀 수 있는 참신하고, 탐구력을 증진할 수 있는 문항 개발을 위해 노력하고 있다.

⑤ 합격의 당락을 결정하는 선발 시험이 아닌, 한국사의 학습능력을 인증하는 시험이다.

〉〉〉 한국사능력검정시험 관리 및 시행기관

국사편찬위원회는 우리 역사에 대한 관심을 제고하고, 한국사 전반에 걸쳐 역사적 사고력을 평가하는 다양한 유형의 문항을 개발하여 한국사 교육의 올바른 방향을 제시하고, 자발적 역사학습을 통해 고차원적 사고력과 문제해결 능력을 배양하고자 한다.

〉〉〉 한국사능력검정시험 FAQ

① 문제출제 유형은 어떻게 되나요?

모든 급수의 시험은 서술형 문제없이 선택형(객관식) 문항만으로 시행됩니다. 각 급수별 문제의 유형 및 난이도는 자료실에 공개된 기출문제를 참조하시기 바랍니다.

② 각 급수 별 시험을 준비할 수 있는 문제지나 수험서가 있나요?

국사편찬위원회에서는 한국사능력검정시험과 관련하여 수험서나 문제지를 간행하고 있지 않습니다. 타 출판사에서 출판되는 수험서나 문제지를 참고하시거나 초, 중, 고등학교 국사 교과서 및 역사전공 관련 서적을 중심으로 공부하시기 바랍니다. 각 급수 별 시험출제 난이도는 다음과 같습니다.

- 고급(1급~2급) : 한국사 심화 과정(대학교 전공 및 교양학습 수준)
- 중급(3급~4급) : 한국사 기초, 심화과정(중고등학교 학습 수준 및 대학교 기초교양)
- 초급(5급~6급) : 한국사 입문과정(초등학교 심화 및 중학교 기초 학습 수준)

③ 국가공인 자격증인가요?

국가공인자격증은 아닙니다. 한국사능력검정시험에 합격한 분에게는 국사편찬위원회 한국사능력검정시험 인증서가 발급됩니다.

④ 시험은 1년에 몇 번 치러집니까?

2012년부터 시험이 4회 치러집니다.

⑤ 각 급수 별 출제범위가 어떻게 됩니까?

1급부터 6급까지 급수에 상관없이 출제 범위는 상고사부터 근·현대사까지입니다.

>>> 출제경향

한국사능력검정시험의 문항은 역사교육의 목표 준거에 따라 다음의 여섯 가지 유형으로 구분됩니다.

▶ **역사 지식의 이해**

역사 탐구에 필요한 기본적인 지식, 즉 역사적 사실·개념·원리 등의 이해 정도를 묻는 영역입니다.

▶ **연대기의 파악**

역사의 연속성과 변화 및 발전을 이해하고 있는지를 묻는 영역입니다. 역사 사건이나 상황을 시대 순으로 정확하게 이해하고 인과 관계를 파악할 수 있는가를 묻습니다.

▶ **역사 상황 및 쟁점의 인식**

제시된 자료에서 해결해야 할 구체적 역사 상황과 핵심적인 논쟁점, 주장 등을 찾을 수 있는지를 묻는 영역입니다. 문헌자료, 도표, 사진 등의 형태로 주어진 자료에서 해결해야 할 과제를 포착하거나 변별해내는 능력이 있는지를 측정합니다.

▶ **역사 사료의 분석 및 해석**

자료에 나타난 정보를 해석하여 그 의미를 파악할 수 있는가를 묻는 영역입니다. 정보의 분석을 바탕으로 자료의 시대적 배경과 사회적 의미를 해석할 수 있는가를 측정합니다.

▶ **역사 탐구의 설계 및 수행**

제시된 문제의 성격과 목적을 고려하여 절차와 방법에 따라 역사 탐구를 설계하고 수행할 수 있는 능력이 있는가를 묻는 영역입니다.

▶ **결론의 도출 및 평가**

주어진 자료의 타당성을 판별하고, 여러 자료를 종합하여 결론을 도출할 수 있는가를 묻는 영역입니다.

한국사능력검정시험
1일에서부터 30일까지

기출문제를 분석하여 출제율이 높은 핵심내용만을 골라 체계적으로 구성

기존의 개념서에서는 볼 수 없는 파격적이고 효과적인 개념정리

개념정리와 핵심 문제풀이를 한 번에 해결할 수 있는 기회

시험에 출제될 만한 그림과 도표를 최다 수록하여 학습효과를 높이도록 도움

단원마다 출제 횟수를 수록하여 수험생이 시험에 대한 중요도를 익히도록 구성

01 일차

46 회 출제

선사시대에서 한번 신명나게 뛰어놀아 볼까요?

자료쏙쏙!

출제핵심포인트

- 구석기 → 신석기 → 청동기 → 철기시대 문화와 생활상의 차이를 알아야 합니다.
- 문자로 된 사료가 없기 때문에 유물과 유적이 매우 중요합니다.
- 유물과 유적을 통해 선사시대의 생활상을 이해할 수 있어야 합니다.

01 구석기 시대(약 70만 년 전)

11 회 출제

30회 중급 1번	27회 중급 1번	23회 중급 1번	20회 중급 1번	17회 중급 1번
15회 중급 3번	8회 4급 1번	7회 3급 1번	6회 4급 3번	2회 3급 1번
1회 4급 1번				

① 생활상
  ㉠ 경제생활 : **사냥과 채집**을 위주로 자연에서 식량 획득
  ㉡ 주거생활 : 일정치 않은 주거로 **동굴이나 바위그늘**, 또는 **강가에 막집**을 짓고 생활
  ㉢ 사회생활
    • 사냥감과 식량을 얻고, 이동생활 중의 안전을 위해 **이동·무리생활**
    • 낮은 생산력으로 평등한 공동체적 생활, 지배계급이 없음
  ㉣ 예술활동
    • 뼈나 뿔을 이용한 조각품 제작
    • 바위나 돌에 고래, 물고기 등의 조각을 새김(사냥감의 번성을 비는 주술적 의미)

② 도구
  ㉠ 뗀석기(주먹도끼, 찍개, 찌르개, 긁개, 밀개), 뼈 도구, 불 사용
  ㉡ 석기를 다듬는 수법에 따라 전기, 중기, 후기로 구분

전기	큰 석기 한 개를 가지고 여러 가지 용도로 사용
중기	큰 몸돌에서 떼에 낸 돌조각인 격지들을 가지고 잔손질하여 석기를 만듦
후기	형태가 같은 여러 개의 돌날격지를 만듦

>>>> 구석기 시대의 유적지

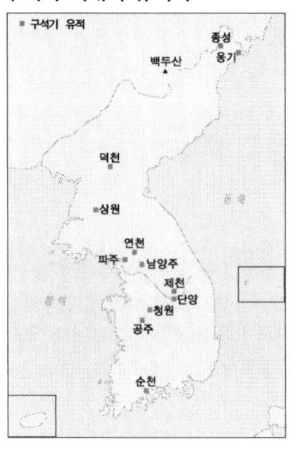

>>>> 뗀석기(주먹도끼)

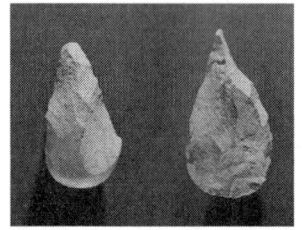

02 신석기 시대(약 1만 년 전)

21회 출제

28회 중급 1번	25회 중급 1번	22회 중급 1번	17회 중급 1번	16회 중급 1번
15회 중급 1번	14회 중급 3번	13회 중급 1번	12회 중급 1번	11회 중급 1번
10회 4급 1번	9회 3급 1번	9회 4급 1번	7회 4급 1번	6회 3급 1번
5회 3급 1번	4회 3급 1번	4회 4급 44번	3회 3급 2번	3회 4급 11번
2회 4급 1번				

① 생활상
  ㉠ 경제생활
   • **농경의 시작**(신석기 혁명)으로 자연스럽게 정착 생활과 목축이 행해짐
   • 조·피·수수 등 잡곡류 재배 및 **돌로 만든 농기구**(돌괭이, 돌삽, 돌보습, 돌낫, 뒤지개) 사용
   • 농업 생산력 미약으로 여전히 사냥과 고기잡이 중시
  ㉡ 주거생활
   • 주로 **강가나 바닷가에 움집**을 짓고 살음(**정착 생활**)
   • 집 형태는 **원형·모서리가 둥근 네모바닥, 중앙에 화덕**, 남쪽 출입문, 화덕·출입문 옆에 저장구덩이 위치
   • 대체로 4~5인이 가족을 이루어 움집에 거주
  ㉢ 사회생활
   • 혈연공동체의 씨족사회에서 점차 씨족을 통합한 지연중심의 부족 사회 등장
   • 족외혼을 통해 부족을 이루고, 계급이 없는 **평등사회**
  ㉣ 예술활동 : **조개껍데기** 가면, 얼굴 모양 토제품, 동물 모양 조각품
  ㉤ 종교활동 : 농경과 정착생활로 인해 자연의 섭리를 생각하면서 원시신앙이 발생

애니미즘	농사에 영향을 주는 자연현상, 자연물을 믿음 예 태양, 물
토테미즘	자기 부족 기원을 특정 동·식물과 연결하여 숭배 예 단군신화에 나오는 곰, 호랑이
샤머니즘	• 무당이 영혼 및 하늘을 인간과 연결해주는 존재로 인식 • 무당의 주술을 믿는 신앙
영혼·조상 숭배	• 사람이 죽어도 영혼은 없어지지 않는다고 믿음 • 조상의 영혼이 후손에 영향을 준다고 믿음

>>>> 신석기 시대의 유적지

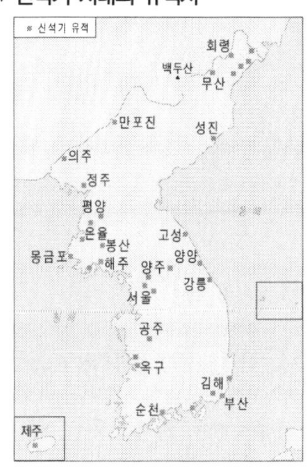

자료쏙쏙!

>>>> 움집의 구조와 명칭

>>>> 중석기 시대
- 구석기시대가 끝나고 신석기시대가 시작되기 전까지의 과도기
- 빙하기가 끝나고 기후가 따뜻해지자, 빙하가 녹은 물로 해수면이 점차 상승
- 맘모스와 같은 큰 짐승들 대신 토끼와 같은 작은 짐승들 등장
- 자연환경의 변화로 더욱 정교한 도구 필요 → 신석기인 등장

② 도구
- ㉠ **간석기**(돌을 갈아서 여러 가지 형태와 용도로 사용)
- ㉡ **빗살무늬토기**(식량 저장 및 곡식을 쪄 먹는데 사용)
- ㉢ **가락바퀴**, 뼈바늘로 의복과 그물 제작(**원시적 수공업**)

>>>> 신석기시대 유적지 및 유물

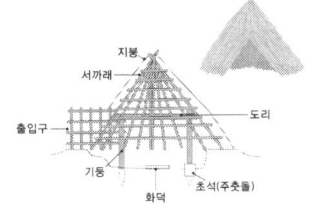
▲ 강원 양양 지경리 집터

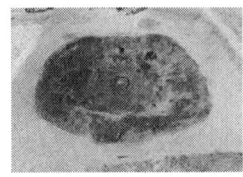
▲ 덧무늬 토기

▲ 빗살무늬 토기

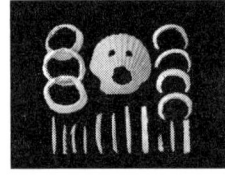
▲ 조개껍데기 가면&치레걸이

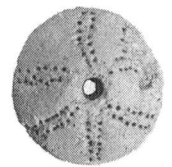
▲ 가락 바퀴

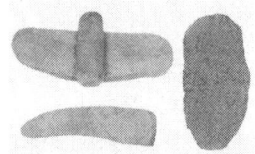
▲ 간석기

03 청동기 시대(기원전 2000~1500년 경)

11회 출제

29회 중급 1번	26회 중급 1번	24회 중급 1번	21회 중급 1번	18회 중급 1번
10회 3급 1번	8회 3급 1번	5회 4급 1번	4회 4급 7번	3회 3급 1번
1회 3급 1번				

① 생활상
- ㉠ 경제생활 : 일부 저습지에서 **벼농사 시작**(여전히 조·보리·콩 등의 밭농사가 중심)
- ㉡ 주거생활
  - 배산임수의 취락 구조(지상가옥화)
  - 집 형태는 대체로 **직사각형, 중앙의 화덕은 한쪽 벽으로 이동**, 저장 구덩이는 따로 설치, 창고를 집 밖에 따로 만들고, 주춧돌을 이용

ⓒ 사회생활
- **사유재산**이 생기면서 **계급이 발생**
- 여성은 집안일, 남성은 농경·전쟁에 종사하면서 남녀역할이 분화
- 생산력 증가와 정복활동 활발로 인해 **군장(족장)** 출현
- 세력이 강한 부족은 스스로 하늘의 자손이라 믿는 **선민사상**을 가지고 약한 부족 통합
- **전문 장인이 출현**하고 움집, 창고, 공동작업장을 갖춤

ⓔ 예술활동

▲ 울주 대곡리 반구대 암각화
사냥의 성공 및 풍성한 수확 기원

▲ 고령 장기리 암각화
기하학적 문양은 태양숭배의 흔적이며 풍요로운 생산을 비는 제사터로 추정됨

암각화의 제작 시기는 신석기시대 중기부터 초기철기시대에 걸치는 것으로 추정됨.

② 도구
㉠ **반달돌칼**(곡식의 이삭을 자르는 추수용 도구), 바퀴날 도끼, 홈자귀 등
㉡ 청동기(**비파형 동검, 거친무늬 거울**, 청동 방울 등)
㉢ **미송리식 토기, 민무늬 토기** 등
㉣ **고인돌**, 돌널무덤

자료쏙쏙!

>>>> 부여 송곡리 돌널무덤

- 청동기 거석문화 중 하나
- 직사각형의 돌널 형태의 구조로 부장품과 시체를 함께 매장

>>>> 반달돌칼 사용법

📝 자료쏙쏙!

>>> 청동기시대 유적지 및 유물

 ▲ 청동기 시대의 집터
 ▲ 반달돌칼
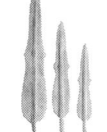 ▲ 비파형 동검

 ▲ 거친무늬 거울
 ▲ 농경무늬가 새겨진 청동기
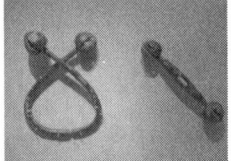 ▲ 청동 방울

 ▲ 미송리식 토기
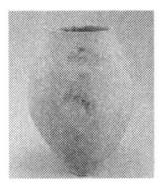 ▲ 민무늬 토기
 ▲ 고인돌

04 철기 시대(기원전 5세기 유입~기원전 1세기 본격적 사용)

03회 출제
| 4회 3급 2번 | 3회 4급 1번 | 19회 중급 1번 |

① 철기무기 사용… 철제농기구의 사용(경제기반의 확대), 철제무기의 사용(청동기는 의식용 도구화)

② 독자적 청동기 문화
   ㉠ **한반도 안에서 독자적 발전을 이룸**
   ㉡ 비파형 동검에서 **세형동검**으로 변화, 거친무늬 거울에서 **잔무늬 거울로 변화**
   ㉢ **거푸집 출토**(한반도에 청동기문화의 토착화)

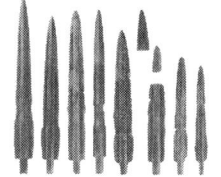
▲ 세형동검

▲ 잔무늬 거울

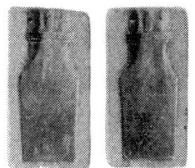
▲ 거푸집

③ 중국과 활발한 교류 … **명도전** · 반량전 · 오수전 출토, **붓 출토**

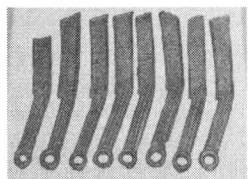
▲ 명도전

▲ 오수전

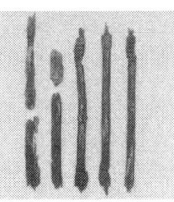
▲ 다호리 붓

④ 널무덤, 독무덤 등

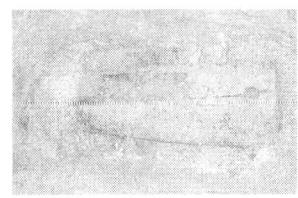
▲ 널무덤

▲ 독무덤

자료쏙쏙!

〉〉〉 중국과의 교류 증거

반량전

자료쏙쏙!

>>>> 신석기 움집

기출문제

11회 중급 1번

그림은 어느 시대의 생활 모습을 나타낸 것이다. ㈎에 들어갈 말로 적절한 것을 〈보기〉에서 고른 것은? [2점]

| 보기 |

㉠ 고인돌을 만들다가 다친 돌쇠에게 문병이나 가야겠다.
㉡ 청동으로 무기를 만들어야 하는데, 원료를 어디서 구하지.
㉢ 내일은 가락바퀴로 실을 뽑는 방법을 배우러 가야겠다.
㉣ 조와 피를 심었는데, 조상님께 농사가 잘 되기를 빌어야지.

① ㉠, ㉡   ② ㉠, ㉢
③ ㉡, ㉢   ④ ㉡, ㉣
⑤ ㉢, ㉣

해설>> 제시된 그림의 '움집', '토기 제작' 등을 통해 신석기 시대임을 알 수 있다.
 ㉢ 신석기 시대에는 가락바퀴, 뼈바늘 등을 통해 의복이 제작되었다.
 ㉣ 신석기 시대에는 농경이 시작되었으나, 조·피·수수 등의 밭농사가 주로 행해졌다.
 ㉠ 청동기 시대에 고인돌이 제작되었다.
 ㉡ 신석기 시대에는 간석기가 사용되었다.

→ 정답 ⑤

예상문제

다음 수업 시간에 활용할 자료로 적절한 것은? [2점]

○○○시대의 생활 모습
- 벼농사의 시작
- 계급 분화, 군장(족장)의 출현
- 울주 대곡리 반구대 암각화
- 고인돌, 돌널무덤

①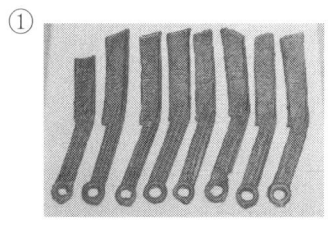

②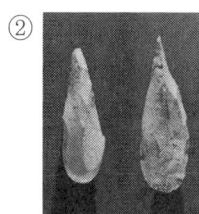

③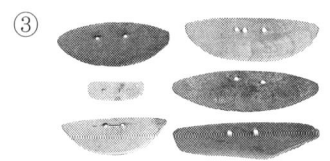

④

⑤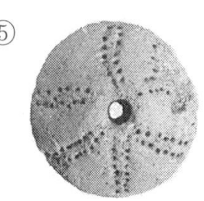

해설》 제시된 지문의 벼농사의 시작, 계급분화, 족장 출현, 암각화, 고인돌, 돌널무덤을 통해 청동기 시대를 묻는 문제임을 알 수 있다.

③ 반달돌칼은 곡식의 이삭을 자르는데 이용한 추수용 도구로 청동기시대의 유물이다.
① 명도전은 중국계통의 철기가 유입되면서 들어왔으며, 중국과의 교류가 활발했음을 알 수 있다.
② 주먹도끼는 짐승을 사냥하거나 털과 가죽을 분리할 때 사용하는 구석기시대의 유물이다.
④ 빗살무늬 토기는 곡식을 쪄 먹거나 식량을 저장하는데 사용한 신석기 시대의 유물이다.
⑤ 가락바퀴는 의복을 제작한 도구로 신석기 시대의 유물이다.

자료쏙쏙!

》》》 청동기 시대와 계급

신석기 시대에는 농업 생산량이 적어 사유재산의 의미가 발달하지 않았지만 청동기 시대에는 농업 생산량이 크게 증대하면서 청동기 제작과 관련된 전문 장인이 출현하였고, 사유 재산 제도와 계급이 나타나게 되었다.

→ 정답 ③

02일차

51회 출제

우리나라 최초의 군장국가 고조선에는 어떤 일이?

자료쏙쏙!

출제핵심포인트
• 단군신화와 8조법의 의미를 이해할 수 있어야 합니다.
• 초기 철기시대 여러 나라의 정치제도, 사회생활 등에 관한 사실을 지리적 위치에 따라, 파악할 수 있어야 합니다.

16회 출제

30회 중급 2번	29회 중급 2번	25회 중급 5번	22회 중급 4번	21회 중급 2번
19회 중급 2번	16회 중급 3번	14회 중급 2번	9회 3급 2번	8회 4급 21번
8회 4급 35번	7회 4급 3번	6회 4급 5번	5회 3급 2번	5회 4급 2번
2회 3급 2번				

>>>> **단군신화 수록 문헌**

「삼국유사」	일연, 1281년 (충렬왕 7년)편찬
「제왕운기」	이승휴, 1287년 (충렬왕 13년)편찬
「동국여지승람」	1432년 (세종 14년)에 편찬
「세종실록지리지」	1454년 (단종 2년)에 완성

01 단군과 고조선

① 단군왕검이 **청동기 문화를 바탕**으로 건국(B.C. 2233)

② **단군 신화**

> 옛날 ㉠ 환인의 아들 환웅이 천부인 3개와 3천의 무리를 이끌고 태백산 신단수(神檀樹) 밑에 내려왔는데 이곳을 신시(神市)라 하였다. 그는 ㉡ 풍백(風師), 우사(雨師), 운사(雲師)로 하여금 ㉢ 인간의 360여 가지 일을 주관하게 하였는데 그 중에서 곡식, 생명, 질병, 형벌, 선악 등 다섯 가지 일이 가장 중요한 것이었다. 이로써 인간 세상을 교화시키고 ㉣ 인간을 널리 이롭게 하였다.
> 이 때 곰과 호랑이가 사람이 되기를 원하므로 환웅은 쑥과 마늘을 주고 이것을 먹으면서 100일간 햇빛을 보지 않는다면 사람이 될 것이라고 하였다. ㉤ 곰은 금기를 지켜 21일만에 여자로 태어났고 환웅과 혼인하여 아들을 낳았다. 이가 곧 ㉥ 단군왕검(檀君王儉)이었다.

㉠ 선민사상 : 자기 부족의 우월성을 하늘의 자손임을 내세워 지배를 정당화

㉡ 농경사회의 반영 : 풍백, 우사, 운사는 농경을 주관하는 날씨를 상징 → 농경중시 사회

㉢ **지배 계급이 출현**한 것을 보여줌

㉣ 홍익인간의 통치이념

㉤ 토템사상 : 곰을 숭배하는 부족과 환웅 부족이 연합, 호랑이를 숭배하는 부족은 배제

>>>> **고조선의 세력 범위**

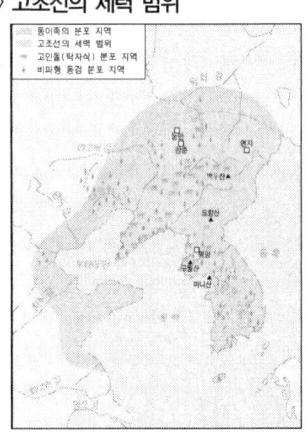

ⓑ 제정일치 사회 : 단군은 제사장, 왕검은 정치적 지배자(군장)으로 제정일치 사회를 보여줌
③ 고조선 8조법

> ㉠ 살인자는 즉시 사형에 처한다(相殺, 以當時償殺).
> ㉡ 남의 신체를 상해한 자는 곡물로써 보상한다(相傷, 以穀償).
> ㉢ 남의 물건을 도둑질한 자는 소유주의 집에 잡혀들어가 노예가 됨이 원칙이나, 자속(自贖:배상)하려는 자는 50만 전을 내놓아야 한다. (相盜, 男沒入爲其家奴, 女子爲婢, 欲自贖者人五十萬)

㉠ 개인의 노동력과 생명 중시, 사회질서가 엄격
㉡ 사유재산 인정, 농경사회
㉢ 사유재산 인정, 노비제도 인정(계급 사회), 화폐 사용

④ 고조선 영역
㉠ 만주 요령지방 중심으로 한반도 대동강 유역까지 발전
㉡ 비파형동검, 미송리식 토기, 탁자식 고인돌(고조선 세력범위와 출토지역 일치)

02 위만조선

① 위만의 집권(기원전 194)
㉠ 진·한 교체기에 망명한 위만이 준왕을 몰아내고 스스로 왕이 됨
㉡ 위만의 고조선은 단군의 고조선 계승(나라 이름을 그대로 조선, 고위직에 토착민 출신)
② 위만조선의 발전
㉠ **철기문화의 본격적 수용**→농업·수공업 융성→정복사업 전개
㉡ **중계무역 독점** : 중국의 한(漢)과 남방의 진국(辰國)사이에서 중계무역
③ 위만조선의 멸망(기원전 108) … 한무제의 침략→왕검성 함락→한 군현 설치
④ 한 군현 설치 후 사회상
㉠ 토착민들은 한 군현의 억압과 수탈에 강력하게 대항
㉡ 한 군현은 엄한 율령을 통해 자신의 생명과 재산 보호→법 조항이 60여 조로 증가

자료**쏙쏙!**

>>>> 비파형 동검

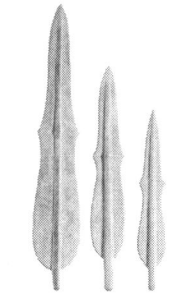

>>>> 탁자식 고인돌

어머나! 철기를 바탕으로 성장한 여러 나라에는 어떤 일이?

35회 출제

30회 중급 3번	29회 중급 3번	28회 중급 3번	27회 중급 3번	27회 중급 2번
26회 중급 4번	25회 중급 4번	24회 중급 5번	24회 중급 2번	23회 중급 3번
22회 중급 3번	21회 중급 3번	20회 중급 8번	20회 중급 2번	19회 중급 3번
17회 중급 3번	14회 중급 1번	13회 중급 2번	12회 중급 2번	11회 중급 6번
10회 3급 29번	10회 4급 9번	9회 3급 1번	9회 4급 3번	8회 4급 39번
6회 3급 3번	6회 4급 4번	5회 4급 3번	4회 3급 5번	4회 4급 37번
3회 4급 4번	3회 4급 35번	2회 4급 3번	1회 3급 12번	1회 4급 2번

자료쏙쏙!

>>>> **연맹왕국의 특징**
- 국가의 한 형태로 유력한 몇몇 부족(혹은 군장)이 연합해 왕국을 결성
- 왕은 중심만을, 기존의 부족장들은 자신의 지역을 독립적으로 지배
- 왕의 권한은 다른 부족장들의 권한을 뛰어넘지 못함(왕 = 부족장 → 거의 동등)
- 부여, 삼한, 동예, 옥저, 가야는 연맹왕국의 단계에서 머무름 → 삼국은 고대 국가로 발전함

>>>> **윷놀이**

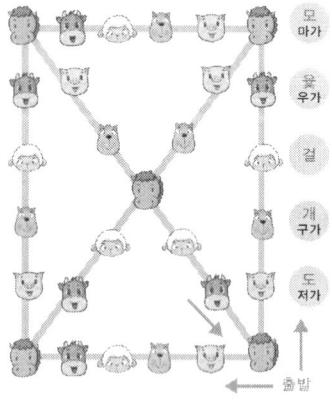

- 신채호는 부여의 사출도 또는 고구려 5부족의 전통에서 윷놀이가 시작되었다고 주장
- 윷의 도는 돼지의 저가, 개는 구가, 윷은 우가, 모는 마가를 표시, 걸은 임금자리

01 부여

① 위치…만주 길림시 일대를 중심으로 송화강 유역의 평야지대

② 정치…5부족 연맹 왕국
  ㉠ 중앙은 왕이 직접 통치
  ㉡ 족장(**마가·우가·저가·구가**)은 **사출도 지배**
  ㉢ 가(加)들이 왕을 추대
    → 왕권이 미약

③ 경제…농경·목축 중심(반농반목), 말·주옥·모피 유명

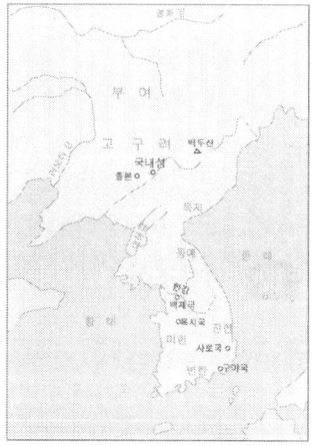

〈여러 나라의 성장〉

④ 사회
  ㉠ 순장: 왕이 죽으면 많은 사람을 껴묻거리와 함께 묻음
  ㉡ 우제점법: 소를 죽여 그 굽으로 길흉화복 예견
  ㉢ 영고: **12월**에 행해진 제천행사로 수렵사회의 전통
  ㉣ 형사취수제: 형이 죽은 뒤 동생이 형을 대신해 형수와 부부생활을 계속하는 혼인풍습

>>> 머릿속에 **콕콕!**

형벌은 엄하여 살인자는 사형에 처하고 그 가족은 노비로 삼았다. 도둑질을 하면 12배로 변상케 한다. 남녀 간에 음란한 짓을 하거나 부인이 투기하면 모두 죽었다.

「삼국지 위서 동이전」

* 부여의 4조목의 내용 중 일부이다. 12배의 배상을 물리는 1책 12법을 볼 수 있다.

02 고구려

① 위치 … 동가강 유역의 졸본(환인) 지방에 주몽이 건국

② 정치 … 5부족 연맹체
  ㉠ 왕 아래 **대가**(상가, 대로, 패자 등)들이 독립적인 족장으로 존재
  ㉡ 제가회의 : 고구려의 귀족회의

③ 경제 … 산악지대로 인한 농토 부족으로 약탈 경제에 의존

④ 사회
  ㉠ 서옥제

>>> 머릿속에 **콕콕!**

"처음 말로써 혼인을 정하고 다음에 여자의 집 대옥(大屋) 뒤에 소옥(小屋)을 지어 서옥이라 부르며, 저녁에 사위가 여자집에 와서 문밖에서 자기의 이름을 알리고 무릎 꿇고 절하면서 여자와 같이 잘 것을 세 번 원하면 여자의 부모는 이것을 듣고 소옥에서 같이 잘 것을 허가한다. 남자는 다음날 떠날 때 돈과 폐백을 놓고 간다. 여자는 자녀를 낳고 자녀가 성장해야 비로소 남자의 집에 살러 간다."

「삼국지 위서 동이전」

* 고구려의 서옥제는 일종의 데릴사위제로, 남자가 혼인을 한 뒤 일정기간 처가살이를 하다가 남자 집으로 돌아와 사는 혼인풍속이다. 처가살이는 사위가 신부를 데려오는 대가로 노동력을 봉사하는 의미를 지니기도 한다.

  ㉡ 조상신 숭배 : 주몽, 유화부인 제사를 국가적 행사로 지냄
  ㉢ 동맹 : **10월 국동대혈**에서 행해진 제천행사, 추수감사제 성격
  ※ 나라의 동쪽 '수혈(국동대혈)'이라는 큰 굴에서 왕과 신하들이 제사를 지냄
  ㉣ 형사취수제 : 형이 죽은 뒤 동생이 형을 대신해 형수와 부부생활을 계속하는 혼인풍습

>>>> 서옥제

>>>> 국동대혈

• 왕과 신하들이 국동대혈에서 함께 제사를 지냈다.

📝 자료**쏙쏙**!

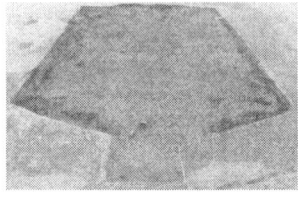

≫≫ 동예의 철자(凸)형 집터

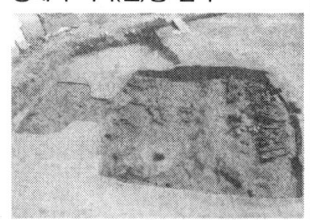

≫≫ 동예의 여자(呂)형 집터

03 옥저 & 동예

① 위치 … 함경도 및 강원도 북부의 동해안 지방에 위치

② 정치
    ㉠ 왕이 없는 군장국가(**읍군, 삼로**라 불리는 군장이 다스림)
    ㉡ 선진문화 수용의 어려움 + 고구려의 압박 → 고구려에 복속

③ 옥저의 경제·풍속
    ㉠ 토지 비옥, 어물·소금 등의 해산물이 풍부 → 고구려에 공납 및 수탈을 당함
    ㉡ **민며느리제**
    ㉢ **가족공동무덤**(세골장, 골장제)

> ≫ 머릿속에 **콕콕**!
>
> (1) 민며느리제(옥저)
>   ① 한자로는 예부제(豫婦制)라고 하는 동옥저의 혼인제도
>   ② 여자의 나이가 10여 세가 되면 며느리로 삼을 집에서 데려다 기른 다음 성인이 되면 친정으로 되돌려 보내고 돈과 예물을 준비해서 다시 맞아들여 혼인을 하게 했던 제도
>   * 매매혼의 흔적임
>
> (2) 가족 공동 무덤(옥저)
>   ① 일단 사람이 죽으면 가매장을 함
>   ② 시체를 땅에 얕게 묻었다가 가죽과 살이 다 썩으면 뼈만 골라서 가족 공동 무덤인 나무곽에 넣어 다시 땅에 묻는 풍속
>   ③ 죽은 자의 양식으로 쌀이 담긴 항아리를 매달아 놓음

④ 동예의 경제·풍속
    ㉠ 명주·삼베를 생산하는 방직기술 발달, 특산물(**단궁·과하마·반어피**)
    ㉡ **책화** : 다른 부족의 생활권을 침범하면 소·말, 노비로 물어주게 한 풍속
    ㉢ 족외혼
    ㉣ **무천** : **10월**에 행해진 제천행사

04 삼한

① 위치 … 마한(경기, 충천, 전라도 지방 중심), 변한(김해, 마산 중심), 진한(대구, 경주 지역 중심)

② 정치
- ㉠ 마한 내의 목지국 지배자가 삼한 주도
- ㉡ 삼한은 군장국가로 **신지·견지·부례·읍차** 등의 군장이 다스림
- ㉢ **제정의 분리(천군과 소도 존재 vs 군장)**

>> 머릿속에 **콕콕**!

> 귀신을 믿기 때문에 국읍에 각각 한 사람씩을 세워 천신에 대한 제사를 주관하게 되는데 이를 천군이라 부른다. 또 여러 나라에는 각기 별읍이 있으니 그것을 소도라고 한다. 큰 나무를 세우고 방울과 북을 매달아 놓고 귀신을 섬긴다. 도망하여 그 안으로 들어온 사람은 누구든 돌려보내지 않아 도둑질하기 일쑤였다.
> 「삼국지 위지 동이전」

* 제사장(천군)이 농경과 종교에 대한 의례를 신성지역인 소도에서 주관하였으며, 이곳은 정치적 지배자인 군장의 세력이 미치지 못하는 지역이었다.

③ 경제
- ㉠ 철제 농기구 사용, 저수지 축조 → **벼농사의 발달**
- ㉡ **철의 생산** : 일본·낙랑에 수출, 철을 화폐처럼 사용(변한)

④ 사회
- ㉠ 초가지붕의 반움집, 귀틀집을 짓고 삼
- ㉡ 두레 : 공동작업, 원시공동체적 유풍
- ㉢ **수릿날**(5월에 행해진 제천행사), **계절제**(10월에 행해진 제천행사)

자료쏙쏙!

>>>> 마한 주구묘

>>>> 마한 토실

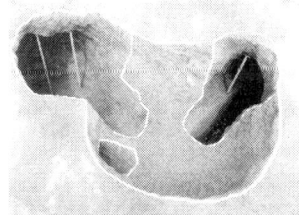

- 삼국지 위서 동이전에 등장한 마한의 집 형태로 충남 공주 장선리에서 발견되었다.

자료쏙쏙!

>>>> 곰 토템 지역

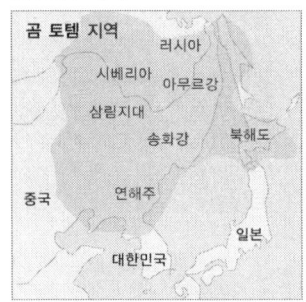

기출문제

5회 4급 2번

다음은 삼국유사의 기록을 토대로 만든 단군왕검의 가계도이다. 이에 대한 설명으로 적절하지 않은 것은?

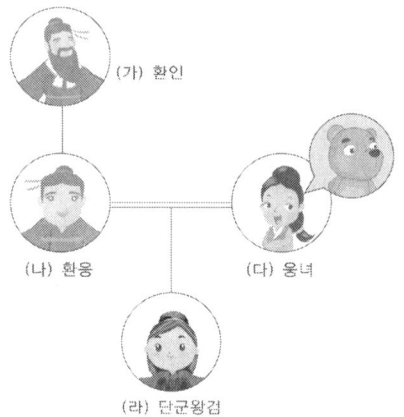

① (가), (나) - 하늘의 자손임을 내세워 부족의 우월성을 과시하고자 하였다.
② (나), (다) - 족외혼의 풍습을 엿볼 수 있다.
③ (다) - 토테미즘 신앙이 퍼져 있었음을 알 수 있다.
④ (라) - 철기 문화를 바탕으로 고조선을 건국하였다.
⑤ (라) - 단군왕검이라는 용어는 제정일치 사회를 반영한다.

해설》 제시된 자료는 「삼국유사」에 기록된 단군신화를 이해하고 있어야 풀 수 있는 문제이다.
④ 고조선은 청동기 문화를 바탕으로 건국되었으며, 위만조선 시기에 철기 문화를 바탕으로 크게 나라가 발전하였다.
① 고조선을 건국한 단군왕검의 조상이 환인과 환웅인 것은 고조선 건국 세력이 하늘의 자손임을 말해준다. 또한 선민사상을 통해 부족의 우월성을 과시하였다.
② 환웅과 곰은 다른 부족으로 족외혼의 풍습을 보여준다.
③ 웅녀는 곰을 믿는 토템부족을, 문제에는 나오지 않았지만 호랑이의 등장은 호랑이를 믿는 토템부족과 관련이 있다.
⑤ 단군왕검의 '단군'은 제사장을, '왕검'은 정치적 지배자를 의미한다.

→ 정답 ④

예상문제

다음 자료에서 설명하는 나라를 지도에서 옳게 찾은 것은?

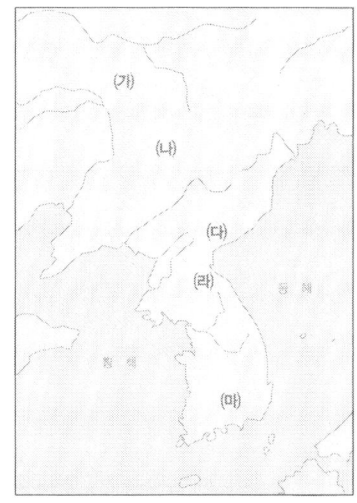

이 나라에는 노인들이 예부터 '고구려와 같은 종족'이라 하였다. 언어와 법속이 고구려와 거의 같았으며 의복은 달랐다. 풍속은 산천을 중시하고, 산천에 각기 구분이 있어 함부로 서로 들어 갈 수 없었다. 동성은 혼인하지 않았으며, 해마다 10월 제천행사에서 밤낮으로 가무 음주를 하는데, 이를 무천이라 하였다.
「삼국지동이전」

① (가) ② (나)
③ (다) ④ (라)
⑤ (마)

해설 >> 자료에서 설명하고 있는 나라는 동예이다. '책화', '족외혼', '무천'을 통해 동예임을 알 수 있으며, 지도상에서 위치를 찾아내는 문제이다.
④ (라)는 동예이다.
① (가)는 부여이다.
② (나)는 고구려이다.
③ (다)는 옥저이다.
⑤ (마)는 삼한이다.

→ 정답 ④

자료쏙쏙!

>>>> **제천행사**
제천 행사란 하늘에 제사를 지내는 행사라는 뜻으로, 나아가 하늘을 숭배하고 제사하는 의식이다. 대부분 농업지역에서 행해지며, 씨를 뿌린 뒤 농사의 풍요를 하늘에 기원하고 곡식을 거둔 뒤 하늘에 감사하는 행사이다. 제천 의식이라고도 한다.

03일

57회 출제

삼국시대 왕들의 치열했던 삶을 한번 살펴볼까요?

자료쏙쏙!

출제핵심포인트

- 각 왕들의 업적을 구별할 수 있어야 합니다.
- 각 국가의 최전성기를 이끌었던 왕들은 꼭 숙지해야 합니다.
- 각 국가의 전성기 지도와 통일까지의 흐름을 이해해야 합니다.

01 백제

① 근초고왕(346~375)

09회 출제

| 29회 중급 9번 | 26회 중급 3번 | 24회 중급 3번 | 18회 중급 3번 | 18회 중급 3번 |
| 11회 중급 9번 | 7회 3급 4번 | 6회 4급 8번 | 2회 3급 5번 | |

㉠ 정치
- **백제 최고 전성기 (4세기)**
- 왕위가 형제상속에서 부자상속제로 확립

㉡ 대외활동
- 마한을 완전 정복
- 고구려의 평양성 공격 (고국원왕 패사)
- 낙동강 유역의 가야 연맹에 지배권 행사
- **중국의 요서, 산동지방과 일본 규슈지방까지 진출**
- **왜에 칠지도 하사**(일본에 대한 백제의 위상 알 수 있음)

㉢ 기타 : 「서기」 편찬

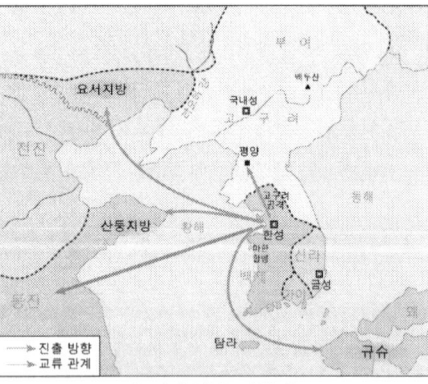
〈4세기 백제 전성기〉

>>>> 칠지도

② 무령왕(501~523)

12회 출제

30회 중급 6회	26회 중급 5번	23회 중급 7번	21회 중급 5번	18회 중급 23번
16회 중급 5번	14회 중급 9번	11회 중급 8번	10회 4급 5번	8회 4급 9번
5회 4급 4번	4회 3급 9번			

㉠ 정치
- 국력 회복 및 중흥의 기틀 마련
- 특별행정구역인 **22담로**를 지방에 설치(국왕의 자제 및 왕족 파견)

㉡ 대외활동 : 중국 남조의 양나라와 교류(**양직공도, 무령왕릉**)

㉢ 유물

▲ 무령왕릉

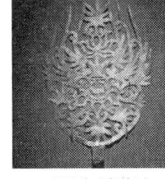
▲ 금제 관장식

▲ 진묘수

무령왕릉에서 출토된 유물

- 지석발견 (무령왕릉임을 알 수 있음)
- 벽돌무덤 양식 (중국 남조의 영향)

③ 성왕(523~554)

02 회 출제

28회 중급 7번 | 22회 중급 2번

㉠ 정치
- 수도를 **사비(부여)로 천도, 국호를 남부여**로 고침
- **나·제동맹 결렬**(신라 진흥왕의 배신)

㉡ 대외활동
- 일본에 불교 전파(노리사치계가 불상 및 불경 등 일본 전파)
- 중국 남조와 교류
- 신라와의 관산성 전투에서 사망

02 고구려

① 광개토대왕(391~413)

07 회 출제

29회 중급 5번 | 28회 중급 2번 | 13회 중급 6번 | 9회 4급 5번 | 8회 4급 34번
5회 3급 6번 | 1회 4급 6번

㉠ 정치
- '**영락**'이라는 연호 사용(우리나라 최초)
- 태왕 또는 성왕으로 불림

자료쏙쏙!

〉〉〉〉 양직공도

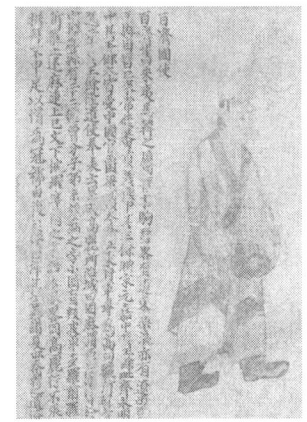

- 중국 양나라에 조공 바치러온 32개국의 사신들 및 그 나라의 풍속 등을 간략히 적은 그림
- 백제의 사신 그려져 있음(중국·백제 교류 증거)

〉〉〉〉 백제의 금동대향로

- 백제의 대표적인 유물
- 불교용구인 향로지만 도교의 신선사상, 음양오행설 등을 내포
- 위덕왕이 아버지 성왕의 죽음을 애도하면서 향을 피웠을 것이라고 추측

자료쏙쏙!

》》》 고구려의 왜 격퇴

영락 9년에는 백제가 전일의 맹세를 어기고 왜(倭)와 화통하자, 이를 응징하기 위하여 평양으로 남순(南巡)하였는데, 이때 신라가 사신을 보내어 전일에 이미 대왕의 덕화에 귀의하여 신하가 되었음을 전제로 국경에 침구한 왜구를 격퇴하여 줄 것을 요청하였다. 이를 명분으로 영락 10년에 왕은 5만의 기병을 파견하여 낙동강 유역에서 왜를 격퇴하고, 임나가라를 복속시키는 한편 신라를 구원하였다. 그 결과 종래와는 달리 신라국왕이 직접 고구려에 조공하였다.

〈광개토대왕릉 비문〉

※ 제시된 자료는 광개토대왕의 아들 장수왕이 아버지의 업적을 기념하기 위해 세운 광개토대왕릉비의 내용 중 일부이다. 당시 신라와 고구려의 관계를 보여준다.

》》》 중원 고구려비

- 국내 유일하게 남아 있는 고구려 비석
- 장수왕이 남한강 유역의 여러 성을 공략 후 세운 기념비

ⓒ 대외활동
- 한강 이북 임진강 진출(백제 압박)
- 만주일대 석권, 요동지방 확보
- **신라에 침입한 왜구 격퇴(내물왕의 요청)**
- **호우명 그릇**(고구려의 신라 내정 간섭)

▲ 호우명그릇

- "을묘년 국강상 광개토지호태왕 호우십" 글씨가 새겨져 있음
- 당시 신라와 고구려의 관계 보여줌 (고구려의 신라 간섭)

② 장수왕(413~491)

08회 출제

| 23회 중급 5번 | 19회 중급 5번 | 18회 중급 2번 | 13회 중급 6번 | 8회 4급 34번 |
| 7회 3급 5번 | 5회 4급 7번 | 2회 3급 5번 | | |

㉠ 정치 : **국내성에서 평양 천도**(427), 남진정책

㉡ 사회 : 지방 청소년 대상으로 **경당** 설치(무예 + 한학 교육)

㉢ 대외활동
- 백제 수도 한성 함락 (개로왕 패사)
- 신라 간접 통치
- **한강유역 완전히 점령**
- 중국의 남조, 북조에 사신 파견(외교 견제)

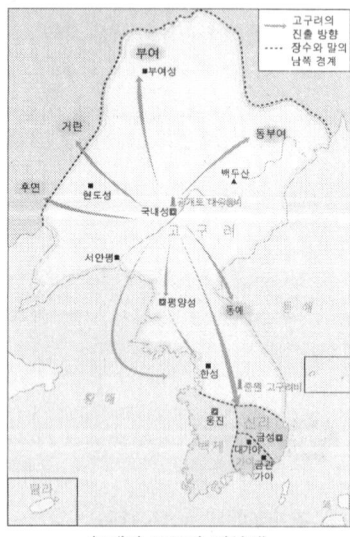

〈5세기 고구려 전성기〉

03 신라

01회 출제
21회 중급 6번

① 내물왕(356~402)

02회 출제
25회 중급 7번 | 18회 중급 10번

㉠ 정치
- **김씨에 의한 왕위 세습권 확립**
- 군장의 칭호를 이사금에서 **마립간**으로 고침

㉡ 대외관계
- 백제·왜 연합하여 신라 침략(399) → **광개토대왕에 원조 요청** → 고구려 승리 → 신라에 대한 고구려 간섭 강화, 금관가야 쇠퇴

② 지증왕(500~514)

04회 출제
30회 중급 7번 | 23회 중급 2번 | 11회 중급 3번 | 4회 4급 9번

㉠ 정치 : **국호를 신라로** 고치고, **왕호를** 마립간에서 왕으로 고침
㉡ 사회 : 풍속 교정(순장 풍습 금지 및 상복법 제정)
㉢ 경제
- 경주에 설치된 동시(東市)의 감독청인 **동시전(東市典) 설치**
- **우경**(소를 이용하여 농사를 짓는 일)을 권장

㉣ 대외활동 : **우산국(울릉도)을 이사부로 하여금 정벌**

③ 법흥왕(514~540)

02회 출제
29회 중급 7번 | 26회 중급 9번

㉠ 정치
- **율령 반포로** 관등과 공복제 마련
- **불교 공인**(이차돈의 순교)
- 신라 최초로 '건원'이라는 연호 사용
- 상대등제도 마련

㉡ 대외활동 : **금관가야를 정복**하여 낙동강 서쪽까지 영토 확장

자료쏙쏙!

》》》 신라의 왕호 변천

왕호	의미
거서간	신령한 대인(1대 박혁거세)
차차웅	무당(2대 남해)
이사금	연장자, 계승자(3대 유리)
마립간	대군장(17대 내물)
왕	초월적 권력자(22대 지증)

》》》 가야 연맹

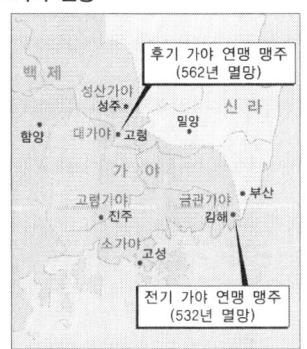

자료쏙쏙!

>>>> 단양 적성비

- 진흥왕 때 고구려 영토인 적성 지역을 점령한 후에 세운 비석(551)

>>>> 북한산 순수비

- 진흥왕이 한강유역을 순수한 것을 기념하여 세운 비
- 진흥왕 자신이 이룬 정복 활동의 성과 과시 및 정복민 통치이념 밝힘

④ 진흥왕(540~576)

08회 출제

| 24회 중급 4번 | 18회 중급 9번 | 18회 중급 9번 | 14회 중급 5번 | 9회 4급 5번 |
| 7회 3급 5번 | 3회 3급 8번 | 2회 3급 5번 |

㉠ 정치
- 신라의 최전성기를 만든 정복 군주
- '**개국**'·'**대창**'·'**홍제**'라는 연호 사용
- 스스로 황제에 비겨 '태왕', 또는 '짐'이라고 함
- 청소년 집단인 **화랑도를 국가적 조직으로 개편**

㉡ 대외활동
- **한강 지역의 확보**(한강유역 인적·물적 자원 획득)
- **당항성을 축조**하여 중국과 교류를 할 수 있게 됨
- 고구려를 공격하여 원산만, 함경도까지 진출
- **대가야를 정복**하여 낙동강 유역을 완전히 점령

㉢ 기타
- 거칠부로 하여금 「**국사**」 **편찬**
- 불교 정비(황룡사·흥륜사 등 사찰 건립)

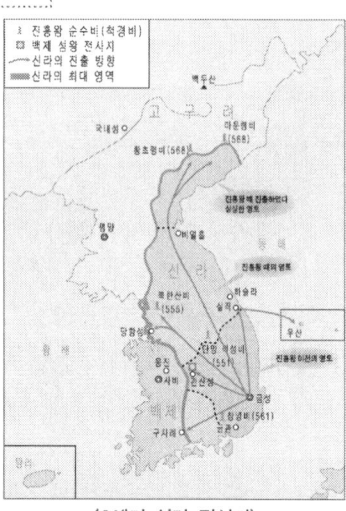

〈6세기 신라 전성기〉

⑤ 선덕여왕(623~647)

02 회 출제

10회 4급 7번   8회 4급 16번

㉠ 정치
- **첨성대**(천문관측) 건립
- 분황사 · 황룡사 9층탑을 건립

>>> 머릿속에 **쏙쏙!**

① 고구려
  ㉠ 고국천왕(?~179)
    - 진대법 실시(을파소의 건의, 빈민구제책)
    - 흉년 · 춘궁기에 농민에게 곡식을 대여해 주고 수확기에 갚게 함
  ㉡ 미천왕(300~331) : 낙랑 · 대방 점령
  ㉢ 고국원왕(331~371) : 평양성 전투에서 백제의 근초고왕에 의해 전사
  ㉣ 소수림왕(371~384)
    - 불교의 수용(372)
    - 율령의 반포(373)
    - 태학의 설립(중앙국립대학)

② 백제
  ㉠ 침류왕(384~385) : 불교 공인(384)
  ㉡ 비유왕(427~455) : 신라의 눌지왕과 나 · 제동맹 체결

③ 신라
  ㉠ 눌지왕(417~458) : 백제의 비유왕과 나 · 제동맹 체결(1회 출제 /17회 중급 4번)
  ㉡ 소지왕(479~500) : 백제의 동성왕과 결혼동맹 체결

자료**쏙쏙!**

>>> 첨성대

- 우주의 움직임을 관찰하기 위한 신라의 천문대

자료쏙쏙!

>>> 광개토 대왕릉비

기출문제
10회 3급 4번

지도와 같은 형세를 이루던 시기의 역사적 사실로 옳은 것을 〈보기〉에서 고른 것은? [2점]

| 보기 |

㉠ 고구려는 중원 고구려비를 건립하였다.
㉡ 백제는 지방의 22담로에 왕족을 파견하였다.
㉢ 신라는 왕의 칭호로 마립간을 사용하기 시작하였다.
㉣ 가야는 김해의 금관가야를 중심으로 연맹을 성하였다.

① ㉠, ㉡ ② ㉠, ㉢
③ ㉡, ㉢ ④ ㉡, ㉣
⑤ ㉢, ㉣

해설》 제시된 지도는 고구려 최고 전성기를 보여주고 있다. 즉 5세기 후반~6세기 중반까지를 나타낸다.
㉠ 중원 고구려비는 장수왕 69년(481)경에 고구려의 남하정책을 기념하여 세운 것으로 추정된다.
㉢ 왕의 칭호를 마립간으로 사용하기 시작한 것은 내물왕 때의 일이다.
㉡ 백제의 무령왕은 22담로를 설치하여 중앙집권을 강화하였다.
㉣ 김해의 금관가야를 중심으로 가야가 연맹을 형성한 것은 1세기 이후의 일이다.

→ 정답 ②

예상문제

다음 자료에 해당하는 왕의 활동으로 옳은 것은?

이제야 드디어 금관가야를 가지게 되었군. 그리고 이차돈의 순교로 불교를 공인 할 수 있게 되었구나!

① '개국'이라는 독자적 연호를 사용하였다.
② 고구려를 공격하여 함경도까지 진출하였다.
③ 풍속교정을 통해 순장풍속을 금지하였다.
④ 관등과 공복을 제정하고 율령을 반포하였다.
⑤ 우경을 권장하였다.

해설》 제시된 자료의 '금관가야 정복', '불교 공인'을 통해 법흥왕의 업적임을 알 수 있다.
④ 법흥왕대의 일이다.
①, ② 진흥왕대의 일이다.
③, ⑤ 지증왕대의 일이다.

자료쏙쏙!

>>>> **금관가야**

수로왕 이래 491년간 계속되다가, 532년(법흥왕 19) 신라에게 멸망하였다. 그 지리적 위치가 낙동강 하류의 해안지대이므로 왜인·한인 무역선의 왕래가 있었으며, 따라서 경제·문화적으로 상당히 발달한 나라로 짐작된다.

→ 정답 ④

04일차

57회 출제

통일신라·고려시대 왕들은 왕권강화를 위해 어떠한 노력을 했을까요?

출제핵심포인트

- 각 왕들의 업적을 구별할 수 있어야 합니다.
- 각 왕들이 집권했을 때의 사회상을 이해해야 합니다.
- 영토 수복과 관련된 지도가 제시되었을 때 해당되는 왕에 대해 알고 있어야 합니다.

자료쏙쏙!

>>>> 신라의 9주 5소경

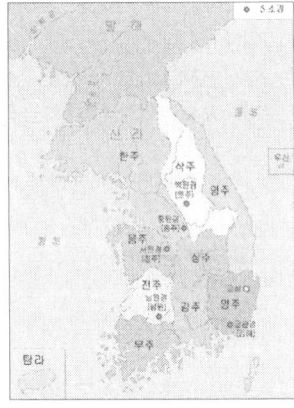

01 통일 신라

① **신문왕**(681~691)

10회 출제

| 25회 중급 9번 | 22회 중급 6번 | 21회 중급 7번 | 19회 중급 7번 | 16회 중급 2번 |
| 15회 중급 9번 | 12회 중급 10번 | 7회 4급 11번 | 5회 3급 5번 | 4회 3급 4번 |

㉠ 정치
- 김흠돌의 난을 통해 귀족세력 숙청하고 왕권 강화
- 지방행정조직을 **9주 5소경**으로 완비
- 왕의 정치적 조언자와 행정실무를 담당하는 세력으로 **6두품이 성장**
- **상대등 세력이 약화**되고 **집사부 시중 지위 강화**
- 중앙군인 9서당 지방군인 10정을 조직

㉡ 사회 : **국학을 설립**하여 유학교육 및 유학사상 강조

㉢ 경제
- 문·무 관리들에게 **관료전 지급**
- 귀족 경제기반인 **녹읍 폐지**

㉣ 기타 : **만파식적**(강력한 왕권을 상징)

>>> 머릿속에 쏙쏙!

무열왕(654~661)
- 최초의 진골출신 왕
문무왕(661~681)
- 당을 몰아내고(676) 삼국 통일 이룩
혜공왕(765~780)
- 성덕대왕 신종 주조
원성왕(785~798)
- 독서삼품과 시행(유교경전의 이해수준을 시험→유학 보급)
흥덕왕(828~836)
- **청해진 설치**(장보고)

>>>> 토지제도

① 녹읍
- 국가가 관료귀족에게 지급한 일정지역의 토지
- 조세수취+그 토지에 딸린 노동력 징발 가능

② 식읍
- 국가가 왕족·공신 등에게 준 토지와 가호
- 조세수취+노동력 징발 가능

③ 관료전
- 국가가 관료귀족에게 지급한 일정지역의 토지
- 관리 등급에 따라 차등 지급
- 조세의 수취만 인정(귀족들의 농민 지배권 제한)

02 고려

① 태조(왕건)

12회 출제

23회 중급 11번	21회 중급 11번	18회 중급 16번	18회 중급 16번	15회 중급 11번
12회 중급 13번	10회 4급 12번	9회 4급 18번	6회 4급 47번	5회 4급 30번
4회 4급 12번	2회 3급 12번			

㉠ 정치
- 호족 견제책
  - 기인제도→지방 호족 자제를 중앙에 머물게 함
  - 사심관 제도→지방 호족에게 그 지역 관할권 부여
- 호족 통합책
  - 정략결혼→왕실과 호족 간에 결혼 장려
  - 사성정책→왕씨 성씨 부여
- 왕권 안정책
  - **훈요 10조**→후대 왕들에게 교훈을 삼고자 함
  - 정계·계백료서→통치규범 확립

〈태조왕건의 청천강~영흥만 확보〉

㉡ 경제
- 역분전 : 통일에 공로를 세운 신하에 지급
- **흑창 설치** : 평시에 곡물을 비치하였다가 흉년에 빈민을 구제
- 지나친 세금수취 금지(세율을 1/10으로 경감)

㉢ 대외 활동 : 서경을 중시하고 **국경선을 청천강~영흥만까지 확장**(북진정책)

② 광종(925~975)

11회 출제

25회 중급 13번	22회 중급 11번	17회 중급 14번	14회 중급 11번	13회 중급 10번
5회 4급 15번	4회 3급 15번	3회 4급 20번	3회 4급 28번	1회 3급 42번
1회 4급 13번				

㉠ 정치
- **노비안검법 실시** : 불법적으로 노비가 된 자를 양인으로 해방시킴→왕권강화

자료쏙쏙!

>>>> 훈요 10조의 의미

1조 우리나라의 대업은 부처님이 곁에서 보호하고 지켰기 때문이다.
 - 불교 중시
2조 모든 사원은 다 도선의 풍수사상에 따라 개창한 것이다.
 - 풍수지리설 중시
3조 왕위는 맏아들이 계승하는 것을 원칙으로 한다.
 - 왕위 장자 상속
4조 당나라의 문물과 예악을 따르되 반드시 따를 필요는 없다.
 - 자주성·고구려 계승의식
5조 서경(평양)을 중시하라
 - 북진정책·고구려 계승의식
6조 연등회와 팔관회를 성대히 하라.
 - 불교 중시
7조 신하의 의견을 존중하고 백성의 부역을 줄이도록 하라.
 - 민생안정 중시
8조 차령산맥 아래쪽(후백제) 인물은 쓰지 말 것
 - 지역차별적 성격
9조 관리의 녹은 그 직무에 따라 정하되, 함부로 증감하지 말 것
 - 유교정치 이념
10조 왕은 옛일을 거울삼아 오늘을 경계하라.
 - 유교정치 이념

※ 태조 왕건의 유언으로 자손들에게 귀감으로 남긴 10가지 유훈

자료 쏙쏙!

>>>> **최승로의 시무 28조 일부 요약**

- 관리를 공정히 선발한다.
- 관리의 의복과 백성의 의복을 달리해야 한다.
- 유교를 나라를 다스리는 근본으로 삼아야 한다.
- 국가의 큰 행사(연등, 팔관회)는 백성의 부담이 크므로 줄인다.
- 지방 호족들이 백성들을 괴롭히는 사례가 많으니, 관리를 파견하여 백성을 보호해야 한다.
- 노비 신분 규제 철저
- 북계의 확정과 방어책
- 사원 재물을 행하는 고리대 시정
- 함부로 사찰(절)짓는 것 금지

※ 제시된 자료는 최승로의 시무 28조를 일부 요약한 것이다. 이는 성종의 정치개혁에 커다란 영향을 주었다.

- 쌍기의 건의로 **과거제 실시**: 신진인사 등용을 통해 신구세력 교체
- **백관의 공복제정**: 관리들의 위계질서 확립
- '**황제**'라 칭하고, 독자적인 연호인 '**광덕**', '**준풍**' 등을 사용

ⓒ 사회
- **제위보 설치**: 빈민구제 기구를 마련하여 농민 구제

▶▶ 머릿속에 **콕콕!**

> 마침내는 자식이 부모를 거역하고 종이 그 주인을 고소하기까지 하여 상하가 마음이 갈라지고 신하도 해이해져서 옛 신하와 오래된 장수들이 차례로 죽임을 당하고, 왕실의 골육 친척도 모두 죽어 없어졌습니다. …… 경종이 왕위에 오를 때에는 옛 신하로 남은 사람은 40여 명뿐이었습니다.
>
> 「고려사」

* 집권 후반기 광종은 왕권에 위협하는 세력이라면 어느 누구를 막론하고 숙청을 감행, 이에 호족들은 역도로 몰리지 않기 위해 몸을 사렸고, 한편으로는 광종에 대한 불만이 고조되었다.

③ 성종(960~997)

09 회 출제

| 29회 중급 11번 | 26회 중급 14번 | 24회 중급 10번 | 10회 3급 10번 | 9회 4급 12번 |
| 7회 3급 15번 | 5회 4급 11번 | 4회 3급 21번 | 2회 4급 16번 | |

㉠ 정치
- **최승로의 시무 28조 건의**를 받아들임
- **지방에 12목을 설치**하고 처음으로 **지방관 파견**, 향리제 마련→ 지방 직접 통치, 지방호족 지위 격하
- 2성 6부 마련 (당의 3성 6부제 기반)
- 독자적 기구인 도병마사, 식목도감 설치
- 흑창을 확대하여 의창 제도 실시 및 물가 조절 기관인 상평창 설치

▶▶ 머릿속에 **콕콕!**

> 유·불·도의 삼도는 각각 다른 목적이 있어 이를 혼동하여 하나로 할 수 없습니다. 불교를 행하는 것은 수신(修身)의 근본이요, 유교를 행하는 것은 치국(治國)의 근원입니다. 수신은 내생의 복을 구하는 것이며, 치국은 금일의 임무입니다. 금일은 지극히 가깝고 내생은 머니, 가까움을 버리고 먼 것을 구함은 또한 그릇된 것이 아니겠습니까.

* 제시된 자료는 최승로의 시무 28조로 서문에서 '유교는 치국(治國)의 도(道)', '불교는 수신(修身)의 도(道)'라고 하고, 치국은 금일의 임무이며 수신은 다음 생의 일이니 불교보다는 유교의 중요성을 강조하고 있다.

ⓒ 사회
- 억불정책으로 연등회, 팔관회 축소(**유교주의 채택으로 불교 쇠퇴**)
- 중앙에 국자감(국립대학) 설치
- **지방에 향교 개설→경학·의학박사 파견**(지방 교육제도의 정비)
- 우리나라 최초의 화폐인 건원중보 발행

② 공민왕(1330~1374)

15회 출제

30회 중급 17번	27회 중급 16번	22회 중급 18번	16회 중급 14번	10회 3급 18번
9회 3급 12번	9회 3급 15번	9회 4급 18번	8회 4급 26번	6회 3급 18번
5회 3급 49번	5회 4급 18번	4회 3급 13번	4회 4급 4번	4회 4급 15번

㉠ 정치(반원자주정책)
- **기철** 등의 **친원파 제거**
- **신돈**으로 하여금 **전민변정도감 설치**(억울하게 노비가 된 자를 풀어주고, 강제로 빼앗은 토지를 원래 주인에게 돌려줌)
- 과거제 강화로 **신진사대부의 정계진출** 촉진
- **정동행성 이문소 폐지, 왕실 용어와 격하된 관제 복구**

〈공민왕의 영토 수복〉

㉡ 사회 : **몽골풍 폐지**(원 연호 폐지, 체두변발 금지, 원 복장·언어·풍습 금지)

㉢ 대외 활동
- 유인우로 하여금 **쌍성총관부를 공격하여 철령 이북땅 회복**
- 요동 공략(동녕부 점령→후에 명 지배하에 들어감)

㉣ 결과
- 원의 압력과 권문세족의 반발, 개혁 추진 세력의 미약
- 국내외 정세 불안(홍건적과 왜구의 침입)→신돈 제거, 공민왕 시해→개혁 중단

자료쏙쏙!

>>>> **공민왕의 반원자주정책**

(이연종이) 말하기를 "변발과 호복은 선왕의 제도가 아니오니 원컨대 전하께서는 본받지 마소서." 라고 하니, 왕이 기뻐하면서 즉시 변발을 풀어 버리고 그에게 옷과 요를 하사하였다.
「고려사」

공민왕 5년(1355) 6월 원나라 연호 지정을 쓰지 않고 교지를 내렸다. "크게 생각하건대 태조께서 나라를 세우시고, 여러 성인들이 종묘사직을 지켜왔다. 그러나 요사이 나라 풍속이 크게 바뀌어 오직 권세만을 추구하게 되었다. 기철 등이 군주를 놀라게 하여 나라 법을 혼란에 빠뜨려 관리 선발, 인사이동을 마음대로 하였다. 이로 인해 나라 명령이 들쭉날쭉하였다. 또 다른 사람의 땅과 노비도 함부로 빼앗는다. 이것이 과인이 덕이 없는 탓인가. 기강이 서지 아니하여 통제할 방법이 없음인가? 깊이 그 까닭을 생각하니 늘 슬프게 되노나."
「고려사」

※ 제시된 두 자료를 통해 공민왕은 이전의 왕들과 달리 본격적인 반원정책을 추진하였음을 알 수 있다. 또한 변발과 호복착용 등의 몽고풍도 폐지하였다.

📋 자료**쏙쏙!**

ㄹ 문화

▲ 천산대렵도　　　　　▲ 이양도
공민왕이 그린 것으로 전해지고 있는　공민왕이 그린 것으로 전해지며, 양 두
산수화　　　　　　　　　　　　　　　마리가 걸어가는 모습을 그림

>> 머릿속에 **콕콕!**

경종(975~981)
- 시정전시과 실시

덕종(1031~1034)
- 천리장성 축조(덕종~정종)

충렬왕(1274~1308)
- 동녕부, 탐라총관부 회복

충선왕(1298, 1308~1313)
- 만권당 설치 : 원의 연경(북경)에 세운 학문연구소로 고려·원의 학
　자들이 문화교류를 함

기출문제

16회 중급 14번

교사의 질문에 대한 답변으로 적절한 것은? [3점]

① 서경 천도를 추진하려고 했어요.
② 원의 간섭에서 벗어나려고 했어요.
③ 백제의 옛 지역을 차지하려고 했어요.
④ 유교를 통치 이념으로 삼으려고 했어요.
⑤ 공신과 호족 세력을 약화시키려고 했어요.

해설 >> 제시된 주요 정책을 시행한 것은 공민왕이다. 공민왕은 원·명 교체기를 틈타 반원자주정책을 시행하였다.
② 공민왕은 반원자주정책을 통해 원의 간섭에서 벗어나려고 하였다.
① 서경 천도 운동은 묘청과 관련이 있다.
③ 공민왕이 수복한 땅은 철령이북 땅이다.
④ 유교를 통치 이념으로 삼으려고 한 것은 최승로의 시무 28조를 받아들인 성종과 관련이 있다.
⑤ 공민왕은 권문세족의 세력을 약화시키려고 하였다.

자료쏙쏙!

>>>> 공민왕, 노국공주 영정

→ 정답 ②

자료쏙쏙!

>>>> 훈요 10조의 주요 내용은 ① 불교 숭상, ② 왕위 장자 상속, ④ 북진 정책 추진, ⑤ 차령산맥 아래쪽(후백제) 인물은 쓰지 말 것, ⑥ 옛 선인을 본받을 것 등이다. 이는 태조가 생전에 추구했던 주요 정책들을 요약한 것이라 할 수 있다.

예상문제

지도에 표시된 지역을 확보한 왕의 업적으로 옳게 설명한 것을 〈보기〉에서 고른 것은? [2점]

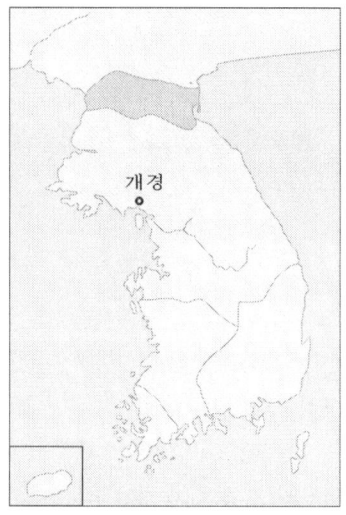

㉠ 전민변정도감을 설치하였다.
㉡ 12목에 지방관을 파견하였다.
㉢ 호족세력을 통합하기 위해 정략결혼을 하였다.
㉣ 훈요 10조를 남겨 후대 왕들에게 교훈으로 삼고자 하였다.

① ㉠, ㉡
② ㉠, ㉢
③ ㉡, ㉢
④ ㉡, ㉣
⑤ ㉢, ㉣

해설 》 지도에 빗금으로 표시된 지역은 고려 태조가 북진정책을 추진하여 획득한 영토이다. 태조에 대해서 전반적으로 이해하고 있는지를 묻는 문제이다.
㉢ 태조는 호족세력을 통합하기 위해 정략결혼, 사성정책을 실시하였다.
㉣ 훈요 10조는 태조가 그의 자손들에게 귀감으로 남긴 10가지의 유훈이다.
㉠ 공민왕은 전민변정도감을 실시하였다.
㉡ 성종은 최승로의 시무 28조의 건의를 받아들여 12목을 설치하고 지방관을 파견하였다.

→ 정답 ⑤

예상문제

다음 자료에 나타난 '신문왕'과 관련된 역사적 사실로 옳지 않은 것은?
[2점]

① 강력한 중앙집권적 전제왕권을 확립하였다.
② 교육 기관인 국학을 설립하였다.
③ 중앙 진골 귀족이 권력을 독점하였다.
④ 9주 5소경을 실시하였다.
⑤ 중앙군으로 9서당을 조직하였다.

해설 》》 제시된 사진 자료는 '신문왕 호국행차길'이다. 이를 통해 신문왕 대에 있었던 역사적 사실을 찾아내는 문제이다.
③ 신문왕은 집사부의 장관인 시중의 기능을 강화하고 귀족세력의 이익을 대변하던 상대등의 세력을 억제하였다.
① 신문왕은 강력한 중앙집권적 전제왕권을 확립하였다.
② 신문왕은 유교정치이념의 확립을 위해 교육 기관인 국학을 설립하였다.
④ 신문왕은 중앙집권강화를 위해 9주 5소경을 설치하여 지방행정조직을 완비하였다.
⑤ 신문왕은 중앙군인 9서당, 지방군인 10정을 조직하였다.

자료쏙쏙!

>>>> **9서당 의의**

통일 이후 신라는 당나라의 점령 지역에서 도망해 온 많은 유민들에게 피난처를 제공하면서 반당 세력을 구축해야 했음은 물론, 백제와 고구려의 잔민을 포섭, 융합해야 하는 민족적 과제를 안게 되었다. 따라서 거족적인 대당 투쟁을 수행하기 위해서는 민족적 융합이 요구되었다. 이러한 점 외에, 정복된 백제와 고구려의 백성에게도 국정 참여의 길을 열어줌으로써 새로운 민족 국가의 출범을 확인시키려는 뜻도 포함되어 있었다.

→ 정답 ③

05일차

116회 출제

조선시대 치열한 삶을 살았던 왕들을 한번 살펴볼까요?

출제핵심포인트

- 각 왕들의 업적을 구별할 수 있어야 합니다.
- 각 왕들이 집권했을 때의 사회상을 이해해야 합니다.
- 각 왕들과 관련된 사료와 유물을 통해 의미를 이해할 수 있어야 합니다.

01 조선시대

① 태종

05회 출제
23회 중급 18번 | 19회 중급 15번 | 8회 3급 44번 | 7회 3급 17번 | 3회 4급 7번

㉠ 정치
- **6조 직계제로 왕권강화**
- 사원의 노비 및 토지 몰수로 국가재정 확보
- 사병 폐지로 병권 장악
- 사간원 독립

㉡ 사회
- **신문고 설치** : 백성 억울함 직소, 민의수렴 기능
- **호패법 실시**로 국가재정 확보(신분 차별 없이 16세 이상의 남자는 호패를 가짐)

㉢ 기타 : 주자소를 설치하고 **금속활자인 계미자**를 제작

>>> 혼일강리역대국지도

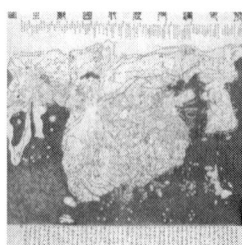

- 태종 때 제작된 세계 지도로 동양에서 현존하는 세계 지도 중 가장 오래됨
- 중화사관에 의해 중국과 조선을 크게 그림
- 유럽 및 아프리카는 작게 그림 → 아메리카는 없음

자료쏙쏙!

>>> 호패

태종의 호패법 실시는 신분과 직업을 파악하고 군역과 요역에 적극 사용되었다.

>>> 6조직계제

의정부의 서사를 나누어 6조에 귀속시켰다. … 처음에 왕(태종)은 의정부의 권한이 막중함을 염려하여 이를 혁파할 생각이 있었지만, 신중하게 여겨 서두르지 않았는데 이때에 이르러 단행하였다. 의정부가 관장한 것은 사대문서와 중죄수의 심의뿐이었다.
「태종실록」

※ 제시된 사료는 태종이 시행한 6조직계제로 정무에 관해 6조가 의정부를 거치지 않고 바로 왕에게 건의·보고 하는 것이다. 이를 통해 정책 결정권이 왕에게 집중되고 왕권이 강화되었다.

② 세종(1397~1450)

[26회 출제]

29회 중급 18번	28회 중급 16번	27회 중급 18번	25회 중급 19번	23회 중급 19번
22회 중급 20번	17회 중급 21번	15회 중급 16번	15회 중급 18번	12회 중급 25번
11회 중급 22번	10회 4급 24번	9회 3급 15번	9회 3급 18번	9회 4급 23번
8회 4급 26번	6회 4급 15번	5회 4급 28번	4회 3급 28번	3회 3급 21번
3회 3급 24번	2회 3급 20번	1회 3급 30번	1회 3급 35번	1회 3급 40번
1회 4급 46번				

㉠ 정치
- **의정부 서사제** : 왕권과 신권의 조화 추구
- **집현전 설치** : 학문과 정책·제도 입안 등에 간여 + 왕에게 자문 역할

㉡ 경제

연분 9등법	토지 1결당 풍흉에 따라 최저 4두에서 최고 20두를 납부하는 조세제도
전분 6등법	토지 비옥도에 따라 6등급으로 나누어 등급에 따라 1결의 크기를 달리하는 제도

㉢ 대외 활동
- **4군 6진 개척**
  - 세종은 김종서와 최윤덕에게 국경지역을 개척하여 4군 6진 설치→현재의 국경선
  - 사민정책(이주정책)과 토관제도(지역 토착민 관리 임명)실시

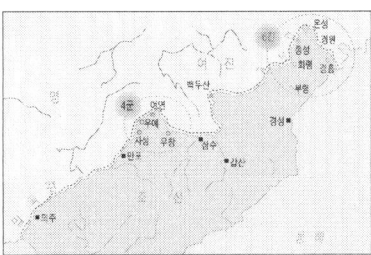
〈4군 6진 개척〉

- **쓰시마 섬(대마도) 토벌**
  - 왜구 약탈이 지속되자 세종은 이종무로 하여금 쓰시마 섬 토벌(1419)
  - 왜구의 요구에 3포 개항[부산포, 염포(울산), 제포(진해)]하고, 제한된 무역을 허가하는 계해약조 체결(1443)

〈쓰시마 섬(대마도) 토벌〉

자료쏙쏙!

》》》 **의정부 서사제**

6조는 각기 모든 직무를 먼저 의정부에 품의하고, 의정부는 가부를 헤아린 뒤에 왕에게 아뢰어 (왕의) 전지를 받아 육조에 내려 보내 시행한다. 다만 이조·병조의 제수, 병조의 군사업무, 형조의 사형수를 제외한 판결 등은 종래와 같이 각 조에서 직접 아뢰어 시행하고 곧바로 의정부에 보고한다. 만약 타당하지 않으면 의정부가 맡아 심의·논박하고 다시 아뢰어 시행토록 한다. 한 마디로 재상 합의제이다.
「세종실록」

※ 제시된 사료는 세종이 시행한 의정부 서사제로 왕권과 신권의 조화를 추구하였다.

》》》 **연분 9등법·전분 6등법**

각 도의 논밭에서 수확량의 많고 적음을 자세히 알 수가 없으니 공법(貢法)에서 수세액을 규정하기가 어렵다. 종래의 하등전 1결의 실적을 기준으로 할 때 상상(上上)의 논에는 몇 석을 파종하고 밭에서 무슨 곡종 몇 두를 파종하여, 상상년에는 논에서 몇 석, 밭에서 몇 석을 수확하며, 하하년에는 논에서 몇 석, 밭에서 몇 석을 수확하는지를 보고하도록 한다.
「세종실록」

※ 제시된 자료는 조선 전기 세종이 시행한 수취제도이다. '상상(上上)의 논'에서 토지 비옥도에 따라 나눈 전분6등법, '상상년', '하하년' 등에서 그 해의 풍흉에 따라 나눈 연분9등 법임을 알 수 있다.

자료쏙쏙!

>>>> 훈민정음

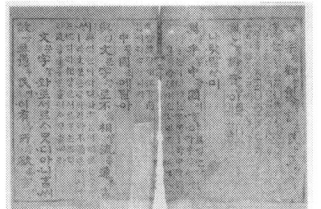

훈민정음은 백성을 가르치는 올바른 소리란 뜻이다.

ㄹ 기타
- **칠정산 편찬**(한양을 기준으로 교정한 우리나라 최초의 역법)
- **갑인자 주조**(활자개량)
- **훈민정음, 농사직설**(우리 풍토에 맞는 독자적인 농법을 정리), **삼강행실도** · 효행록 등(유교 도덕 강조)

>>>> 세종 대의 과학기구 발명

▲ 앙부일구-해시계

▲ 자격루-물시계

▲ 측우기-강우량측정

▲ 혼천의-천체 운행

- 부국강병과 민생안정을 위한 과학 기술의 중요성 인식되면서 각종 과학 기구 제작
- 유교 정치사상에서 천문학 중시(왕은 하늘의 뜻 대변)
- 농사에 적절한 시간을 알려주는 것은 현실적인 과제이자, 농업의 발달 뒷받침

③ 세조(1417~1468)

06 회 출제
30회 중급 18번 | 28회 중급 18번 | 26회 중급 20번 | 24회 중급 18번 | 21회 중급 22번 | 12회 중급 22번

ㄱ 정치
- **6조 직계제** 재실시(세종 때 폐지)
- 집현전과 경연의 폐지
- 경국대전 편찬 시작(성종 때 완성 · 반포)

ㄴ 사회
- 직전법 실시 : 현직관료에게만 토지 분급

>>>> 원각사지 10층 석탑

ⓒ 기타
- **원각사 10층 석탑 건립**
- **간경도감 설치** : 불경을 번역하고 간행하는 기관

④ 성종(1457~1494)

03회 출제
27회 중급 20번 | 24회 중급 20번 | 9회 4급 24번

ⓐ 정치
- **홍문관 설치**
- **경국대전의 완성·반포** : 조선왕조 통치규범 집대성

ⓑ 사회
- 관수관급제 실시 : 국가가 직접 토지를 관리 하고, 관리에게 녹봉 지급
- 오가작통법 제정 : 다섯 집을 1통으로 묶어 유민 방지

⑤ 광해군(1575~1641)

04회 출제
16회 중급 24번 | 14회 중급 23번 | 10회 3급 18번 | 5회 3급 22번

ⓐ 정치
- 명과 후금사이에 **실리적 중립외교 실시**(인조반정의 원인이 됨)
- 명의 구원병 요청에 출병→강홍립 후금에 거짓 항복
- 후금 회유를 위해 무역소 설치
- **영창대군 살해, 인목대비 유폐**(인조반정의 원인이 됨)
- **북인계열 등용**(인조반정 후 몰락)

ⓑ 경제 : **대동법 실시**

ⓒ 대외 활동 : 통신사 파견

ⓓ 기타 : 동의보감 편찬

⑥ 영조(1694~1776)

13회 출제
30회 중급 22번	28회 중급 25번	26회 중급 24번	25회 중급 27번	24회 중급 26번
18회 중급 24번	11회 중급 26번	10회 4급 32번	9회 3급 22번	9회 4급 30번
6회 3급 26번	6회 4급 22번	4회 4급 43번		

ⓐ 정치
- **탕평교서 발표→탕평비 건립**
- 편당적 조치 혼란(◎이인좌의 난)
- **붕당기반 제거** : 서원 대폭 정리, 산림의 존재 부정, 이조전랑 권한 축소

>>>> 광해군 묘

광해군은 왕위에서 쫓겨난 지라 그 묻힌 곳의 이름은 능(陵)도 아니고, 원(園)도 아닌 묘(墓) 이다.

>>>> 탕평채

탕평채라는 음식명은 영조 때 여러 당파가 잘 협력하자는 탕평책을 논하는 자리의 음식상에 처음으로 등장하였다는 데서 유래

자료쏙쏙!

>>>> **이인좌의 난**
- 조선 영조 때(1728년) 정권에서 배제된 이인좌 등 소론 일파와 남인의 과격파가 연합해 정권의 탈취를 목적으로 일으킨 반란
- 소론은 영조가 숙종의 아들이 아니며, 경종의 죽음에 관계되었다고 주장
- 난의 진압 후 소론은 재기불능의 상태가 됨

>>>> **정조의 신해통공**

지금 서울 시내의 민폐를 말하자면 시전의 난전행위가 으뜸이다. 우리 나라 금난전법은 국역을 지는 육의전으로 하여금 이익을 가질 수 있도록 하기 위해 실시한 것이다. 그러나 근래에는 무뢰배들이 삼삼오 시전을 만들어 일상 용품을 독점하고 있다. 상품이 들어오는 길목을 지키고 있다가 싼 값으로 억지로 사려한다.

※ 신해통공으로 도시 내의 일반 상인들은 금난전권의 저촉을 받지 않고 자유로이 상행위를 할 수 있게 되었다.

>> 머릿속에 **콕콕**!

전교하기를, "붕당의 폐단이 요즈음보다 심한 적이 없었다. 처음에는 사문(斯文)에 소란을 일으키더니, 지금에는 한편 사람을 모조리 역당으로 몰고 있다. 세 사람이 길을 가도 역시 어진 사람과 불초한 사람이 있게 마련인데, 어찌 한편 사람이라고 모두가 같은 투일 이치가 있겠는가? … (중략) … 우리나라는 본래 치우쳐 있고 작아서 사람을 쓰는 방법 역시 넓지 못한데, 요즈음에 이르러서는 그 사람을 임용하는 것이 모두 당목 가운데 사람이었으니, 이와 같이 하고도 천리의 공에 합하고 온 세상의 마음을 복종시킬 수 있겠는가?

* 제시된 자료는 **영조의 탕평교서**이다. 영조는 붕당정치의 폐단을 지적하면서 탕평의 필요성을 강조하였다.

>> 머릿속에 **콕콕**!

"두루 사랑하고 편당하지 않는 것은 군자의 공정한 마음이며, 편당하고 두루 사랑하지 않는 것은 소인의 사사로운 마음이다."

* 영조는 강력한 왕권으로 붕당 간의 균형을 이루고자 하였고, 성균관 유생들에게 탕평책을 알리기 위해 성균관 입구에 탕평비를 건립하였다.

ⓒ 사회
- 가혹한 형벌 폐지, 사형수 삼심제
- 신문고 제도 부활

ⓒ 경제 : **균역법 시행**

ⓔ 기타
- 「**속대전**」 : 교정, 조례 모아 법전 재정리
- 「**속오례의**」 : 국조오례의 보완
- 「**동국문헌비고**」 : 우리나라 제도, 문물 총망라

⑦ 정조(1752~1800)

16회 출제

27회 중급 22번	26회 중급 30번	23회 중급 21번	20회 중급 24번	16회 중급 23번
15회 중급 23번	12회 중급 26번	12회 중급 28번	10회 3급 29번	10회 4급 32번
8회 3급 45번	7회 4급 29번	6회 4급 18번	5회 3급 21번	5회 4급 30번
1회 3급 18번				

㉠ 정치
- **규장각 설치** : 왕권 강화를 위한 정치적 목적
- **초계문신제 시행** : 왕권 강화를 위한 신진 인물 및 하급관리 재교육
- **장용영 설치** : 군사적 기반 강화를 위한 국왕의 친위부대

㉡ 사회
- **서얼허통** : 서얼, 노비 차별 완화
- **신해통공** : 금난전권 폐지

㉢ 기타
- 「**대전통편**」 : 정조 때까지 법전 재정비
- 「**동문휘고**」 : 외교 문서 정리
- 「**탁지지**」 : 호조 사례 기록
- 「**무예도보통지**」 : 이덕무·박제가·백동수 등이 편찬한 종합무예서

자료쏙쏙!

>>>> 채제공의 상소

좌의정 체재공이 왕께 아뢰기를, "…(중략)… 평시서로 하여금 30년 이내에 신설된 시전을 모두 혁파하게 하십시오. 그리고 형조와 한성부에 분부해 육의전 이외에는 '금난전권을 행사하지 못하게 할뿐 아니라 도리어 처벌하십시오. 그러면 상인들은 자유롭게 매매하는 이익이 있을 것이고 백성들은 생활이 궁색하지 않을 것입니다.'했다. 왕이 여러 신하들에게 물으니, 모두가 옳다고 해 그를 따랐다.
「정조실록」

※ 정부는 난전을 탄압하던 종래의 정책을 바꾸어 마침내 1791년(정조 11)에 육의전을 제외한 시전의 독점판매권을 폐지하는 신해통공정책을 실시하였다.

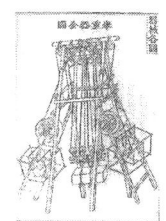

▲ 정약용의 거중기

수원화성 축조에 사용

▲ 수원화성

- 군사적 방어기능과 상업적 기능을 함께 보유
- 이상정치 실현을 위한 상징적 도시로 육성

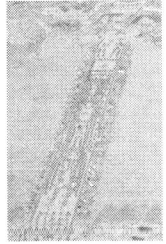

▲ 한강 배다리

화성 행차 관련 그림 중 노량진 배다리를 통해 한강을 건너는 장면을 묘사한 그림

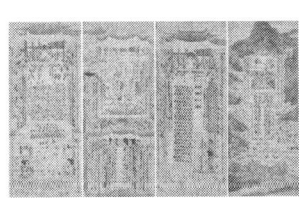

▲ 화성 능행도

정조19년(1795년) 2월 정조는 어머니인 혜경궁 홍씨와 함께 수원 화성에 있는 아버지 사도세자의 묘소에 성묘하고, 혜경궁께 진찬례를 베풀었는데, 이 작품은 이때 거행된 중요한 행사들을 뽑아서 그린 것

자료쏙쏙!

>>>> 흥선대원군

>>>> 당백전

경복궁 중건을 위해 당백전을 발행하고 이외에도 성문세, 원납전, 결두전 등을 징수하여 백성들의 많은 원성을 듣게 된다.

⑦ 흥선 대원군

31회 출제

30회 중급 28번	29회 중급 30번	29회 중급 28번	28회 중급 27번	27회 중급 26번
26회 중급 31번	24회 중급 29번	23회 중급 33번	23회 중급 30번	22회 중급 36번
22회 중급 31번	20회 중급 32번	20회 중급 31번	19회 중급 27번	18회 중급 29번
17회 중급 30번	16회 중급 31번	15회 중급 26번	15회 중급 27번	14회 중급 33번
13회 중급 24번	10회 3급 31번	10회 4급 38번	8회 4급 5번	7회 3급 25번
7회 4급 34번	5회 4급 25번	4회 3급 38번	3회 4급 15번	2회 3급 33번
2회 4급 43번				

㉠ 정치
- 세도정치 타파, 능력에 따른 인재 등용
- 비변사 축소 및 폐지 → **의정부, 삼군부 기능 부활**
- **「대전회통」**, 「육전조례」를 편찬하여 조선 통치규범 정립
- **전국에 47개소를 제외한 서원 철폐로** 국가재정 확보 및 민생안정

>>> 머릿속에 **쏙쏙!**

> "진실로 백성에게 해가 되는 것이 있으면 비록 공자가 다시 살아난다 해도 용서하지 않겠다. 지금 서원은 도둑의 소굴이 되어버렸으니 말할 것도 없다."

* 흥선대원군은 서원 철폐령이 내려지자 각지의 유생들이 격렬하게 반대운동을 전개하자 위의 제시문과 같이 호통을 치며 유생들을 해산시켰다.

㉡ 사회
- **경복궁 중건**: 왕실 권위를 세우기 위해
- **원납전**: 기부금 형식으로 강제 징수
- 상평통보 100배 가치의 **당백전 발행** → 물가상승(인플레이션)

㉢ 경제(삼정의 개혁)
- **양전사업 실시**(전정): 양반 토호의 토지 겸병 금지 및 공정한 전세 부과
- **호포법 실시**(군정): 양반에게도 군포를 징수
- **사창제 실시**(환곡): 환곡의 폐단을 개선

㉣ 대외 활동
- **통상수교 반대 정책**
- 병인양요(1866), 오페르트 도굴사건(1866), 신미양요(1871)
- 척화비 건립

>> 머릿속에 **콕콕!**

(1) 병인양요(1866)

① **병인박해**(프랑스 선교사 처형) → 프랑스 함대 강화도에 침입

② 정족산성(양헌수), 문수산성(한성근)에서 프랑스 격퇴

③ 강화도의 외규장각 문서(의궤) 등 많은 문화재 약탈

(2) 오페르트 도굴 사건(1868)

독일 상인 오페르트가 흥선대원군 아버지 남연군 무덤 도굴 시도

(3) 신미양요(1871)

① 미국 상선 **제너럴셔먼호**가 대동강을 거슬러 올라가 교역 요구 → 요구 거절

② 요구 거절 후 약탈 및 방화 → 평양 군민에 의해 불살라짐(1866)

③ 제너럴셔먼호 사건을 계기로 미국 군함의 강화도 침임

④ **광성보**(어재연)에서 미군 막아내나 조선 또한 막대한 피해 입음

* 광성보에서 어재연 순국 및 수자기 뺏김
* 병인양요·신미양요 이후 강화도 수비를 강화하고, 전국 각지에 척화비 건립(1871)

>> 머릿속에 **콕콕!**

(洋夷侵犯 非戰則和 主和賣國)

"서양 오랑캐가 침범하였을 때 싸우지 않음은 곧 화의하자는 것이요, 화의를 주장함은 나라를 파는 것이다."

* 제시문은 **척화비**에 새겨진 내용이다. 이러한 대원군의 쇄국정책은 서양 세력의 침략을 일시적으로 막는 데 성공하긴 했지만 결과적으로는 조선의 근대화를 늦추는 원인이 되고 말았다.

자료**쏙쏙!**

>>>> 어재연의 수자기

깃발 한가운데 장수를 뜻하는 帥수 자가 적혀 있는 〈수자기〉는 총지휘관이 있는 본영에 꽂는 깃발로서 광성보 전투에서 미군은 이 수자기를 내리고 전리품으로 가져간다.

자료쏙쏙!

>>>> 고종 황제

③ 고종

12회 출제

28회 중급 35번 | 24회 중급 34번 | 22회 중급 33번 | 22회 중급 28번 | 18회 중급 34번
15회 중급 32번 | 10회 3급 35번 | 9회 3급 36번 | 7회 4급 37번 | 5회 3급 39번
4회 4급 32번 | 1회 4급 35번

㉠ 정치

>>> 대한제국의 성립 과정

▲ 황제 즉위식을 거행한 원구단과 황궁우

- 나라의 위신을 높이기 위해 경운궁으로 환궁
- 원구단에서 하늘에 제사를 지내는 의식과 함께 황제 즉위식을 거행
- 국호를 '대한제국', 연호를 '광무'로 바꿈
- 왕의 명칭을 '황제'로 바꿈
- 대한제국의 성립을 선포(1897)

- 원수부 설치(군권 장악), 무관학교 설립(장교 양성) → 국방력 강화
- **전제군주체제를 강화**

>>> 머릿속에 **쏙쏙!**

대한국 국제(國制)
제1조 대한국은 세계 만국이 공인한 자주 독립 제국이다.
제2조 대한 제국의 정치는 만세 불변의 전제 정치이다.
제3조 대한국 대황제는 무한한 군권을 가진다.
제5조 대한국 대황제는 육·해군을 통솔한다.
* 고종은 군주권의 무한함을 밝힌 대한국국제 제정

㉡ 사회
- 근대시설 확충(정보사, 재판소 등)
- 신교육령에 의거 소학교, 중학교, 사범학교 등 설립

㉢ 경제
- **양지아문을 설치하여 근대적 토지소유권 제도라 할 수 있는 지계 발급**(양전사업)
- **상공업 진흥책으로 근대적인 공장, 회사 설립**(철도·섬유·운수·광업·금융분야)

㉣ 기타 : 북간도에 간도관리사 이범윤을 파견하여 간도, 연해주 교민 보호

>>>> 광무개혁의 의의 및 한계
- 의의 : 자주적인 입장에서 근대적 개혁을 추진
- 한계 : 전제군주권 확립을 추진하였으나, 개혁의 추진 방향이 지주 세력 중심

>>> 머릿속에 **콕콕!**

태조(1392~1398)
'개국'연호 사용, 과전법 시행
중종(1506~1544)
외침에 대비하여 비변사 설치
효종(1649~1659)
나선정벌, 이완을 중용하여 북벌 준비
숙종(1674~1720)
금위영 설치, 5군영 완비, 편당적인 인사관리로 환국 발생

자료**쏙쏙!**

자료쏙쏙!

>>>> **비변사**
- 비국(備局), 주사(籌司)라고도 함
- 왜구나 여진족 침입시 임시로 운영
- 삼포왜란, 을묘왜란을 거치며 상설기구
- 임진왜란 이후 기능과 인원이 확대
- 조선 후기 최고 정무 기관이 됨
- 세도 정기치기에 세도 가문은 독점적으로 비변사 장악

기출문제

16회 중급 31번

(가)에 들어갈 내용으로 옳지 않은 것은? [2점]

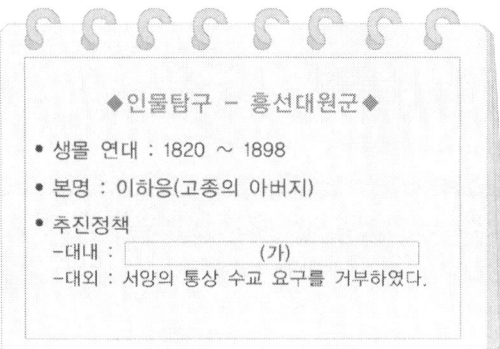

◆인물탐구 - 흥선대원군◆
- 생몰 연대 : 1820 ~ 1898
- 본명 : 이하응(고종의 아버지)
- 추진정책
  - 대내 : (가)
  - 대외 : 서양의 통상 수교 요구를 거부하였다.

① 의정부와 삼군부의 기능을 부활시켰다.
② 양전 사업을 실시하고 지계를 발급하였다.
③ 왕실의 권위를 세우기 위해 경복궁을 중건하였다.
④ 양반에게도 군포를 부과하는 호포제를 실시하였다.
⑤ 환곡의 폐단을 개선하기 위해 사창제를 실시하였다.

해설>> 제시된 인물은 흥선대원군이다. 흥선대원군이 실시한 개혁정치에 대해 묻는 문제이다.
② 양전사업을 실시하고 지계를 발급한 것은 고종의 광무개혁과 관련이 있다.
① 흥선대원군은 비변사 기능을 축소 및 폐지하고 의정부, 삼군부 기능 부활하였다.
③ 흥선대원군은 왕실의 권위를 세우기 위해 경복궁을 중건하였다.
④ 흥선대원군은 호포제를 실시하여 양반에게도 군포를 부과하였다.
⑤ 흥선대원군은 사창제를 실시하여 환곡의 폐단을 개선하려 하였다.

→ 정답 ②

예상문제

다음 칼럼의 밑줄 친 '왕'이 추진한 정책으로 옳은 것을 〈보기〉에서 고른 것은? [2점]

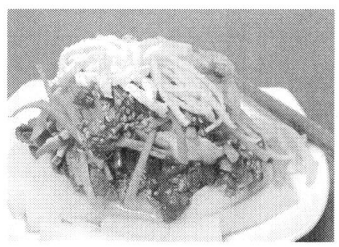

요사이 한정식당에 나오는 음식 중에서 탕평채(蕩平菜)만큼 정치적 의미를 지니고 사람들 입에 오르내리는 것도 없을 듯하다. "노란 창포묵에 붉은 돼지고기, 파란 미나리, 검은 김을 초장에 찍어먹는 3월의 시식(時食)이다. 노랗고 붉고 파랗고 검은 사색당쟁을 탕평코자 왕은 도처에 탕평비를 세우고 이렇게 음식까지 만들어 먹게 함으로써 파당을 화합토록 했던 것이다."

㉠ 산림의 존재를 부정하고, 서원을 대폭 정리하였다.
㉡ 신문고제도를 부활시켰다.
㉢ 시전상인들의 금난전권을 폐지하였다.
㉣ 왕권강화를 위해 수원화성을 수축하였다.

① ㉠, ㉡   ② ㉠, ㉢
③ ㉡, ㉢   ④ ㉡, ㉣
⑤ ㉢, ㉣

해설》 제시된 자료는 '탕평채'의 사진과 의미에 대한 설명이다. 그리고 '탕평비를 세우고'라는 표현에 미루어 볼 때 영조에 대한 설명임을 알 수 있다. 영조는 자신의 출생과 세재 책봉, 즉위과정에서 붕당의 극심한 폐단을 목격하여 강력한 탕평책을 추진하게 된다.
㉠ 영조는 붕당의 기반을 제거하기 위해 산림의 존재를 부정하고 서원을 대폭 정리하였으며, 이조전랑이 권한을 축소하였다.
㉡ 영조는 민의 상달을 위한 신문고제도를 부활하였다.
㉢ 정조는 신해통공을 통해 금난전권을 폐지하였다.
㉣ 정조는 수원화성을 이상정치를 실현하는 상징적 도시로 육성하고 정치적·군사적 기능을 부여하였다.

자료쏙쏙!

》》》 영조의 탕평책은 '완론 탕평'으로 노론 중심의 정국이되, 온건파를 중시하는 입장을 일컫는다. 노론과 소론의 온건론자들을 중용하여 요직에 배치하는 것이 완론탕평의 핵심이다. 따라서 국왕의 정사 주도를 높이고자 하였다.

→ 정답 ①

흔들흔들 휘청휘청하는 신라 하대의 사회를 살펴볼까요?

27회 출제

출제핵심포인트
- 신라 하대의 전반적인 사회모습을 이해해야 합니다.
- 문제에 주어지는 사료나 인물 등을 통해 신라 하대임을 알 수 있어야 합니다.

18회 출제

28회 중급 11번	27회 중급 10번	25회 중급 11번	25회 중급 10번	24회 중급 9번
24회 중급 7번	22회 중급 10번	16회 중급 11번	15회 중급 8번	14회 중급 10번
13회 중급 12번	11회 중급 7번	10회 3급 6번	10회 4급 10번	9회 3급 8번
9회 4급 11번	2회 4급 12번	1회 3급 20번		

기원전 57   654   780   935

신라하대

신라 건국   무열왕 즉위   선덕왕 즉위   신라 멸망

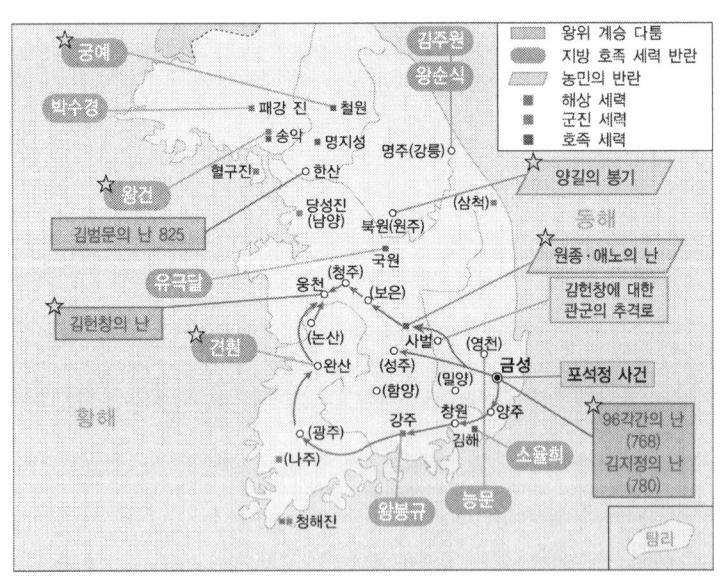

자료쏙쏙!

>>> 신라 하대에 유행한 참요(讖謠)

> 세상 이치에 밝은 사람들
> 모두 다 수도를 떠나 떠돌아다니네
> 나라가 장차 망하리
> 나라가 장차 망하리

※ 참요는 앞으로 일어날 일에 대해 암시하는 내용을 적은 노래로, 제시된 참요를 통해 신라 하대의 혼란스러운 상황을 짐작할 수 있다.

>>> 신라 하대 왕위 계승 다툼

혜공왕(15) - 선덕왕(5) - 원성왕(13) ······ 진성여왕(10)
효공왕(15) - 신덕왕(5) - 경명왕(7) - 경애왕(3) - 경순왕(8)
( )안의 숫자는 재위기간

혜공왕의 죽음 이후 무열왕계의 왕위 세습이 끊어지게 되고, 155년간 무려 20명의 왕이 교체되게 된다.

01 중앙 귀족들의 왕위 쟁탈전

① 배경 ··· 중앙 귀족들의 토지 · 노비 · 사병 확대로 세력 강화

② 중앙 귀족들의 왕위 계승 다툼
- ㉠ 신라 하대(780~935)에 155년간 20명의 왕이 교체
- ㉡ 상대등이 정치권력을 좌우→왕권은 미약
- ㉢ **진골 귀족들은 사병을 거느리고 권력 다툼** 벌임
- ㉣ 96각간의 난(768) : 혜공왕의 실정과 천재지변, 민심의 동요가 원인(왕위 계승 다툼의 효시)

02 지방 세력의 반란

① 배경 … **정부의 지방 통제력 약화**

② **왕위 계승 다툼**에 지방세력 가담
- ㉠ 김헌창의 난(822) : 웅주 도독 김헌창이 왕위 계승에 불만을 품고 반란을 일으키나 실패
- ㉡ 장보고의 난(846) : 청해진에서 세력을 키워 해상무역에 크게 기여한 장보고가 왕위쟁탈전 가담하니 실패

03 지방 토착세력의 등장

① 지방 호족의 등장
- ㉠ 토착 세력 촌주, 중앙에서 내려온 중앙귀족 또는 해상·군사세력이 호족으로 성장
- ㉡ 사병을 양성하고 **스스로 성주·장군이라 칭함**(독자적 세력 형성)
- ㉢ 광대한 농장 형성 및 지방의 행정권, 군사권 장악
- ㉣ **선종 지지**

② 초적의 등장 … 소규모 조직, 장기적·일상적 활동을 하는 도적 집단

③ 사원 세력의 성장 … 경제력과 노동력을 통한 불교사원의 지방 세력화

자료쏙쏙!

》》》》 **장보고(?~846)**

(17회 중급 8번, 7회 4급 12번, 3회 4급 38번 3회 출제)

- 흥덕왕(828)때 청해진 설치→당 해적 소탕→해상무역권 장악
- 당~신라~일본을 연결하는 국제 무역 주도(막대한 부와 명성)
- 산둥반도에 법화원(절) 설립

》》》》 **신라 하대의 사회동요**

청해진 대사 궁복(장보고)이 자기 딸을 왕비로 맞지 않는 것을 원망하고 청해진을 근거로 반란을 일으켰다. 13년(851) 2월에 청해진을 파하고 그 곳 백성들을 벽골군으로 옮겼다.
「삼국사기」

진성왕 6년, 궁예가 북원(강원도)의 도적 양길에게 의탁하니 양길은 기뻐하며 궁예를 잘 대우하여 일을 맡겼다. 마침내 군사를 나누어 주며 동으로 보내 땅을 빼앗게 하였다.

진성왕 9년에 평양성주 장군 검용이 궁예에게 항복하였다. 증성의 적의적·황의적·명귀 등이 항복하였다.
「삼국사기」

※ 제시된 사료를 통해 신라 하대의 사회적 모순과 혼란을 짐작할 수 있다.

자료쏙쏙!

>>>> **골품제의 생활규제**

공복에 있어서 진골은 자색, 6두품은 비색, 5두품은 청색, 4두품은 황색으로 구분되었다. 집의 각 방의 길이와 넓이도 진골은 24척을 넘지 못하고, 6두품은 21척, 5두품은 18척, 4두품은 15척을 넘지 못하게 하였다. 느릅나무를 쓰지 못하고, 우물 천장을 만들지 못하며, 당기와를 덮지 못한다. …… 담장은 6척을 넘지 못하고, 또 보를 가설하지 않으며, 석회를 칠하지 못한다. 대문과 사방문을 만들지 못하고, 마구간에는 말 2마리를 둘 수 있다.

「삼국사기」

※ 신라의 골품제도는 사회·정치 더 나아가 일상생활까지도 규제하였다.

>>>> **골품제도**

- 성골: 부모가 왕족이며, 왕이 될 수 있는 최고 신분
- 진골: 부모 중 한쪽만 왕족으로 주요 요직 독점
- 6두품: 대족장이 골품으로 편입되면서 받은 신분
- 4·5두품: 군소 족장이 골품으로 편입되면서 받은 신분

04 6두품 세력의 불만

① 중앙 권력에서 배제…**중앙 귀족임에도 관직 승진의 제한**으로 인해 반신라적 성향 심화

② **골품제의 모순을 비판하고 호족세력과 연계 시도**(새로운 사회 건설 추구)

③ **6두품인 최치원**은 진성여왕에게 개혁안 **시무 10조 건의** → 귀족 반발로 실패

④ 골품제도

08회 출제

| 18회 중급 7번 | 9회 4급 6번 | 7회 4급 6번 | 6회 4급 7번 | 5회 3급 3번 |
| 4회 4급 2번 | 3회 4급 34번 | 1회 3급 24번 | | |

>>> **머릿속에 쏙쏙!**

(1) 골품제
  ① 출신성분에 따라 골(骨)과 품(品)으로 등급을 나누는 신라의 신분 제도
  ② 개인 사회생활과 정치활동 범위 제한

(2) 6두품
  ① 지배층에 속하지만 관직 승진에 한계(아찬 이상의 관직 불가, 화백회의 참석 불가)
  ② 학문(강수·설총), 종교(원효)분야에서 활발히 활동
  ③ 신라 중대에 왕의 정치적 조언자로 활동
  ④ 진골 귀족 위주의 사회 체제에 불만
  ⑤ 골품제도에 대해 비판적
  ⑥ 신라 하대에 호족 세력과 연계 → 사회 개혁 추구 → 고려 건국의 주도 세력

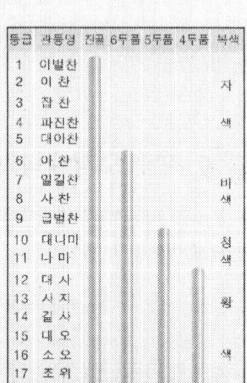

> 머릿속에 **콕콕!**

설계두는 신라의 귀족 자손이다. 일찍이 친구 네 사람과 술을 마시며 각기 그 뜻을 말할 때 "신라는 사람을 쓰는 데 골품을 따져서 그 족속이 아니면 비록 뛰어난 재주와 큰 공이 있어도 한도를 넘지 못한다. 나는 멀리 중국에 가서 출중한 지략을 발휘하여 비상한 공을 세워 영화를 누리며, 높은 관직에 어울리는 칼을 차고 천자 곁에 출입하기를 원한다." 라고 하였다. 그는 621년 몰래 배를 타고 당으로 갔다.
「삼국사기」

최치원은 당나라로 유학한 후 얼마 되지 않아 유학생을 위한 과거인 빈공과에 합격하였다. 젊은 나이에 관리가 된 그가 황소의 난이 일어났을 때에 쓴 격문은 너무나 뛰어나 오히려 황소가 놀랄 정도였다고 한다. 신라로 돌아온 그가 진성 여왕에게 시무 10조 등의 개혁안을 제시하였으나, 받아들여지지 않았다.
「삼국사기」

* 신라 하대가 되면서 진골귀족들의 중앙정계 장악으로 골품제의 모순들이 나타나자, 6두품은 골품제 자체를 타파하려고 하였다. 이는 6두품 스스로의 역량강화와 당나라 유학이 늘어나면서 당의 과거제 등의 경험과 관련이 있다.

자료쏙쏙!

〉〉〉〉 최치원 초상화

05 농민봉기의 발생

① 농민봉기의 배경
  ㉠ 중앙 정치의 부패
  ㉡ 귀족들의 대토지 소유 확대 + 지방 세력가의 수탈
  ㉢ ㉠+㉡으로 인해 농민들이 토지를 잃고 노비가 되거나 **초적이 되기도 함**

② 농민봉기
  ㉠ 진성여왕 때 전국 도처에서 봉기
  ㉡ **원종과 애노의 난(상주)**, 적고적의 난(경주), 양길의 난(원주) 등
  ㉢ 농민봉기로 지방에 대한 신라 정부의 통제 약화

〉〉〉〉 신라하대의 사회동요

진성왕 10년에 도적이 서·남쪽에서 일어나 붉은 바지를 입고 특이하게 굴어 사람들이 붉은 바지 도적(적고적)이라 불렀다. 그들이 주·현을 무찌르고 서울 서부 모량리까지 와서 민가를 약탈하여 갔다.
「삼국사기」

※ 제시된 사료를 통해 사회의 모순이 증폭되어, 농민 항쟁이 전국적으로 확산되고 있음을 알 수 있다.

자료 쏙쏙!

>> 머릿속에 **쏙쏙**!

진성여왕 3년(889), 나라 안의 여러 주와 군에서 공물과 부세를 바치지 않아 나라의 창고가 텅 비고 나라의 씀씀이가 궁핍하게 되자 왕이 사자를 보내어 독촉하니, 이로 인하여 곳곳에서 도적들이 벌 떼처럼 일어났다. 이 때 원종과 애노 등이 사벌주(상주)를 근거로 반란을 일으키자 왕이 나마(奈麻)영기에게 명하여 붙잡게 하였다.

「삼국사기」

* 신라하대의 혼란을 보여주는 사료로 자주 출제된다. 9세기 말 정부의 재정 악화로 인해 세금을 독촉하자 농민들은 봉기를 통해 국가에 저항하였다.

06 새로운 사상의 유행

① **선종의 유행**
  ㉠ 배경 : 귀족사회 분열 심화
    → **지방 세력들의 지지**
  ㉡ 특성
    • 실천적인 경향
    • 참선 수행 강조
    • 개혁적인 성격
    • 호족의 이념적 지주
    • **선종 9산** → 지방문화의 근거지, **승탑 발전**

② **풍수지리설의 유행**

01 회 출제
10회 4급 16번

  ㉠ 전래 : 신라 말 도선에 의해 유입
  ㉡ 내용
    • 산세와 수세를 살펴 도읍·주택·묘지 등을 선정하는 인문지리적 학설
    • 지형에 따라 인간의 길흉화복이 정해짐

>>>> 화순 쌍봉사 철감선사탑

선종이 널리 유행하면서 승탑이 세워지기 시작하였다.

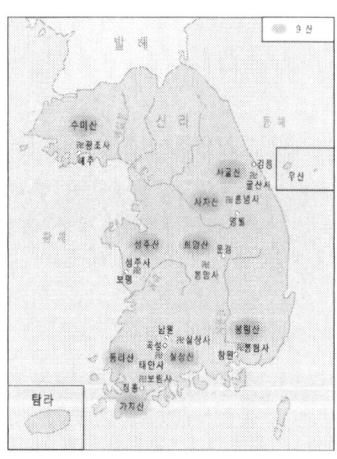

〈선종 9산 선문〉

ⓒ 영향
- 경주 중심의 지리 개념에서 벗어남
- 도참신앙의 결부로 산수의 생김새로 미래를 예측
- 지방을 중심으로 국토를 재편성 주장 → 신라 정부의 권위 추락
- 후에 묘청의 서경 천도 운동의 이론적 근거
- 후에 조선이 한양을 수도로 정하는데 영향

>>> 머릿속에 **콕콕!**

통일 신라의 대외무역

① 당과의 무역
  ㉠ 공, 사무역이 발달
  ㉡ 신라방, 신라소, 신라관, 신라원 등을 설치(산둥반도·양쯔강 하류)
  ㉢ 수입품(비단, 책, 귀족들 사치품), 수출품(해표피, 인삼, 금·은 세공품)

② 무역항
  ㉠ 울산항: 경주에서 가까운 국제무역항, 이슬람상인까지 내왕, 당의 산물과 서역의 상품들 수입
  ㉡ 남양만(당항성), 영암도 무역항으로 번성

자료**쏙쏙!**

>>>> 풍수지리사상에 의한 명당 개념도

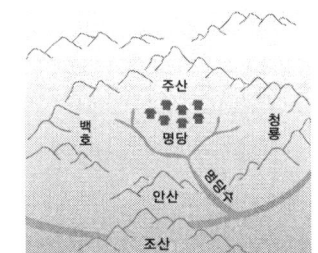

자료쏙쏙!
>>>> 신라인의 골품과 방의 크기

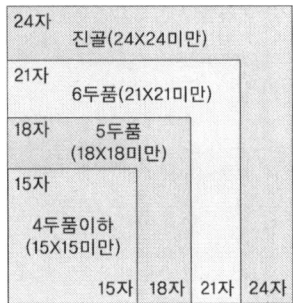

기출문제
3회 3급 8번

다음과 같은 사실들이 나타났던 시기의 상황으로 옳지 않은 것은? [1점]

- 헌덕왕 : 상대등이 되었다가 애장왕을 죽이고 즉위하였다.
- 희강왕 : 삼촌인 균정과 싸워 그를 죽이고 왕위에 올랐다.
- 민애왕 : 상대등이 되자 시중 이홍과 함께 난을 일으켜 스스로 왕이 되었다.

① 선종 불교가 지방을 근거로 성장하였다.
② 몰락한 농민들이 유랑하거나 초적이 되었다.
③ 6두품 세력이 국왕을 도와 전제 왕권을 강화하였다.
④ 진골 귀족들이 사병을 거느리고 권력 싸움을 벌였다.
⑤ 지방에서 스스로 장군, 성주라고 칭하는 세력이 나타났다.

해설》 제시된 자료는 신라 41대 헌덕왕, 43대 희강왕, 44대 민애왕의 즉위 과정을 보여주고 있다. 즉 신라 36대 혜공왕 이후의 일이며, 따라서 이 시기는 신라 하대임을 추론할 수 있다.
③ 6두품 세력이 국왕을 도와 전제 왕권을 강화하였던 것은 신라 중대의 일이다.
① 신라 하대의 불교는 선종이 지방을 근거지로 호족의 지원을 받아 성장하였다.
② 신라 하대에는 중앙 정치의 혼란으로 수취체제의 문란과 자연재해 등으로 인해 농민들의 유민화가 심해졌다.
④ 신라 하대에 진골 귀족들은 사병을 거느리고 왕위쟁탈전에 가담하였다.
⑤ 지방에서 스스로 장군, 성주라고 칭하는 호족들이 신라 하대에 성장하였다.

→ 정답 ③

예상문제

다음과 같은 사실들이 나타났던 시기의 상황으로 옳지 않은 것은? [2점]

> - 국내 여러 주군이 공부를 납부하지 않으므로 국고가 고갈되어 국용이 궁핍해졌다. 이에 왕이 자사를 보내어 독촉하니 도적들이 들고 일어났다. 이 때, 원종과 애노 등이 사벌주를 근거로 하여 반란을 일으켰다.
> 　　　　　　　　　　　　　　　　　　　　「삼국사기」
>
> - 지금 국읍은 모두 도적의 소굴이 되었고, 산천은 모두 전장이 되었으니 어찌 하늘의 재앙이 우리 해동에만 흘러드는 것입니까!
> 　　　　　　　　　　　　　　　　　　　　「동문선」

① 스스로 성주나 장군으로 자칭하는 세력이 등장하였다.
② 진골 귀족 중심들의 왕위 쟁탈전이 일어났다.
③ 몰락한 농민들이 초적이 되었다.
④ 풍수지리설이 유행하였다.
⑤ 귀족들에게 지급하던 녹읍을 폐지하였다.

해설》 제시된 자료는 '도적들', '원종과 애노' 등의 표현으로 미루어 보아 신라 하대에 대한 설명임을 알 수 있다. 통일신라는 중대 말에 넘어와서는 진골 귀족들의 세력이 강화된다. 특히 혜공왕이 진골 귀족 간의 다툼 와중에 살해당하면서 이후 신라의 왕위는 세력이 강한 진골 귀족이 무력을 통해 즉위하는 과정이 빈번하게 일어난다.
⑤ 신라 하대에는 관료전 대신 녹읍이 지급되었다.
① 신라 하대에 지방의 호족들은 스스로 성주나 장군이라 칭하였다.
② 신라 하대에 진골 귀족들의 왕위 쟁탈전이 발생하였다. 혜공왕 피살 이후 150여 년 동안 20명의 왕이 교체되었다.
③ 신라 하대에 농민들은 귀족들의 대토지 소유 확대와 지방 세력가의 수탈로 인해 몰락하였다.
④ 신라 하대에는 선종과 풍수지리설이 유행하였다.

자료쏙쏙!

》》》 풍수지리설의 유행
- 보급 : 신라 말 도선에 의해 보급, 지형에 따라 인간의 길흉화복이 정해진다고 주장
- 영향 : 경주 중심의 지리 개념에서 탈피(신라 정부의 권위에 도전) → 지방의 중요성 강조

→ 정답 ⑤

07일차

회 출제

대륙을 호령한 발해의 성장과 몰락을 한번 살펴볼까요?

출제핵심포인트

- 발해의 주요 왕들의 업적을 알고 있어야 합니다.
- 발해의 유물 및 발해의 주요 정치체제를 알고 있어야 합니다.
- 고구려를 계승한 것과 당나라의 영향을 받은 것을 구별할 수 있어야 합니다.

01 발해의 왕에 대해 알아보자!!!

09회 출제

| 27회 중급 9번 | 26회 중급 7번 | 23회 중급 9번 | 17회 중급 10번 | 14회 중급 13번 |
| 11회 중급 2번 | 8회 3급 7번 | 4회 3급 3번 | 4회 4급 5번 | |

① 대조영(698~719)

  ㉠ 정치
  - 고구려 장군 출신으로 발해 건국(698)
  - 고구려 유민(지배층) + 말갈집단(피지배층)으로 구성
  - 처음에는 '진국', 연호를 '천통'이라 함

② 무왕(대무예, 719~737)

  ㉠ 정치 : **'인안'이라는 독자적 연호 사용**
  ㉡ 대외 활동
  - 만주의 대부분과 연해주의 영토를 확보
  - 요서지역에서 당 군과 격돌, **장문휴로 하여금 당나라의 산둥지방 등주 공격**
  - 돌궐·일본에 국서 보냄
  - 당과 신라를 견제, 동북아시아의 세력 균형 유지

③ 문왕(대흠무, 737~793)

  ㉠ 정치
  - **중경 현덕부에서 상경 용천부로 수도 천도**
  - '대흥'이라는 독자적 연호 사용

  ㉡ 대외 활동
  - 친당 외교(중국문화 수용, 문화 발전)
  - 발해와 신라의 상설 교통로인 신라도 개설

자료쏙쏙!

>>>> 무왕 집권기 때의 정세

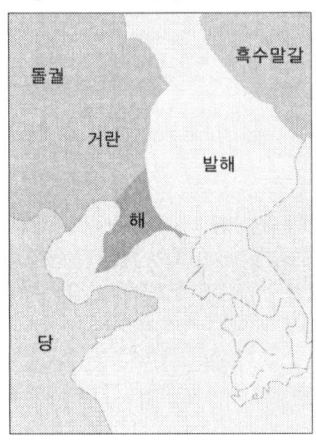

>>>> 발해의 당나라 산둥반도 공격 추정도

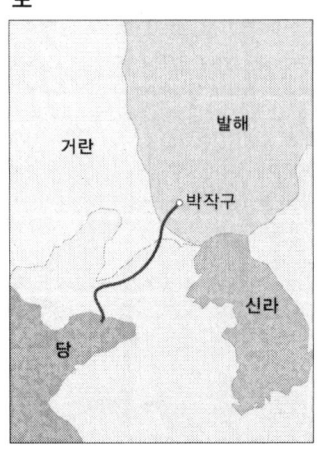

④ 선왕(818~830)
  ㉠ 정치
    • **해동성국 (고구려 계통 + 당 문화 = 전성기)**
    • **5경 15부 62주로 지방 행정 조직 완비**
    • '건흥'이라는 독자적 연호 사용
⑤ 발해의 멸망(926)
  ㉠ 귀족들 권력 투쟁 격화, 내분심화
  ㉡ **거란 침략에 멸망**
  ㉢ 부흥운동(정안국 건국)실패

>> 머릿속에 **콕콕**!

"부여씨(백제)가 망하고 고씨(고구려)가 망함에 이르러, 김씨(신라)가 남쪽을 소유하고 대씨(발해)가 북쪽을 소유하여 발해라 하였으니, 이것이 바로 남북국이다. 당연히 남북국을 다룬 역사책이 있어야 하는데, 고려가 편찬하지 않은 것은 잘못이다. 저 대씨가 어떤 사람인가? 바로 고구려 사람이다. 그들이 차지하고 있던 땅은 어떤 땅인가? 바로 고구려 땅이다.

「발해고」

* 남북국시대라는 용어를 처음 사용한 사람은 조선후기 역사가 **유득공**이었다. 그는 「발해고」에서 '남북국'이라는 시대개념과 함께 역사연구의 필요성을 제기하였다. 또한 고대사 연구의 시야를 만주지방까지 확대시킴으로써 한반도 중심의 협소한 사관을 극복하는 데 힘썼다.

자료쏙쏙!

>>>> 발해의 성격

발해말갈의 대조영은 본래 고구려의 별종이다. 고구려가 망하자 대조영은 그 무리를 이끌고 영주로 이사하였다. … 대조영은 드디어 그 무리를 이끌고 동쪽 계루의 옛 땅으로 들어가 동모산을 거점으로 하여 성을 쌓고 거주하였다. 대조영은 용맹하고 병사 다루기를 잘하였으므로 말갈의 무리와 고구려의 남은 무리가 점차 그에게 들어갔다.

「구당서」

※ 발해는 고구려 계통이 지배계층을 말갈족과 일부 거란족이 피지배층을 이루는 이원적 구성이었다.

02 발해의 통치 체제

① 발해의 성격
  ㉠ **지배층(고구려 유민) + 피지배층(말갈족) → 고구려 계승의식**
  ㉡ **대외적 중국 대등, 대내적 왕권의 강대함(독자적 연호 사용)**
  ㉢ **일본에 보낸 국서(고려 또는 고려국왕 명칭 사용)**
② 발해의 통치체제
  ㉠ 중앙통치조직(3성 6부)
    • 이원적 통치체제로 구성
    • **당의 3성 6부 제도 수용(당나라 영향)**
    • 정당성에서 회의로 국가 중대사를 결정

- 중정대(관리의 비리 감찰), 문적원(서적원), 주자감(최고 교육기관)등 기관
  ⓒ 지방
  - 15부는 일종의 직할 구역(지방행정의 요충지)
  - 전국을 15부로 나누고, 부 아래에 62주가 편성
③ 발해의 군사조직
  ㉠ 중앙군 : 10위 조직(왕궁과 수도경비), 각 위마다 대장군과 장군을 두어 통솔
  ㉡ 지방군 : 농병일치의 군사조직

03 발해의 대외관계 및 무역

04회 출제
| 18회 중급 8번 | 12회 중급 6번 | 10회 3급 8번 | 9회 4급 10번 |

① 8세기 초 대외관계
  ㉠ 고구려 계승의식으로 **당과 대립관계**
  ㉡ 당은 신라·흑수부 말갈족 이용해 발해 압박
  ㉢ **무왕 때 장문휴가 산둥반도 공격(당·신라 협공 격퇴)**
② 8세기 후반 이후 대외관계
  ㉠ **문왕 때 국교 재개**
  ㉡ **당나라에 사신과 유학생 파견, 당 문물 수입 등 교류 활발**
  ㉢ **일본은 신라를 견제하기 위해 우호적 관계**
  ㉣ 신라와는 문화적 우월경쟁과 당의 견제정책으로 대립(부분적 사신 교환. 무역, 위기 때 신라에 도움 요청)

자료쏙쏙!
>>>> 발해의 국호 고려

고려 국왕 대흠무(문왕)가 말하기를 "일본의 천황이 돌아가셨다는 소식을 듣고 슬프고 추모하는 마음에 가만히 있을 수 없어, 보국장군 양승경과 귀덕장군 양태사 등을 보내어 표문 및 물품과 함께 조문하게 합니다." 천황이 고려 국왕에게 삼가 문안드립니다. … 보내 주신 물품은 숫자대로 잘 받았습니다. 돌아가신 사신 편에 토산품 등을 보내니, 비록 물건이 가볍고 적고 보잘것없으나 좋게 생각하셔서 받아 주시기 바랍니다.
대무예(무왕)가 이르기를 "외람되이 열국을 주관하고 제번을 총괄하고 있다. 우리는 고구려의 고토를 수복하여 부여의 유속을 지키고 있다."
「속일본기」

※ 제시된 사료는 발해가 고구려를 계승했음을 보여준다. 속일본기의 기록에 따르면, 759년 발해의 문왕이 일본에 사신을 보내면서 스스로를 '고려국왕 대흠무'라고 불렀으며, 일본에서도 발해의 왕을 '고려국왕'으로 불렀다. 뿐만 아니라, 발해를 가리켜 자주 '고려'라 불렀으며, '발해의 사신'을 '고려의 사신'으로 표현한 사례가 일본의 기록에 많이 있다.

③ 발해의 대외무역
　㉠ 무역관계
　　• 당(해로 + 육로), **신라(육로, 신라도)**, 거란, 일본 등과 교통로 대외무역 전개
　　• 공무역(왕실) 중심, 때때로 민간 무역
　　• 당은 산둥반도 덩저우에 발해관 설치
　　• 대일무역 중시(신라 견제책)
　㉡ 무역품
　　• **수출품은 주로 모피(담비가죽), 인삼, 불상, 자기 등**
　　• **수입품은 귀족들의 수요품인 비단, 책, 문구류 등**
　㉢ 발해의 무역로

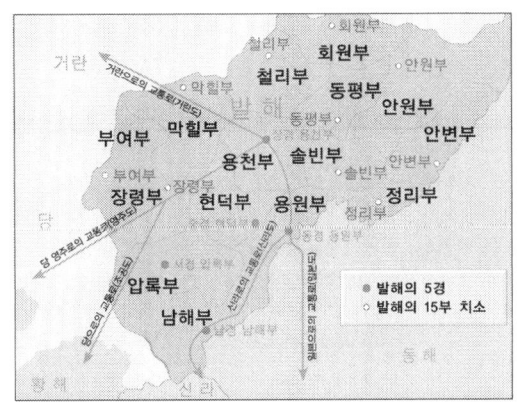

　　• 거란도 : 거란으로 가는 육지의 길
　　• 영주도 : 당나라로 가는 육지의 길
　　• 조공도 : 당나라로 가는 바다의 길
　　• 일본도 : 일본으로 가는 바다의 길
　　• **신라도 : 신라로 가는 육지의 길**

자료쏙쏙!

》》》 남북국 시대의 대외 무역

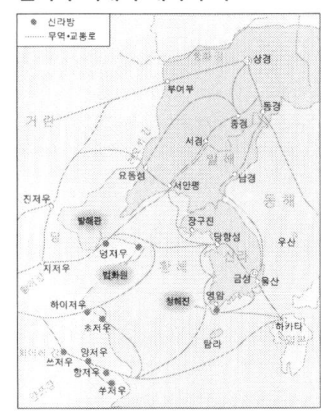

📝 자료쏙쏙!

04 발해의 문화

23회 출제

30회 중급 9번	29회 중급 8번	25회 중급 6번	21회 중급 8번	19회 중급 11번
16회 중급 6번	13회 중급 45번	13회 중급 46번	10회 4급 2번	10회 4급 22번
9회 3급 3번	8회 4급 41번	7회 3급 2번	6회 3급 6번	6회 4급 6번
5회 3급 8번	5회 4급 8번	3회 3급 16번	3회 4급 3번	2회 3급 31번
2회 4급 47번	1회 3급 21번	1회 4급 25번		

① 고구려 문화 계승

　㉠ 정혜공주 묘

▲ 정혜공주 묘
- 고구려 굴식돌방무덤 양식 계승
- 문왕의 둘째 딸 정혜공주의 묘

▲ 발해 돌사자상
- 정혜공주 묘에서 출토
- 힘차고 생동감 있는 모습

▲ 모줄임 천장구조
- 위로 올라갈수록 좁아짐
- 고구려 고분의 양식

　㉡ 고구려 계승 : 이불병좌상, **발해석등**, 발해 치미

▲ 이불병좌상

▲ 발해석등

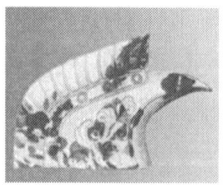
▲ 발해 치미

　㉢ **온돌 구조의 난방 장치**

　㉣ 벽돌과 기와무늬 : 고구려의 영향을 받아 소박하고 힘찬 모습

>>>> 발해 보상화무늬 벽돌

발해에서 가장 성행한 무늬 벽돌로 고구려의 전통을 계승

② 당나라 문화의 영향

　㉠ 정효공주 묘
　　• 벽돌무덤(벽돌과 돌로 쌓아 축조)
　　• 당나라 양식 요소가 강하게 나타남
　　• 묘지와 벽화가 발굴
　　• 여자 5명, 남자 26명 인골 수습

　㉡ 상경용천부 : **수도 상경의 외성과 주작대로 건설(당시 당의 수도인 장안 모방)**

▲ 정효공주 묘 내부 벽화

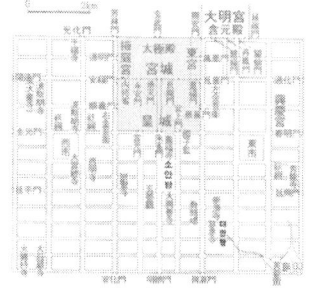
▲ 당나라 장안성 도면도

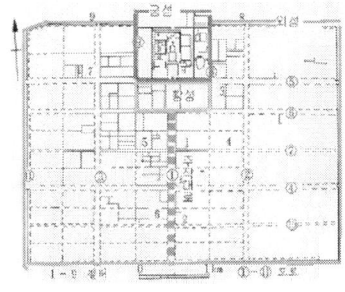
▲ 발해의 상경용천부 도면도

　㉢ **영광탑**(당나라 양식)

자료쏙쏙!

〉〉〉 고구려 문화 계승 VS 당 문화 수용

① 고구려 문화 계승
　• 발해 절터에 남아 있는 발해 석등 모습
　• 발해 궁궐터에서 나온 온돌 장치
　• 정혜 공주 무덤의 모줄임천장 구조 양식
　• 정혜 공주 무덤에서 출토된 돌사자상
　• 치미와 연꽃무늬 기와 및 이불병좌상
　• 일본에 보낸 발해의 외교 문서 내용
　• 발해 건국 주도한 사람 출신 국가 및 지배층(고구려인)

② 당 문화 수용
　• 정효 공주 무덤의 벽돌무덤 양식
　• 발해 상경의 구조(당의 장안성 모방)
　• 당나라의 3성 6부제 수용
　• 발해의 영광탑

자료쏙쏙!

기출문제　　　　　　　　　　　　　　　　3회 4급 3번

다음은 발해의 역사에 관한 여러 나라 학생들의 대화이다. (가)의 근거가 되는 내용으로 옳은 것을 〈보기〉에서 고른 것은? [2점]

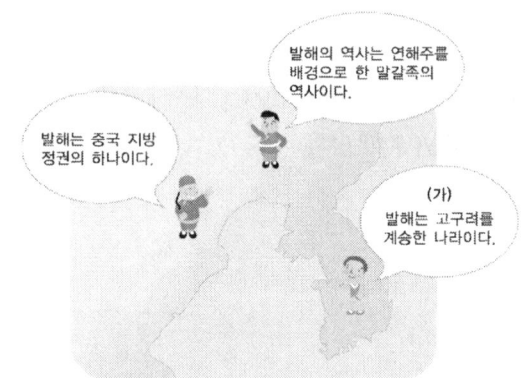

㉠ 발해는 문왕 때 당과 친선관계를 가졌다.
㉡ 발해의 건국 세력은 고구려의 유민이었다.
㉢ 발해는 당의 3성 6부제를 도입하여 독자적으로 운용하였다.
㉣ 발해왕은 일본에 보낸 외교 문서에 스스로를 고구려왕이라 칭하였다.

① ㉠, ㉡　　　　　　　　　② ㉠, ㉢
③ ㉡, ㉢　　　　　　　　　④ ㉡, ㉣
⑤ ㉢, ㉣

해설》 문제에서 발해 역사에 대한 중국, 러시아, 한국의 입장 차이를 보여준다. 한국에서는 발해를 고구려를 계승한 국가로 보고 있다. 즉 발해의 고구려 계승과 관련된 것을 찾는 문제이다.
　㉡ 발해 건국 주체 세력과 지배층은 주로 고구려 유민들이었다.
　㉣ 발해는 일본에 보낸 문서에 스스로 '고려국왕' 등을 표기하여 고구려를 계승하였음을 알렸다.
　㉠ 당과의 친선관계는 고구려 계승과는 관련이 없다.
　㉢ 3성 6부제는 당나라의 제도를 본떠 만든 것이다.

→ 정답 ④

예상문제

다음 글의 밑줄 친 부분에 해당하는 왕조에 대한 설명으로 옳지 않은 것은? [1점]

> 의 나라는 고구려 옛 땅에 세운 나라이다. 사방 이천 리이며, 주현이나 관역이 없다. 곳곳에 마을이 있는데 모두 말갈 부락이다. 백성에는 말갈이 많고 토인이 적다. 토인이 촌장이 되었다. 큰 촌락에는 도독이라 하고 다음 크기는 자사라 한다. 그 아래에는 백성들이 모두 수령이라 불렀다.
>
> 「유취국사」

① 고구려 장군 출신 대조영이 나라를 세웠다.
② 전국을 9주 5소경으로 정비하였다.
③ 멸망 후 유민들의 부흥운동이 이어졌다.
④ 정혜공주 묘에서 고구려 계승의식을 볼 수 있다.
⑤ 해동성국이라 불리었다.

해설 》 제시문은 「유취국사」의 내용 중 일부이다. '고구려 옛 땅', '백성에 말갈이 많고' 등의 내용으로 발해라는 것을 알 수 있다. 발해와 관련된 내용을 이해하고 있는지를 묻는 문제이다.
② 통일신라의 신문왕은 전국을 9주 5소경으로 정비하였다.
① 고구려 장군 출신인 대조영은 고구려 유민과 말갈집단을 구성원으로 하여 발해를 세웠다.
③ 발해 멸망 후 유민들의 부흥운동(정안국)으로 이어졌으나, 실패하였다.
④ 정혜공주 묘는 고구려의 고분양식을 계승하였다.
⑤ 해동성국은 발해국의 전성기였던 제10대 선왕 때의 발해국을 일컫던 말이다.

자료쏙쏙!

》》》 **발해의 대당관계**
- 8세기 초 : 고구려 계승의식이 강하여 대립관계에 있었다.
- 8세기 후반 : 문왕 때 국교를 재개하여 사신과 유학생을 파견하였다.

→ 정답 ②

08일차

고려 시대 집권세력의 변화를 통해 고려사 전체를 원샷원킬!!!

60회 출제

출제핵심포인트

- 호족 → 문벌귀족 → 무신 → 권문세족 → 신진사대부로 이어지는 전체적인 흐름을 알고 있어야 합니다.
- 사료 및 지도 등을 통해 당시 시기상을 파악할 수 있는 능력을 갖추어야 합니다.

01 호족의 대두

05회 출제

| 3회 4급 20번 | 3회 4급 28번 | 2회 3급 3번 | 2회 4급 14번 | 1회 3급 19번 |

① 호족 대두 : 고려 초기 10C~11C

② 진취적, 자주적, 개방적 성격

02 문벌 귀족 사회의 발달

16회 출제

18회 중급 11번	17회 중급 11번	15회 중급 10번	14회 중급 42번	11회 중급 13번
8회 4급 42번	7회 3급 7번	5회 3급 13번	5회 4급 12번	4회 3급 25번
4회 4급 6번	4회 4급 16번	3회 3급 14번	3회 4급 22번	2회 3급 19번
1회 4급 15번				

① 문벌 귀족(고려 중기 12C)
  ㉠ 형성 : 지방 호족 + 개국 공신 + 6두품 귀족→중앙관료로 성장
    → **관직, 음서**를 통한 세습으로 문벌 귀족화
  ㉡ 특징
  - **과거와 음서제**를 통해 관직 독점→중서문하성과 중추원을 장악하여 정국 주도
  - **과전과 공음전의 혜택**을 받아 부를 축적하고, 불법적으로 토지 소유
  - 왕실 및 귀족 상호간의 혼인과 **왕실의 외척**이 되어 기득권 유지 및 권력 장악

자료쏙쏙!

>>>> 문벌귀족들의 사치

김돈중(김부식의 아들)등이 절의 북쪽 산은 민둥하여 초목이 없으므로 인근 백성을 모아 소나무, 잣나무, 삼나무와 기화요초를 심고 단을 쌓아 임금의 방을 꾸몄는데 미색으로 장식하고 섬돌은 괴석을 사용하였다. 하루는 왕이 이곳을 행차하니 김돈중 등이 절의 서쪽 대에서 잔치를 베풀었다. 휘장, 장막, 장식, 그릇 등이 몹시 사치스럽고 음식이 진기하여 왕이 재상, 근신들과 더불어 매우 흡족하게 즐겼다.
「고려사」

이자겸의 아들들이 앞다투어 큰 집을 지어 집들이 거리에 이어졌다. 세력이 더욱 커짐에 따라 뇌물이 공공연히 오고 갔다. 사방에서 바치는 음식과 선물이 넘치게 되니 썩어서 버리는 고기가 항상 수만 근이나 되었다. 남의 토지를 빼앗고 종들을 시켜 수레와 말을 빼앗았다. 가난한 백성들이 모두 수레를 부숴 버리고 말을 팔아 버리니 길이 시끌벅적하였다.
「고려사」

※ 제시된 사료를 통해 문벌귀족들의 정치권력의 독점과 경제적 특권의 확대로 인한 사치스러운 생활을 볼 수 있다.

- 경원 이씨(이자연·이자겸), 경주 김씨(김부식), 파평 윤씨(윤관), 안산 김씨(김은부) 등

03 문벌 귀족의 동요 및 모순

05회 출제
30회 중급 14번 | 23회 중급 17번 | 21회 중급 12번 | 20회 중급 11번 | 19회 중급 10번

① 이자겸의 난(1126년)
- ㉠ 배경 및 원인
  - 금의 사대 요구를 수용하려는 이자겸 세력(문벌귀족)에 대한 측근세력의 반발
  - 이자연(세 딸은 문종의 비, 손녀딸은 순종비·선종비), **이자겸(세 딸은 예종비·인종비)**의 세력이 왕권을 능가
- ㉡ 전개 : 이자겸의 세력 강화 → 인종의 이자겸 제거 시도 → **이자겸의 난** → 경원 이씨 몰락
- ㉢ 결과 : 왕실의 권위 하락, 문벌 귀족 사회의 붕괴 촉진

② 묘청의 서경천도 운동(1135)
- ㉠ 배경 및 원인
  - 이자겸 난 이후 풍수지리설을 기반에 둔 서경천도 여론 등장
  - 정지상 등의 서경파는 금에 대한 사대주의 외교정책 반대
  - 김부식 등의 보수적인 개경파는 금과의 충돌은 송나라에게만 이롭다고 반대

구분	대외정책	사상 및 성향
개경파(김부식, 윤언이)	• 신라 계승 의식 • 사대주의(금 정벌 불가)	• 유학(유교) • 보수적
서경파(묘청, 정지상)	• 북진정책(금국 정벌) • 칭제건원 (황제 칭호 사용)	• 풍수지리설 • 고구려 계승의식 (진취적)

- ㉡ 전개 : 서경파의 서경천도 운동에 개경파는 반대 → **묘청 등의 반란, 국호 '대위', 연호 '천개'** → 김부식이 진압
- ㉢ 결과 : 숭문경무(문신 지위↑, 문신 이외의 지위↓) → 무신정변의 원인

자료쏙쏙!

>>>> 왕실과 경원 이씨의 혼인 관계도

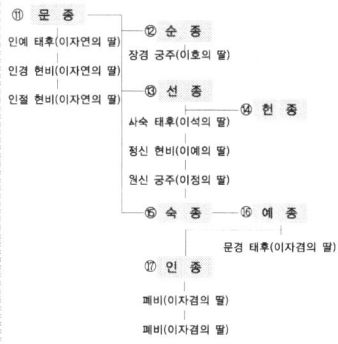

>>>> 묘청의 서경 천도 운동

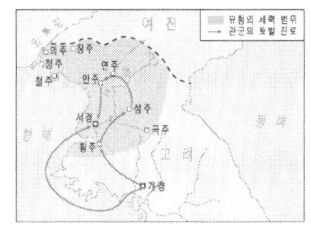

📋 **자료쏙쏙!**

>>> 머릿속에 **쏙쏙!**

…… 이 사건은 실제로 낭가와 불교 양가 대 유교의 싸움이며, 국풍파 대 한학파의 싸움이며, 독립당 대 사대당의 싸움이며, 진취 사상 대 보수 사상의 싸움이니, …… 이것을 어찌 일천년래 제일대 사건이라 하지 아니하랴?

「조선사연구초」

* 신채호는 묘청의 서경 천도 운동을 전통 사상을 계승한 자주적인 북진정책의 의지를 표현했다는 점에서 높이 평가하여 "조선역사상 일천년래 제일대 사건"이라고 하였다.

>>>> 무신정권의 변천

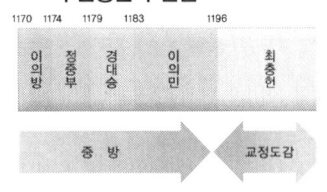

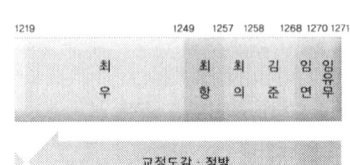

04 무신 정권의 성립

16회 출제

30회 중급 16번	30회 중급 15번	29회 중급 14번	27회 중급 12번	26회 중급 12번
23회 중급 16번	21회 중급 14번	19회 중급 16번	16회 중급 10번	12회 중급 14번
8회 4급 43번	6회 3급 13번	6회 4급 11번	4회 4급 13번	1회 4급 12번
1회 4급 16번				

① **무신 집권기**(1170~1270)

　㉠ 배경 : 문벌 귀족 사회 모순 심화, 무신 차별

　㉡ 무신 집권자의 변천 : 정중부(중방) → 경대승(도방) → **이의민(도방, 천민 출신)** → **최충헌**

　㉢ 최씨 정권의 집권
　　• 이의민 제거 후 강력한 독재정치 실시
　　• **최충헌(교정도감, 봉사 10조)** → **최우(정방, 삼별초)** → 최항 → 최의 (4대 60여 년간 정권 지속)

　㉣ 무신 정권의 권력기반

중방	무신집권기 초기 최고회의기관 및 최고 권력 기구
교정도감	최씨 정권의 최고 권력기구(정방·도방·서방 등의 기구 거느림)
정방	독자적 인사 행정 기구, 문무백관의 인사권 장악(최우가 설치)
도방	경대승이 조직한 사병집단으로 후에 최씨정권 군사적기반
삼별초	경찰 및 전투임무를 수행하는 부대(최우가 설치)

ⓜ 사회의 동요
- **조위총의 난(1174)** : 서경유수인 조위총(문신)이 무신에 항거하나 실패
- **망이·망소이의 난(1176)** : 공주 명학소에서 일어난 민란(신분해방 운동 + 농민반란 성격)
- **김사미·효심의 난(1193)** : 가장 큰 규모의 민란→농민군이 연합전선 이룸
- **만적의 난(1198)** : **최충헌의 사노비인 만적**이 주도한 고려 최초의 노비반란(신분 해방 + 정권 탈취 목표)

>>> 머릿속에 **쏙쏙!**

> 만적 등 6인이 북산에서 나무를 하다가 공·사 노비를 불러 모아 모의하기를 "국가에서 경계년 이래로 천한 무리에서 높은 관직에 오르는 경우가 많이 일어났으니, 장군과 재상이 어찌 종자가 따로 있으랴? 때가 오면 누구나 할 수 있을 것이다."…… 율학 박사 한충유의 집안 노비인 순정이 이를 주인에게 밀고하니 한충유가 최충헌에게 고하였고, 최충헌 등은 만적 등 100여 명을 잡아 강에 던져 죽였다.
> 「고려사」

* 제시된 자료는 **만적의 선동언설**이나, 1198년(신종 1) 개경에서 만적(萬積) 등은 노비 반란을 일으키려고 했으나, 미수에 그치고 만다.

05 권문세족의 성장

12 회 출제

18회 중급 17번	15회 중급 12번	14회 중급 16번	13회 중급 17번	12회 중급 26번
10회 4급 18번	8회 3급 39번	6회 3급 18번	5회 4급 16번	4회 3급 17번
3회 3급 17번	1회 3급 28번

① 권문세족
   ㉠ 배경 : 원의 간섭으로 왕의 정치적 기반 약화
   ㉡ 유형 : **친원파**, 문벌 귀족세력, 무신 정권 때 대두한 가문
   ㉢ 성격
   - **원의 세력을 등에 업고 새로운 지배 세력으로 성장**
   - **도평의사사를 독점**하여 중요 국가대사를 회의를 통해 결정
   - 불법적인 토지겸병을 통해 **광대한 농장 소유(대토지 소유)**
   - 주로 **음서를 통해 관직에 진출**하였으며 관료적 성향을 가짐

>>> **자료쏙쏙!**

>>>> 고려시대 민중의 항거

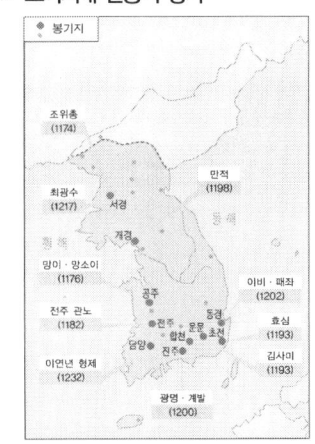

>>>> 권문세족의 부패

> 말기에 이르러 토지 대장이 불분명하매 평민은 모두 세력가에 속하게 되고, 전시과는 폐하여 사전(私田)이 되었다. 이들의 토지는 방대하여 산천으로 표시를 삼고, 징세를 한 해에 수삼차에 걸쳐 시행하니 나라의 법이 무너져 망하게 되었다.
> 「고려사」

※ 권문세족은 불법적인 토지겸병을 통해 광대한 농장 소유를 소유하였다.

자료쏙쏙!

>>>> 몽고풍

족두리

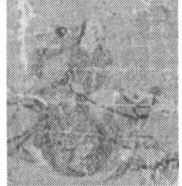
변발

06 원의 내정 간섭

02회 출제
25회 중급 15번 | 21회 중급 15번

① 내정 간섭 기구
  ㉠ 정동행성 : **일본 정벌** 위해 설치 → 원정 실패 후에도 존속시켜 **연락기구 및 내정간섭**
  ㉡ 다루가치 : 지방행정 간섭 및 공물 징수

② **관제와 왕실 용어의 격하**
  ㉠ 관제의 격하 : 2성 6부 → 1부 4사(중서문하성 + 상서성 = 첨의부)
  ㉡ 왕실용어의 격하 : 폐하 → 전하 / 태자 → 세자 / 조(祖), 종(宗) → 충O왕
  ㉢ 부마국 : 원에서 고려 왕자가 교육을 받고, 원의 공주와 혼인(종속적 지배)

③ 영토 상실 … **쌍성총관부(후에 공민왕이 수복)**, 동녕부 · 탐라총관부(후에 충렬왕이 회복)

④ 물적 · 인적자원 수탈
  ㉠ 금 · 은 · 포 · 자기 · 인삼 등의 공물 과도하게 징수
  ㉡ **응방을 설치하여 해동청(매) 사육 및 징발**
  ㉢ 처녀 · 과부를 **공녀로** 바치게 함 → **조혼 풍습이 생김**

⑤ 원의 내정 간섭 영향
  ㉠ 고려 자주성 상실, 왕권이 원에 좌우
  ㉡ 일상생활에 몽골어 유행, 관직명 · 인명에 몽골어 사용
  ㉢ 몽골풍 : 고려에 몽골식 의복 · 장도 · 연지 · 은장도 · 설렁탕 등 유행
  ㉣ 고려양 : 몽골에 고려 의복 · 고려병(떡) · 보쌈 등 유행
  ㉤ 만권당의 설치 : **충선왕이 원의 북경에 만든 학문연구소(고려 · 원 학자 학문 교류)**
  ㉥ 성리학(주자학)의 전래
  ㉦ 목화의 전래 (문익점)

07 신진사대부의 성장

04회 출제
24회 중급 15번 | 10회 4급 21번 | 9회 4급 16번 | 8회 4급 36번

① 신진사대부
  ㉠ 대부분 지방 향리의 자제들이 중심
  ㉡ **지방 중소 지주 출신(유교적 소양 + 행정 실무능력)**
  ㉢ 하급관리나 향리집안에서 **과거를 통해 배출**

② 성격
  ㉠ **성리학 수용으로 권문세족의 친원적·친불교적 성향 비판**
  ㉡ 충선왕·충목왕 등의 개혁정치(일시적 두각), 공민왕 개혁정치 (정계 진출 확대)
  ㉢ **조선 건국의 주체 세력**

자료쏙쏙!

자료쏙쏙!

>>>> 고려의 신분제도

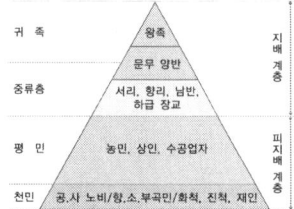

→ 정답 ①

기출문제

14회 중급 42번

(가) 인물에 대한 설명으로 옳은 것은? [2점]

> 경원 이씨 가문의 이자연은 세 딸을 모두 문종의 왕비로 들여 가문을 일으켰고, 이자연의 손자 (가) 은(는) 딸들을 예종 및 인종과 혼인시켜 권력을 키웠다. 그는 권세가 높아 자기에게 아부하지 않는 자를 몰아내고, 자기 친척을 주요 관직에 배치하였으며, 관직을 사고팔았다.

① 금나라의 사대 요구를 수용하였다.
② 친원 세력으로 대농장을 소유하였다.
③ 성리학을 수용하고 불교를 비판하였다.
④ 정방을 설치하고 인사권을 행사하였다.
⑤ 공론을 바탕으로 붕당 정치를 추구하였다.

해설≫ 제시된 사료의 (가)는 이자겸이다. 이자겸은 대표적인 문벌귀족이다.
　① 이자겸은 금나라의 사대요구를 수용하였다.
　② 권문세족은 친원 세력으로 대농장을 소유하였다.
　③ 신진사대부는 성리학을 수용하고 불교를 비판하였다.
　④ 최우는 정방을 설치하고 인사권을 행사하였다.
　⑤ 사림은 공론을 바탕으로 붕당 정치를 추구하였다.

예상문제

다음 상황이 전개되던 시기의 사회상으로 옳은 것을 〈보기〉에서 고른 것은? [2점]

> 충선왕 즉위년 11월 대사령을 선포하고 하교하였다. "…… 태조께서 나라를 세우실 때에는 법도가 모두 갖추어졌지만 후대에 내려오면서 점차 쇠퇴하였다. 게다가 요즈음에는 간신이 세력을 잡고 국권을 우롱하고 기강을 어지럽히고 있다. 공·사 논밭과 노비를 모두 간신에게 빼앗기게 되니 백성들이 먹기가 어렵게 되었다. ……"

㉠ 농민 : 젠장, 응방을 설치해서 매까지 사육시키고 징발할 줄이야…….
㉡ 장군 : 오늘은 중방에서 회의가 있다고 하는구만…….
㉢ 여자 : 나는 이미 결혼을 했으니깐, 공녀로 바쳐지지 않겠지.
㉣ 유생 : 다음 달에 드디어 과거제가 처음으로 시행된다고 하는구만…….

① ㉠, ㉡
② ㉠, ㉢
③ ㉡, ㉢
④ ㉡, ㉣
⑤ ㉢, ㉣

해설》 왕실의 칭호가 격하된 '충선왕'에서 원 간섭기라는 것을 알 수 있다. 그러므로 사료에서 나오는 '간산'들은 권문세족을 의미한다. 즉 원 간섭기 시대의 상황을 묻는 문제이다.
㉠ 원나라는 해동청(매)의 사육과 징발을 위해 응방을 설치하였다.
㉢ 원나라는 결혼도감·과부처녀추고별감을 설치하여 처녀·과부를 공녀로 바치게 하였다.
㉡ 중방은 고려시대 최고위 무신 합좌기구로 무신정권기이다.
㉣ 광종 때 과거제가 최초로 시작되었다.

자료쏙쏙!

》》》 원 간섭기의 내정간섭

원이 고려의 관제를 격하시키고 영토를 축소하는 한편 내정에 간섭했다. 이전에는 왕의 칭호를 '조'나 '종'으로 하였으나 원의 간섭으로 인해 충○왕의 형태로 바뀌었다. 또 중서문하성은 첨의부, 6부는 4사, 중추원은 밀직사로 바뀌었고, 태자는 세자로 칭호가 격하되었다.

→ 정답 ②

고려 시대와 조선 시대에서 정치를 한번 해볼까요?

출제핵심포인트

- 고려·조선 시대 각각의 정치 기구 역할을 이해해야 합니다.
- 고려·조선 시대의 정치 기구 중 역할이 유사한 것은 연계하여 함께 이해해야 합니다.

01 고려의 중앙정치 기구

13회 출제

28회 중급 10번	23회 중급 14번	13회 중급 50번	11회 중급 11번	10회 4급 15번
6회 3급 12번	5회 3급 9번	5회 4급 10번	4회 3급 14번	3회 3급 12번
2회 4급 10번	1회 3급 41번	1회 4급 21번		

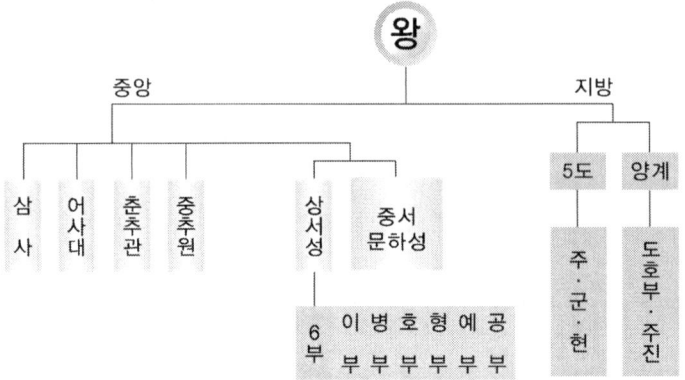

① 2성 6부

㉠ 중서문하성(국정 전반을 관장)
- 2품 이상의 재신(재부) + 3품 이하의 낭사(간관)으로 구성
- **재신은 국가의 중요정책을 심의·결정**
- **낭사는 간쟁과 봉박·서경의 기능**

㉡ 상서성 : 실제 정무를 담당하는 6부를 거느리고 정책 집행 담당

㉢ 6부
- 상서성에 소속되어 정책의 집행 담당
- 중서문화성의 재신이 각 부의 판사 겸임(상서성의 권한 약화→ 상서성 유명무실화)

자료쏙쏙!

>>>> **고려의 6부**

이부	문관 인사, 공훈, 지방장관 감독
병부	무관 인사, 국방, 우역·통신
호부	호구, 공부, 조세
형부	소송, 법률, 노비
예부	외교, 교육, 의례, 과거
공부	건축, 공장, 토목, 도량형

>>>> **감찰기구**(고려 어사대와 직능 비슷)

㉠ 사정부(신라)
- 태종 무열왕 6년(659)에 설치
- 백관(관리)을 감찰하는 업무

㉡ 중정대(발해)
- 형법, 전장에 관한 일과 모든 관료의 비위 감찰

② 중추원(추밀원)
- ㉠ 추밀(조선 시대 삼군부로 계승)
  - **2품 이상의 추신들로 구성(재신들과 함께 국정 총괄)**
  - 군사 기밀 관장, 왕명 전달, 궁궐 숙위 등을 담당
- ㉡ 승선(조선 시대 승정원으로 계승)
  - 3품 이하 승선들로 구성
  - 왕명출납 담당

③ 삼사(조선 시대 삼사와 구분 필요)
- ㉠ **화폐와 곡식의 출납에 대한 회계만 담당**
- ㉡ 재정수입과 관련된 사무만 담당
- ㉢ 실제 조세수취 및 집행은 하지 않음

④ 춘추관 ··· 역사 및 당시의 정치나 행정에 관한 기록 담당

⑤ 어사대(조선 시대 사헌부로 계승)
- ㉠ **정치의 잘잘못을 논의하고, 풍속(풍기)을 교정 및 단속**
- ㉡ **백관(관리)을 규찰 및 탄핵**
- ㉢ 중서문하성의 낭사와 함께 간쟁권·봉박권·서경권 가짐(왕권 견제)

>> 머릿속에 **콕콕**!
  고려의 대간(대성)제도
  - 구성: 중서문하성의 낭사 + 어사대
  - 기능: 간쟁권(왕의 비행 간언), 봉박권(잘못된 왕명 시행하지 않음), 서경권(관리 임명·법령 개폐 등의 동의)

⑥ 회의 기구(**고려의 독창적 기구**, 고려의 귀족정치 특징)
- ㉠ 도병마사
  - **중서문하성의 재신 + 중추원의 추밀로 구성**
  - **국방문제와 국가중요정책 협의 및 결정(만장일치제)**
  - 고려 후기에 도평의사사로 개칭

>>>> **도평의사사**
- 충렬왕(원 간섭기)때 도병마사가 도평의사사로 개편
- 재추의 수가 증가하고 삼사까지 포함
- 임시 기구에서 상설기구화
- 고려 후기 최고의 권력기관
- 국정 전반에 관해 결정 및 집행

자료**쏙쏙**!

자료쏙쏙!

>>> 머릿속에 **쏙쏙**!

"안변 도호부의 경내에서는 상음현이 국경 지대의 요충이오니 성과 보루를 쌓아서 외적을 방비해야 하옵니다."
「도병마사」

"간신 이자의 등이 사사로이 수만 석의 미곡을 축적하였습니다. 이는 모두 백성을 착취하여 모은 것이니 관에서 몰수하여야 하옵니다."
「어사대」

ⓒ 식목도감
- **중서문하성의 재신 + 중추원의 추밀로 구성**
- 국내 정치에 관한 법의 제정 및 각종 시행규칙 다룸

02 조선의 중앙정치 기구

20 회 출제

27회 중급 15번	26회 중급 13번	24회 중급 16번	21회 중급 17번	20회 중급 17번
17회 중급 15번	17회 중급 15번	16회 중급 18번	14회 중급 14번	10회 3급 16번
10회 4급 23번	8회 3급 27번	7회 3급 19번	5회 4급 19번	4회 3급 24번
4회 4급 20번	3회 3급 22번	2회 4급 28번	1회 4급 21번	1회 4급 27번

① 의정부 … 3정승 합의(영의정·좌의정·우의정)를 거쳐 국정을 총괄하는 기구

② 6조 … 직능별로 행정을 분담(행정을 실제 집행하는 기관)

>>>> 조선의 6조

이조	인사와 행정을 총괄
호조	국가 재정 담당
예조	외교, 문서, 의식, 과거 등을 담당
병조	군사, 군기, 군적 관장
형조	법의 집행, 형벌 업무
공조	국가의 공역인 토목, 건축 등을 담당

③ 승정원(고려 시대 중추원과 기능 유사)
  ㉠ **왕명출납 담당(왕권 강화)**
  ㉡ 도승지, 좌·우승지 등이 근무

④ 의금부
  ㉠ **왕 직속의 상설 사법기관(왕권 강화)**
  ㉡ 정치적 중범죄(모반·대역) + 고관·양반의 중죄

⑤ 사헌부(고려시대 어사대의 직무와 기능 유사)
  ㉠ **언론 활동, 풍속 교정**
  ㉡ **백관에 대한 규찰과 탄핵 등을 담당**
    * 대사헌 : 사헌부의 으뜸 벼슬

⑥ 사간원(고려시대 중서문하성 낭사의 직무와 기능 유사)
   ㉠ **정책 비판과 국왕에 대한 간쟁**
   ㉡ **정사의 잘못을 논박하는 직무 담당**

⑦ 홍문관
   ㉠ **정책 비판**, 궁중의 경서·사적의 관리
   ㉡ **문한의 처리 및 왕의 자문에 응하는 일 담당**

> 삼사 = ⑤ 사헌부 + ⑥ 사간원 + ⑦ 홍문관으로 구성
> • 왕권의 전제성 견제 및 신권의 독점과 부정 방지
> • 고관은 물론 왕이라도 함부로 막을 수 없음
> • 벼슬의 등급은 높지 않으나, 학문과 덕망이 높은 사람이 주로 임명

>> 머릿속에 **쏙쏙**!

조선시대 삼사는 여론을 무기로 왕에게 잘못이 있다 싶으면 목숨을 걸고 직언을 했다. 듣지 않으면 두 번, 세 번이고 계속했고, 그래도 듣지 않으면 사직했으며, 파면, 귀양, 구금을 무릅쓰고 잘못을 고칠 것을 거듭 요구하면서 자신들의 주장을 관철시켜 나갔다. 또, 고위 관료의 비리와 잘못을 탄핵했다. 하지만, 당대를 주름잡는 권세가의 비리를 탄핵하는 것이 현실적으로 어려운 일이었다. 특히 품계가 낮은 이들이 최고 품계의 재상들을 탄핵하는 경우가 많았으므로, 그 보복을 받아 파면, 유배를 당하는 경우는 조선왕조실록에 숱하게 등장한다. 그렇지만 이들의 탄핵을 잠재울 수는 없었고, 일단 탄핵을 받으면 사실 여부를 떠나 무조건 사직서를 제출하고 왕의 처분을 기다려야 할 만큼 탄핵의 효과는 강력했다.

> 서경제도 = ⑤ 사헌부 + ⑥ 사간원
> • ⑤ 사헌부 + ⑥ 사간원이 양사(대간)이 권한을 가짐
> • 왕이 관리를 임명할 때 양사(대간)의 동의를 얻어야 하는 제도
> • 문무 관리의 임명이나 법률의 개정, 폐지 등에 심사, 동의하여 서명

⑧ 한성부 … 수도 서울의 행정과 치안 담당

⑨ 춘추관 … 역사서 편찬과 보관(실록 편찬시 보관)

⑩ 성균관 … 국립대학격의 유학교육기관

자료 쏙쏙!

>>>> 집현전(세종 때 건립)
• 초기에는 양성과 문풍 진작을 위해 건립 → 점차 언론·정치 관련 활동 활발
• 단종 복위 운동에 집현전 관리들이 가담하고 모의하여 폐지되게 됨.

>>>> 경연제도
• 구성 : 왕과 대신(3정승 + 승정원의 6승지 + 홍문관의 부제학 이하 관원 10여 명 등)
• 기능 : 학술과 정책을 토론

>>>> 의정부서사제

> 6조는 각기 모든 직무를 먼저 의정부에 품의하고, 의정부는 옳고 그름을 가려 왕에게 와뢰어(왕의) 전지를 받아 6조에 내려 보내어 시행한다.
> 「세종 실록」

※ 세종 때 시행(왕권과 신권의 조화)

>>>> 6조 직계제

> 의정부의 서사를 나누어 6조에 귀속시켰다. …… 의정부가 관장한 것은 사대문서와 중죄수의 심의 뿐이었다.
> 「태종 실록」

※ 태종과 세조때 시행(왕권 강화)

자료쏙쏙!

기출문제　　　　　　　　　1회 4급 21번

다음은 고려의 중앙 정치 기구를 나타낸 것이다. (가)~(마)에 들어갈 정치 기구가 바르게 연결된 것은? [2점]

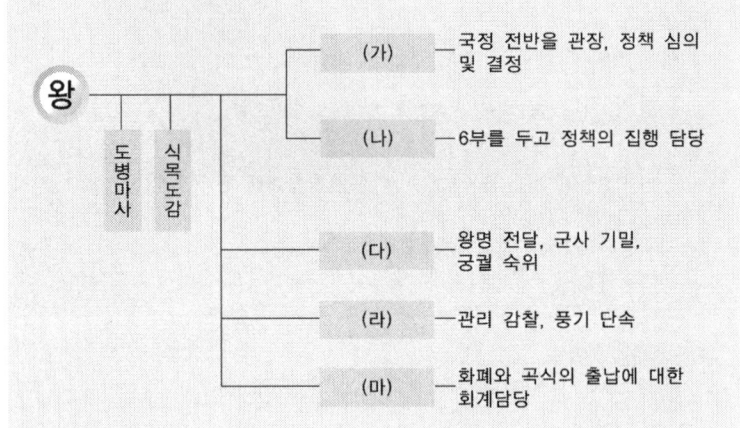

① (가) – 중서문하성　　② (나) – 삼사
③ (다) – 어사대　　　　④ (라) – 중추원
⑤ (마) – 상서성

해설》 제시된 표를 통해 고려의 정치 기구에 대해 올바른 명칭과 역할을 찾아내는 문제이다.
① 중서문하성은 국정 전반을 관장, 정책 심의 및 결정을 하였다.
② 상서성에 해당하는 내용이다.
③ 중추원에 해당하는 내용이다.
④ 어사대에 해당하는 내용이다.
⑤ 삼사에 해당하는 내용이다.

→ 정답 ①

예상문제

다음 (가)와 (나)에 해당되는 관청으로 옳은 것을 〈보기〉에서 고른 것은? [2점]

- (가) 는 재상과 대등하다. 일정한 직책에 메이지 않고 천하의 득실과 백성의 이해, 나라의 주요한 일에 관여하는 것은 재상만이 할 수 있는데, (가) 는 이에 대해 말할 수 있으니, 그 지위는 낮지만 직무는 재상과 다를 바 없다.
- (나) 는 비록 같은 언관이지만 그 직책은 달라, 규찰을 맡아 백관의 비리를 다스린다. 그러므로 임금에게 잘못이 있으면 (가)가 글을 올려 아뢰고, 신하가 법을 어기면 (나) 가 상소하여 탄핵한다.
「경제문감」

| ㉠ 사간원 | ㉡ 사헌부 |
| ㉢ 의금부 | ㉣ 승정원 |

　(가) (나)　　　　　　(가) (나)
① ㉠　㉡　　　　② ㉠　㉢
③ ㉡　㉢　　　　④ ㉡　㉣
⑤ ㉢　㉣

해설 >> (가)는 간관으로 사간원 관원이고, (나)는 대관으로 사헌부의 관원이다. 간관과 대관은 관리의 비리를 감찰하고 언론 기능을 담당하였기 때문에, 조선시대 권력의 독점과 부정을 방지하는 데 중요한 역할을 수행하였다.
㉠ 사간원은 국왕에 대한 간쟁과 논박을 담당한 관청이다.
㉡ 사헌부는 언론 활동, 풍속 교정, 백관에 대한 규찰과 탄핵 등을 관장하던 관청이다.
㉢ 의금부는 왕 직속의 상설사법기관이었다.
㉣ 승정원은 왕명의 신속한 수행을 보조하였다.

자료쏙쏙!

>>>> **대간과 간관**
　대간과 간관은 양 기구로 분립되고 형식적인 직능은 달랐지만 다 같이 시정의 득실을 논하고, 간관이 관료의 비행·탐학을 논죄하고, 대간도 군주에 대한 간쟁을 하기도 하는 등 실제로는 똑같은 언관으로서 함께 활동하였으므로 '대간'이라는 명칭으로 불렸다.

→ **정답** ①

10일차

26회 출제

고려와 조선시대에서 우리 모두 학생이 되어 볼까요?

자료쏙쏙!

>>>> **고구려의 교육제도**
- 태학: 소수림왕 때 중앙에 세운 교육기관(귀족자제에게 경전·문학 가르침)
- 경당: 장수왕이 지방에 세운 사립학교(평민자제에게 유학·무술 가르침)

>>>> **백제의 교육제도**
오경박사와 의박사, 역박사 등의 제도를 마련하여 한학을 가르침

>>>> **신라의 교육제도**
- 화랑도
  - 원시 사회의 청소년 집단에 기원
  - 무술 연마 및 경학 학습(원광의 세속오계가 행동 규범)
  - 인재 양성+계층 간의 대립과 갈등을 완화(귀족+평민으로 구성)
  - 국선도, 원화도, 풍월도로 불림
- 국학: 신문왕 때 설립→경덕왕 때 태학으로 개칭

>>>> **발해의 교육제도**
주자감: 문왕 때 설치한 국립대학

>>>> **독서삼품과(15회 중급 20번 출제)**
- 신라하대 원성왕 때 실시(788)
- 유교 경전의 이해수준을 시험(상품·중품·하품) → 한문·유학 보급에 이바지

출제핵심포인트

- 고려·조선시대의 과거제도의 특징을 알아야 합니다.
- 고려·조선시대의 교육제도를 이해하고 차이점을 알아야 하며, 삼국시대의 교육제도까지 숙지해야 합니다.
- 고려시대 사학의 융성 배경과 이에 대한 국가의 대응책을 알아야 합니다.

01 고려의 과거제도

08회 출제

| 15회 중급 15번 | 13회 중급 9번 | 9회 3급 17번 | 8회 4급 37번 | 7회 3급 13번 |
| 5회 3급 11번 | 5회 3급 11번 | 4회 3급 22번 | | |

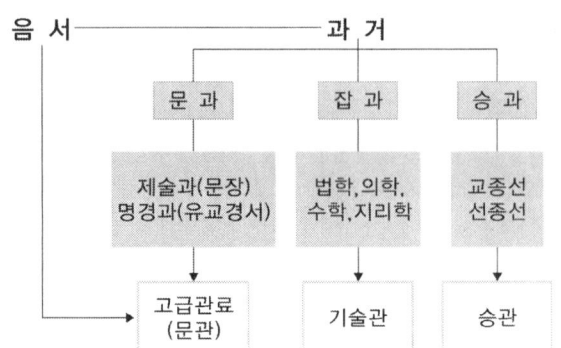

① 실시 … 쌍기의 건의로 실시

② 시행 … 식년시(3년 기준의 정기과거), 격년시(2년마다 1번 시행)

③ 응시자격 … **법제적으로 양인 이상 응시 가능(실제로 농민 응시 거의 없었음)**

④ 과거의 종류
  ㉠ 문과
   - 제술과(진사과): 한문학에 대한 논술시험
   - **명경과**: 유교 경전에 대한 이해능력 시험
  ㉡ 잡과: 법률, 회계, 지리 등 실용기술학을 시험해 기술관 선발(해당 관청에서 별도로 주관)

ⓒ 승과(국가에서 승려 선발)
- 선종선 : 주로 광명사에서 선종 승려들에게 실시
- 교종선 : 주로 왕륜사에서 교종 승려들에게 실시
  * 고려 때 하급 군인들을 위한 무과는 실시되지 않음

⑤ 음서제도
  ㉠ 의미 : 5품 이상의 고위관리의 자손·왕족의 후예 및 공신의 후예들은 과거 응시 없이 관료 진출
  ㉡ 특징
  - **과거보다 음서가 더 중요시**
  - **귀족의 특권을 세습적으로 유지하는데 기여(문벌귀족, 권문세족)**

>>>> **국자감의 변천**
- 고려 시대 최고의 국립대학
- 충렬왕(1275)때 국학으로 개칭
- 충선왕(1298)이 즉위하여 성균감으로 바꿈
- 충선왕(1308)이 다시 즉위하여 성균관으로 개칭
  → 성균관의 명칭은 조선으로 이어짐

02 고려의 교육제도

02 회 출제
25회 중급 16번 | 23회 중급 12번

① 교육기관
  ㉠ 국자감(국립대학)
  - **유학부와 기술학부로 구분**
  - 유학부 : 7품 이상 관리의 자제
  - 기술학부 : 8품 이하 관리나 서민의 자제 입학
  - 고려 중기 인종 때 경사 6학으로 정비(관학 진흥책)
  ㉡ 향교 : 지방관리와 서민 자제 교육 담당

📝 자료쏙쏙!

② 사학의 발달(고려 중기)
　㉠ 최충의 문헌공도 비롯한 사학 12도 융성: 사학에서 교육 받은 학생 → 과거에서 좋은 성적 → **국자감의 관학교육 위축**

> ≫ 머릿속에 **콕콕!**
>
> 최충의 9재 학당(문헌공도·시중최공도)
>
> 최충이 후진들을 불러 모아서 가르치기를 부지런히 하니, 여러 학생들이 많이 모여들었다. …… 9재로 나누었는데, 무릇 과거를 보려는 자는 반드시 먼저 그 도(徒)에 들어가서 배웠다.
> 「고려사절요」
>
> * 고려 중기 문종 때 최충이 9재 학당을 설립해 성황을 이루자, 이에 자극을 받은 당대의 대학자들이 앞을 다투며 사숙(私塾)을 열어 개경에만 11개의 도가 설립되었다. 최충의 9재학당과 함께 사학 12도로 불리게 된다.

　㉡ 사학의 발달에 따른 관학교육 진흥책
　　• 서적 간행 활성화를 위해 서적포 설치(숙종 때)
　　• 국자감을 재정비하여 **전문강좌인 7재 설치**(예종 때)
　　• 장학재단인 **양현고 설치**로 관학 경제 기반 강화(예종 때)
　　• 전문강좌 7재를 정비하여 **경사 6학으로 개편**(인종 때)

03 조선 과거제도

14회 출제

27회 중급 14번	17회 중급 19번	14회 중급 24번	13회 중급 9번	11회 중급 23번
10회 중급 20번	9회 4급 21번	8회 4급 38번	6회 4급 17번	5회 3급 27번
4회 4급 42번	2회 3급 23번	2회 3번 47번	1회 4급 42번	

》》》조선시대 과거장의 풍경

▲ 작자미상의 〈소과응시〉

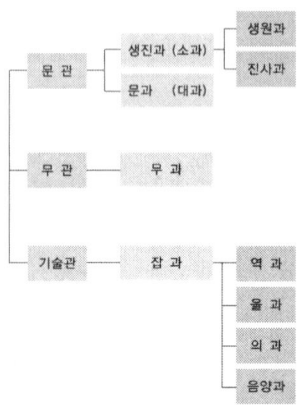

① **시행** … 식년시(3년 마다 시행), 부정기시험(증광시, 별시, 알성시 등)

② **응시자격**

　㉠ 문과
　　• 법제적으로 양인 이상 응시 가능
　　• 탐관오리의 아들, 서얼, 재가한 여자의 아들과 손자 등은 응시 제한

　㉡ 무과 : 천민만 아니면 누구나 응시 가능

　㉢ 잡과
　　• 해당 관청에서 시험을 주관
　　• 주로 서얼과 중간계층이 응시

>>> 머릿속에 **콕콕!**

　조선의 과거제도
　　• 무과보다는 문과 합격자를 우대
　　• 문과와 무과 출신자들은 양반으로 지배 계층이 됨
　　• 갑오개혁 때 폐지

③ **과거의 종류**

　㉠ 문과(소과 → 대과)
　　• 소과의 합격자는 하급관리에 임용되거나·성균관 입학 또는 대과에 응시할 수 있는 자격 획득
　　• 대과는 3차례(초시·복시·전시)에 걸쳐 시험 실시
　　　＊ 대과에 합격하면 문반 관료로 진출할 기회를 얻으며, 후에 고위 관리가 될 수 있었음

　㉡ 무과 : 궁술, 기창, 격구, 병서 등 시험

　㉢ 잡과 : 서열 및 중인계급 자제가 응시

　㉣ 기타

음서	2품 이상 관리 자제로 제한(고관 승진이 어려움)
취재	나이가 많거나, 재능이 모자라는 사람 대상으로 하급관리 선발
천거	학식이 풍부하고, 덕망이 있는 사람을 기존 관리들 중에서 선발

자료쏙쏙!

>>>> 조선의 부정기 시험
• 증광시 : 나라에 경사가 있을 경우에 보던 임시 과거제도(대체로 새로운 국왕 즉위할 때)
• 별시 : 국왕 즉위 이외의 나라에 경사가 있을 때 보던 임시 과거제도
• 알성시 : 국왕이 문묘에 참배한 뒤 성균관 유생에게 제술 시험을 보여 성적이 우수한 몇 사람에게 급제를 주는 특별시험

>>>> 대과(초시 → 복시 → 전시)
• 초시 : 각 도의 인구 비례로 선발 (서울 및 지방 240명)
• 복시 : 예조가 주관하여 33명 선발
• 전시 : 국왕이 직접 면담하여 갑·을·병으로 등위 결정(홍패 지급)

📝 자료쏙쏙!

>>>> 서당

▲ 기산풍속도 중 서당 그림

>>>> 성균관의 구조

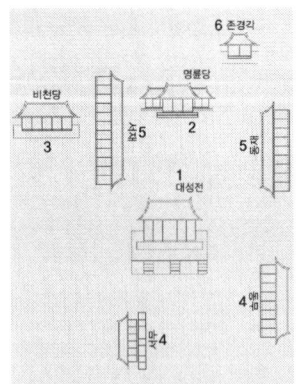

1. 대성전: 공자 및 선현을 모신 사당
2. 명륜당: 유학을 강의하는 곳
3. 비천당: 과거 시험장
4. 양무(동무·서무): 선현에 대한 제사를 지내는 곳
5. 양재(동재·서재): 유학생들의 기숙사
6. 존경각: 도서관

04 조선의 교육제도

02회 출제

25회 중급 26번 | 26회 중급 16번

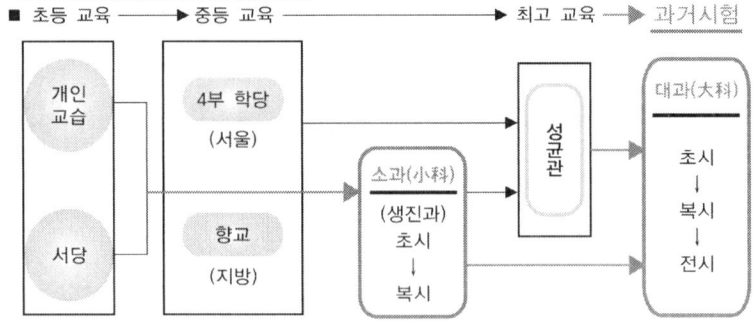

① 초등 교육기관

ㄱ) 서당
- **양반자제 뿐 아니라 일반 서민 자제까지 문자 교육**
- 초보적인 수준의 유학 입문교육을 하는 **사립 교육기관**
- 천자문·소학 등의 초등 교육 담당

② 중등 교육기관

ㄱ) 4부 학당(4학)
- **조선시대 중앙의 4부에 설치된 관립 교육기관**
- 중학, 동학, 서학, 남학이 있었음

ㄴ) 향교
- 지방의 유학 교육을 위해 설립된 **관립 교육기관**
- 성현에 대한 제사와 유생의 교육 및 지방민의 교화
- **부·목·군·현마다 하나씩 설립**
- 중앙에서 교수 또는 훈도 파견

③ 고등 교육기관 ··· **성균관**

ㄱ) 조선 시대 최고의 관립 교육기관

ㄴ) **입학 자격은 생원, 진사를 원칙으로 함**

기출문제　　　　　　　　　　　　　　　2회 3급 23번

밑줄 친 ㉠~㉤에 대한 설명으로 옳지 <u>않은</u> 것은? [2점]

> 조선은 고려의 교육 제도를 이어받아 서울에 국립 교육 기관인 ㉠<u>성균관</u>을 두었으며, 중등 교육 기관으로 중앙의 ㉡<u>4학</u>과 지방의 ㉢<u>향교</u>가 있었다. 또, 사립 교육 기관으로 ㉣<u>서원</u>과 ㉤<u>서당</u> 등이 있었는데, 이들은 계통적으로 연결되지 않고 각각 독립된 교육 기관이었다.

① ㉠ - 원칙적으로 생원과 진사에게 입학 자격이 주어졌다.
② ㉡ - 중학, 동학, 남학, 서학이 있었다.
③ ㉢ - 이름난 선비나 공신을 추모하는 사당을 두었다.
④ ㉣ - 유교 윤리를 보급하는 역할을 하였다.
⑤ ㉤ - 양반과 평민의 자제가 교육을 받았다.

해설》》 제시된 자료에서 조선의 교육기관을 설명하고 있다. 각 기관의 역할에 대한 이해를 묻고 있는 문제이다.
③ 서원에서 이름난 선비나 공신을 추모하는 사당을 두었으며, 유생이 한자리에 모여 학문을 닦고 연구를 하였다.
① 성균관 입학은 소과에 합격한 생원이나 진사들이 하였다.
② 4학은 중학, 동학, 남학, 서학이 있었다.
④ 서원은 유교 윤리를 보급하는 역할을 하였으며, 향촌 사회의 교화에 공헌하였다.
⑤ 서당은 양반과 평민의 자제 모두 공부할 수 있는 초등 사립 교육기관이다.

자료쏙쏙!

》》》 소수서원

→ 정답 ③

자료쏙쏙!

>>>> **최충**

최충은 학교 교육의 아버지였다. 그가 세운 9재 학당은 사학 교육의 원조였고, 고려시대 문신 배출의 산실이었다. 최승로가 유교적 정치개혁에 공헌한 인물이라면, 최충은 유교 교육을 제대로 받은 인물을 배출하는 데 이바지한 인물이라 평가할 수 있다. 물론, 그가 세운 9재 학당이 과거시험 합격을 위한 입시 교육장이었다는 비판이 없지는 않다. 그러나 실제 유교 경전에 바탕을 둔 그의 학문 교육은 유학이 꽃피울 수 있는 터전을 마련해 주었다.

예상문제

다음과 같은 상황을 개선하기 위한 정부의 대응책으로 옳은 것을 〈보기〉에서 고른 것은? [2점]

> 고려 중기에는 최충의 문헌공도를 비롯한 사학 12도가 육성하였다. 12도는 9경 3사를 교과내용으로 하였다. 국자감의 관학교육은 위축되었으며, 문벌귀족사회는 발달하였다.

| 보기 |

㉠ 장학기관인 양현고를 설치하였다.
㉡ 전문 강좌인 7재를 설치하여 전문성을 높였다.
㉢ 9재 학당을 적극 후원하였다.
㉣ 지방에 경당을 설치하였다.

① ㉠, ㉡ ② ㉠, ㉢
③ ㉡, ㉢ ④ ㉡, ㉣
⑤ ㉢, ㉣

해설 》 해동공자 최충은 고려 중기의 대표적인 유학자로 사학 12도 중 하나인 9재학당(문헌공도)를 세워 유학 교육에 힘썼다.
㉠ 정부는 사설 교육 기관과는 다르게 양현고라는 장학 재단을 두어 관학의 경제적 기반을 강화하여 좋은 인재를 국학으로 불러들이는 정책을 썼다.
㉡ 고려 예종 때의 일로, 7재는 국학에 설치한 7가지 전문 강좌를 뜻한다. 국학 7재는 사학에 대응하여 정부가 내놓은 대응책의 일환이다.
㉢ 9재 학당은 고려 중기 대표적인 유학자인 최충이 세운 사설 교육기관으로 고려시대 정부의 대응책이 아니었다.
㉣ 장수왕은 지방 청소년을 대상으로 무예와 한학을 교육시키기 위하여 우리나라 최초의 사학인 경당을 설치하였다.

→ 정답 ①

예상문제

다음 글의 밑줄 친 ㉠~㉢에 대한 설명으로 옳은 것은? [3점]

> 조선 시대에 과거제는 ㉠문과, ㉡무과, ㉢잡과가 있었다. 과거가 아닌 ㉣음서, ㉤천거를 통하여 관직에 나아가기도 하였다. 조선 시대에는 합리적인 인사 행정을 위해 서경, 근무 성적 평가 등의 제도가 갖추어졌다.

① ㉠ - 노비만 제외하면 누구나 응시할 수 있었다.
② ㉡ - 문과에 비해 우대받아 양반들이 독점하였다.
③ ㉢ - 궁술, 격구, 병서 등을 시험하였다.
④ ㉣ - 고려 시대에 비해 혜택이 대폭 축소되었다.
⑤ ㉤ - 성균관 유생들 중에 선발하였다.

해설》 제시문은 조선 시대의 관리 등용에 대해 묻는 문제이다. 문과, 무과, 잡과, 기타 등의 조선 시대의 관리 등용에 대해 전반적으로 이해를 하고 있어야 하며, 고려 시대와 비교하여 달라진 점도 알고 있어야 한다.
④ 조선의 음서제도는 고려보다 대상을 대폭 축소하여 2품 이상의 관리의 자제로 제한하였다.
① 문과는 수공업자·상인·노비·서얼을 제외하고 양인 이상이면 응시할 수 있었다.
② 무과는 천민만 아니면 누구나 응시할 수 있었으며, 문과에 비해 천대받았다.
③ 궁술, 격구, 병서 등의 시험을 본 것은 무과이다.
⑤ 천거는 기존의 관리를 대상으로 덕망 있고 학식이 풍부한 사람을 선발하였다.

→ 정답 ④

자료쏙쏙!

11일차

조선을 이끌어간 성리학의 발전과 전개과정을 살펴볼까요?

60회 출제

출제핵심포인트

- 급진파와 온건파의 성향 차이, 훈구파와 사림파의 성향 차이를 구분할 수 있어야 합니다.
- 사림의 대두와 사화의 원인을 파악하고, 사림이 어떻게 향촌사회에 세력을 확대하는지를 알아야 합니다.
- 붕당의 형성과 전개과정의 큰 흐름을 알아야 합니다.

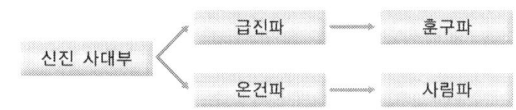

01 급진파 vs 온건파

06회 출제

21회 중급 16번 | 15회 중급 17번 | 14회 중급 27번 | 6회 4급 38번 | 5회 4급 20번 | 2회 3급 34번

온건파(온건 개혁파)	VS	급진파(급진 개혁파)
• 온건파, 급진파 모두 성리학에 토대를 둔 신진사대부 출신 • 주로 지방의 향리 출신 • 공민왕 때 성장하여 권문세족과 대립 • 사회개혁의 방향을 둘러싼 갈등이 원인이 되어 입장이 나뉨		
이색, **정몽주**, 길재 등	인물	**정도전**, 조준, 권근 등
고려 왕조의 틀 안에서 점진적 개혁 주장	정치 성향	• **고려 왕조를 부정하는 역성혁명 주장** • 이성계 세력과 결탁하고 새 왕조 건설
• 왕자의 난때 이방원 일파에게 피살 • 선죽교에서 살해  ▲ 정몽주	대표 인물	• 민본일치, 사농일치, 재상중심의 관료정치, 요동정벌계획 주장 • 「불씨잡변」을 통해 불교를 비판하고 성리학을 통치 이념으로 확립  ▲ 정도전

>>>> 개성에 위치한 선죽교

고려 말 이방원이 보낸 조영규 등의 무신에 의해 정몽주가 이곳에서 철퇴를 맞아 숨짐

02 훈구파 vs 사림파

08회 출제

18회 중급 13번 | 10회 3급 23번 | 7회 4급 17번 | 6회 4급 38번 | 5회 3급 17번
4회 3급 34번 | 2회 4급 40번 | 1회 3급 33번

훈구파(관학파)	vs	사림파(사학파)
15세기 근세 문화 창조	시기	16세기 이후 사상계 주도
정도전, 권근, 신숙주, 정인지 등	인물	김종직, 김일손, **조광조** 등
• 성균관, 집현전 통해 등장 • 세조 집권 때 공신으로 권력 장악	성장	• 지방 사학을 통해 양성 • 지방 중소지주(영남, 기호지방 중심)
사장 중심(한시와 한문학)	경향	경학 중심(유학 경전)
성리학 이외 타 학문도 수용	정치	**성리학 이외의 학문은 배척**
군사학, 기술학 중시 **(과학 기술 발달)**	학풍	**도덕과 의리 숭상**(정신 문화 중시)
• **중앙 집권 추구** • **민생 안정 및 부국강병 추구**	정치 체제	• 향촌자치 추구(서원, 향약) • 유교적 이상 정치 추구
단군 중시	역사관	기자 중시
패도정치(법치·힘)	성향	**왕도정치 추구**

03 사림의 정치적 성장

17회 출제

23회 중급 23번	25회 중급 21번	26회 중급 19번	28회 중급 21번	18회 중급 13번
12회 중급 20번	10회 4급 33번	9회 3급 23번	6회 4급 9번	9회 4급 25번
8회 4급 4번	4회 3급 20번	3회 4급 17번	3회 4급 18번	2회 3급 7번
2회 3급 21번	1회 4급 24번			

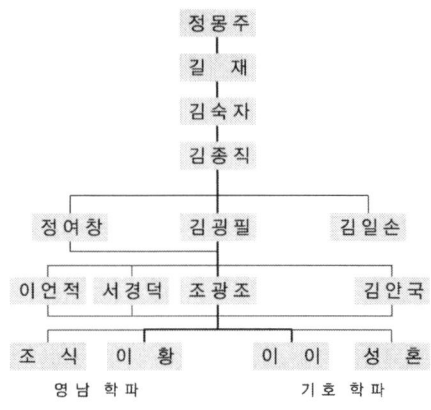

〈사림의 계보〉

① 사림의 대두
  ㉠ 성종이 훈구세력 견제 및 사림과의 균형 유지를 위해 등용(김종직과 그 문인들)
  ㉡ 과거를 통해 **전랑과 3사 언관직에 사림세력 등용** → 훈구세력의 대토지 소유, 부정부패를 비판

② 사화의 발생
  ㉠ 무오사화(연산군 4년, 1498년)
   • 김일손(사림파)이 편찬하던 「성종실록」에 김종직(김일손의 스승)의 조의제문이 실린 것을 계기로 훈구파가 사림파 공격
   • **훈구세력은 세조의 왕위 찬탈 비판 및 왕위 정통성을 부정하는 것으로 조의제문 해석**
   • 이극돈, 유자광 등 훈구대신이 김종직(부관참시), 김일손, 권오복 등 사림파 제거
  ㉡ 갑자사화(연산군 10년, 1504년)
   • 연산군의 생모 윤씨가 폐비가 되어 사약을 받아 죽은 사건을 연산군이 알게 됨
   • 사약 공론에 참여한 훈구파 및 사림파 제거

자료쏙쏙!

>>>> 「조의제문」(무오사화)

정축 10월 어느 날에 나는 밀성으로부터 경산으로 향하면서 답계역에서 자는데, 꿈에 신이 칠장(七章)의 의복을 입고 헌칠한 모양으로 와서 스스로 말하기를 "나는 초나라 회왕인데, 서초 패왕에게 살해되어 빈강에 잠겼다."라 하고 문득 보이지 아니하였다. 나는 꿈을 깨어 놀라 '회왕은 남초 사람이요, 나는 동이 사람으로, 거리가 만여 리가 될 뿐만 아니라, 세대의 전후도 역시 천 년이 훨씬 넘는데, 꿈속에 와서 감응하니, 이것이 무슨 상서일까?'라고 생각하였다.

※ 제시된 자료는 김종직의 '조의제문'이다. 훈구세력(유자광·이극돈)은 '조의제문'의 한 구절 한 구절이 모두 단종과 세조를 의제와 항우에 빗대어 서술되어 있으며, 김일손이 사초의 끝에 "김종직은 이로써 충성된 마음을 나타냈다."라고 쓴 것으로 보아 선왕인 세조를 비방하는 의도가 있음이 분명하다는 빌미로 사화를 일으켰다.

ⓒ 기묘사화(중종 14년, 1519년)
- 중종은 개혁 추진을 위해 사림파의 거두 조광조 등용
- 조광조의 개혁 정치에 대한 훈구세력의 반발로 기묘사화 발생
- **급진적 개혁에 훈구세력은 주초위왕(走肖爲王)사건으로 조광조 및 사림세력 제거**

〈조광조의 개혁정치〉

현량과 실시	학문과 덕행이 뛰어난 사림 인재를 무시험 추천으로 등용
향약의 전국적 시행 추진	향촌 자치와 성리학적 윤리 강화
유교윤리 보급	• 소학, 주자가례 삼강행실도, 이륜행실도 보급 • 성리학적 사회질서를 강화하고, 유교적 가치관 확립
소격서 폐지	• 유교 윤리에 위배되는 도교 및 민간 신앙 배척 • 불교·도교행사 금지
위훈삭제 추진	중종반정의 공신 중 자격이 없는 인물의 공신호, 토지, 노비 박탈

ⓔ 을사사화(명종 원년, 1545년)
- 왕위 계승을 둘러싸고 인종의 외척 윤임(대윤)과 명종의 외척 윤형원(소윤)의 대립
- 윤형원(소윤)이 집권하면서 윤임(대윤)과 사림세력 축출

자료**쏙쏙!**

>>>> 조광조 영정

1750년 전 후반경에 그려진 영정임

자료 쏙쏙!

>>>> 서원 배치도

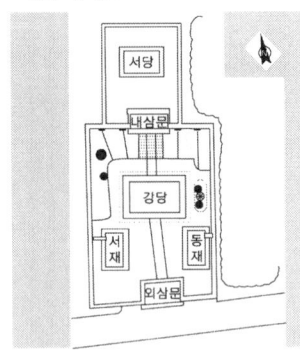

>>>> 향약

04 사화 이후 사림의 향촌사회 세력 확대

09회 출제

| 24회 중급 17번 | 25회 중급 20번 | 30회 중급 19번 | 15회 중급 21번 | 13회 중급 14번 |
| 11회 중급 20번 | 8회 4급 29번 | 5회 3급 20번 | 4회 4급 19번 | |

① 서원
  ㉠ 건립 : 백운동 서원(최초) → 소수서원으로 사액(이황)
  ㉡ 성격
    • 해당지역에 연고가 있는 선현의 제사(제향의 중심이 공자와 그의 제자가 아님)
    • 설립 주체가 국가가 아닌 사림
    • 과거 준비를 위한 곳이 아니라 학문과 수양을 하는 곳
    • 정부로부터 토지, 노비, 서적 등을 지원 받음
  ㉢ 발전 : 사화 이후 사림들의 활동기반 → 임진왜란 이후 급속히 발전
  ㉣ 기능
    • **유교 보급 및 사림을 결집, 후진 양성**
    • **사림의 사회적 위상 강화와 지방에서 성장하는 기반 역할**

② 향약
  ㉠ 배경 : 훈구파에 대항하여 사림이 전개
  ㉡ 성격
    • **전통적 공동조직과 미풍양속 계승 + 유교윤리 가미**(삼강오륜 중심)
    • 4대 덕목 채용(덕업상권·과실상규·환난상휼·예속상교)
  ㉢ 보급
    • 조광조 → 이이·이황의 노력으로 전국적으로 보급
    • 각각의 지방을 중심으로 실정에 맞는 규약 만듦
  ㉣ 운영 : 신분에 관계없이 향민 전원을 대상(강제적)
  ㉤ 기능
    • **향촌민의 교화와 질서 유지를 담당**(향촌의 자치적 기능)
    • 사림의 농민 지배력 강화

>> 머릿속에 **콕콕**!

무릇 뒤에 이 조직에 가입하기를 원하는 자에게는 반드시 먼저 규약문을 보여 몇 달 동안 실행할 수 있는가를 스스로 헤아려 본 뒤에 가입하기를 청하게 한다. 가입을 청하는 자는 반드시 단자에 참가하기를 원하는 뜻을 자세히 적어서 모임이 있을 때에 진술하고, 사람을 시켜 약정(約正)에게 바치면, 약정은 여러 사람들에게 물어서 좋다고 한 다음에야 글로 답하고 다음 모임에 참여하게 한다.

「율곡전서」

- 동네에 장사를 치를 일이 있으면 동네 사람들 각자가 쌀 1되, 빈 가마니 1장씩을 낸다.
- 병으로 농사를 짓지 못하는 사람이 있으면 마을에서 지원하여 경작을 돕는다.
- 30세 이하의 일반인은 소학, 효경 등의 서적을 반드시 읽어야 한다.
- 병환으로 농사를 폐기한 사람이 있으면 마을에서 각각 지원하여 경작을 도와준다.

* 향약을 통해 유교윤리를 실천하여 향촌사회의 근본적 안정을 꾀하였다. 향약은 중종 이후 활발히 보급되어 **사림의 지위와 농민지배가 강화**되었다.

05 성리학의 융성 및 심화

06회 출제

20회 중급 14번 | 21회 중급 20번 | 23회 중급 13번 | 25회 중급 23번 | 13회 중급 19번
8회 3급 40번

퇴계 이황	vs	율곡 이이
• 이기이원론 → 주자철학 확립 • 관념적 도덕세계 중시(인식론) -'사단과 '칠정'을 엄격히 구분	사상	• 일원론적 이기이원론 • 관념적 도덕세계 중시 + 경험적 현실세계 중시(실천론) -'사단은 칠정에 포함'
• 동방의 주자 • 도덕규범 확립 • 신분질서 유지	역할	• 이기론의 집대성 • 현실개혁 주장(경세가) • 통치 체제 정비와 수취 제도 개혁 주장 * 공물을 쌀로 납부하는 방안 제시(수미법)
• 성리학의 주류 • 위정척사사상, 일본 성리학에 영향 • 영남학파(경상도) 형성	영향	• 기의 역할을 강조 • 이이의 문인들이 서인 형성 • 기호학파 형성
•「성학십도」(일본 성리학에 영향) •「주자서절요」	저서	「성학집요」, 「동호문답」, 「격몽요결」

>>>> 퇴계 이황

>>>> 율곡 이이

자료쏙쏙!

>>>> **성리학의 교조화 경향**

인조반정 이후 **송시열(노론)**을 중심으로 한 집권층은 당시 조선 사회가 안고 있던 모순을 해결하기 위해 명분론을 강화하고 성리학을 절대화하였다. 반면에 소론과 남인 계열 학자들은 성리학을 상대화하고 6경과 제자백가 등을 통해 모순 해결의 사상적 기반을 찾으려고 하는 등 주자의 학문 체계와 다른 해석을 하였다.

- **윤휴**는 유교경전에 대한 독자적 해석을 통해 주자의 학설을 탈피하고, 박세당은 양명학과 노장사상을 수용하여 주자의 학설을 비판하여 노론에 의해 사문난적으로 몰렸다.
- **사문난적**은 유교의 교리를 어지럽히고 유교 사상에 어긋나는 언행을 하는 사람을 의미하나, 당쟁이 격렬해지면서 유교의 교리 자체를 반대하지 않더라도 그 교리의 해석을 주자의 방법에 따르지 않는 사람까지 포함되었다.

06 붕당의 형성

14회 출제

19회 중급 21번	20회 중급 15번	29회 중급 22번	30회 중급 21번	18회 중급 22번
17회 중급 24번	14회 중급 25번	12회 중급 27번	10회 3급 24번	9회 4급 27번
5회 3급 26번	4회 3급 27번	4회 3급 33번	1회 3급 31번	

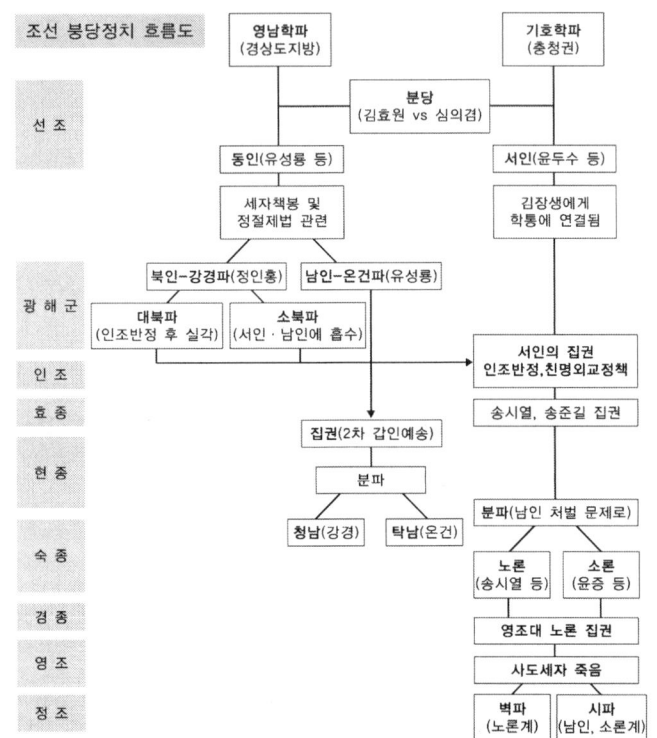

① 척신정치의 잔재 청산문제 및 이조 전랑의 임명 문제로 동인과 서인으로 분당

　㉠ 동인(신진 사림)
　　• 김효원 지지세력으로 척신정치 개혁에 적극적
　　• 이황, 조식, 서경덕의 문인 중심

　㉡ 서인(기성 사림)
　　• 심의겸 지지세력으로 척신정치 개혁에 소극적
　　• 이이, 성혼의 문인 중심

② 정여립의 모반 사건을 계기로 동인이 남인과 북인으로 분당

③ 남인은 온건파로 초기에 정국을 주도하나 **임진왜란이 끝난 뒤 급진파인 북인이 광해군 집권기 때까지 정국 주도**

④ 인조반정 이후 서인의 주도하에 남인이 참여(상호 비판적인 공존 체제)

⑤ 현종 이후 남인과 서인의 대립 격화
  ㉠ 현종 때까지 서인이 우세에 남인과 연합하여 공존하는 형태 유지
  ㉡ 1차 예송논쟁(1659)의 발생
    • 현종 때 효종의 계모인 자의 대비가 상복 입는 기간을 둘러싸고 대립
    • **서인의 주장(1년)이 채택**되면서 남인(3년)이 권력에서 물러남
  ㉢ 2차 예송논쟁(1674)의 발생
    • 현종 때 효종의 계모인 자의대비가 상복을 입는 기간을 둘러싸고 대립
    • **남인의 주장(1년)이 채택**되면서 남인의 우세 속에 서인(9개월)과 공존하는 정국 유지

⑥ 2차 예송논쟁 이후 숙종 때 환국으로 인해 붕당정치 변질 시작
  ㉠ 2차 예송 이후 정계에 밀려났던 서인이 남인을 역모로 몰아 대거 숙청하고 정권을 장악한 **경신환국(1680)** 발생
  ㉡ 장희빈 소생의 아들을 세자로 삼으려는 숙종에게 반대한 송시열 등의 서인을 남인이 공격하여 정권이 서인에서 남인으로 바뀌는 **기사환국(1689)** 발생
  ㉢ 서인들이 전개하던 폐비 민씨(인현 왕후) 복위 운동을 반대하던 남인이 화를 입어 권력에서 물러나고 서인이 집권하는 **갑술환국(1694)** 발생

⑦ **세 차례의 환국을 거치면서 일당 전제화의 경향이 나타남**

⑧ 붕당정치의 변질로 집단 간의 세력 균형이 붕괴되고 왕권이 불안해지자, 영조·정조는 강력한 왕권을 토대로 정치 세력 간의 균형을 유지하기 위한 탕평책을 실시

⑨ 정조 사후 외척이 정치권력을 장악하여 국가를 운영하는 세도 정치 등장

>>>> 예송논쟁

구분	기해예송	갑인예송
시기	효종 사후 (현종 때)	효종비 사후 (숙종 때)
내용	자의 대비가 상복을 어떻게 입어야 하는가?	
서인	• 효종은 적장자가 아니다 • 왕과 사대부에게 적용되는 예는 같다 • 신권의 강조	
	1년설	9개월설
남인	• 효종이 적장자가 될 수 있다. • 왕과 사대부에게 적용되는 예는 다르다 • 왕권의 강조	
	3년설	1년설
결과	서인의 승리	남인의 승리

자료쏙쏙!

>>>> 붕당정치

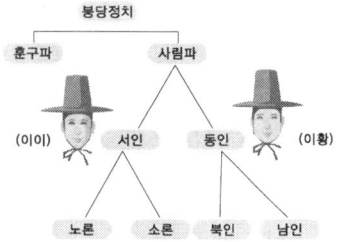

기출문제
14회 중급 25번

조선 시대 정치 변천 과정이다. (가)~(다)를 시기순으로 옳게 나열한 것은? [2점]

> (가) 이조 전랑의 임명 문제로 사림 세력이 동인과 서인으로 나뉘어졌다.
> (나) 순조 이후 안동 김씨 등 노론의 특정 가문이 권력을 독점하였다.
> (다) 서인과 남인의 격렬한 대립으로 정국이 급격하게 전환하는 환국이 나타났다.

① (가)-(나)-(다)   ② (가)-(다)-(나)
③ (나)-(가)-(다)   ④ (나)-(다)-(가)
⑤ (다)-(가)-(나)

해설 》 조선 시대 사림의 붕당정치의 흐름을 묻고 있는 문제이다.
> (가) 선조 대에 척신정치의 잔재 청산문제 및 이조 전랑의 임명 문제로 동인과 서인으로 분당되었다.
> (나) 순조 이후 외척이 정치권력을 장악하면서 안동 김씨 등의 노론 특정 가문이 권력을 독점하는 세도 정치가 등장하였다.
> (다) 현종 이후 남인과 서인의 대립 격화되면서 1차 예송논쟁(1659), 2차 예송논쟁(1674)이 발생하였다.

→ 정답 ②

예상문제

밑줄 친 (가)에 속한 정치 세력에 대하여 옳게 설명한 것을 〈보기〉에서 고른 것은? [2점]

> 「성종실록」 편찬을 담당했던 김일손이 성종 23년 기사를 쓰면서 자기의 스승인 김종직이 죽었다는 사실과 김종직이 사초에 쓴 조의제문을 실었는데, __(가)__ 는 이를 반격의 빌미로 이용하였다. 조의제문은 세조의 왕위 찬탈을 비판하는 것일 뿐 아니라, 세조로부터 왕위를 물려받은 예종, 성종, 연산군 등은 왕권의 전통성을 인정할 수 없다는 것으로 해석될 수 있다.

> ㉠ 성리학 이외의 학문은 이단으로 배척하였다.
> ㉡ 과학과 기술을 중시하였다.
> ㉢ 주로 전랑과 3사의 언관직을 차지하여 활동하였다.
> ㉣ 중앙집권과 패도 정치를 주장하였다.

① ㉠, ㉡   ② ㉠, ㉢
③ ㉡, ㉢   ④ ㉡, ㉣
⑤ ㉢, ㉣

해설 》 제시된 자료는 김종직의 '조의제문'의 판결에 대한 내용이다. 조의제문이 무오사화의 계기가 되었다는 것을 알고 있어야 사림에 대한 문제임을 파악할 수 있다. 사림파와 훈구파를 비교하는 문제는 자주 출제되는 편이므로 정리를 할 필요가 있다. (가)는 훈구파이다.
㉡, ㉣ 훈구파에 해당하는 내용이다.
㉠, ㉢ 사림파에 해당하는 내용이다.

자료쏙쏙!

》》》 훈구파(15세기 집권)
- 급진파사대부
- 중앙집권
- 부국강병추구
- 대토지
- 관학파(성균관출신)
- 성리학 외 학문 포용
- 과학 기술 발달
- 단군 중시

》》》 사림파(16세기 집권)
- 온건파사대부
- 향촌자치
- 왕도정치추구
- 중소지주
- 사학파(사립학교)
- 성리학 외 이단으로 배척
- 예학, 보학 발달
- 기자 조선 강조

→ 정답 ④

12일차

35회 출제

조선 시대 수취 체제는 어떻게 개편 되었을까요?

자료쏙쏙!

출제핵심포인트

- 양난 이후 농촌 사회의 피폐 현상이 수취제도 개편에 어떠한 영향을 끼쳤으며, 개편 내용과 한계점을 알아야 합니다.
- 고려 시대와 조선 시대 여성의 지위와 가족제도가 어떻게 변화되었는지를 알아야 합니다.

23회 출제

29회 중급 20번	28회 중급 22번	27회 중급 28번	25회 중급 24번	23회 중급 26번
22회 중급 26번	21회 중급 30번	20회 중급 23번	19회 중급 24번	17회 중급 23번
16회 중급 21번	13회 중급 21번	12회 중급 29번	11회 중급 19번	9회 3급 24번
5회 3급 15번	5회 3급 16번	5회 3급 24번	5회 4급 29번	3회 4급 33번
2회 3급 32번	1회 3급 29번	1회 3급 37번		

01 전세 제도의 개편

① 배경 … 양난 이후 농경지 황폐화 + 토지제도 문란 = 농경지 감소 및 농민 몰락

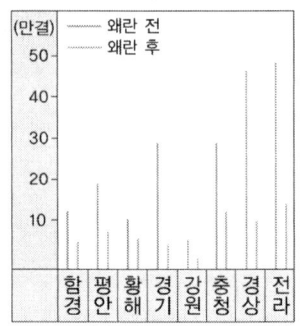

〉〉〉〉 임진왜란 전후 경지면적의 비교

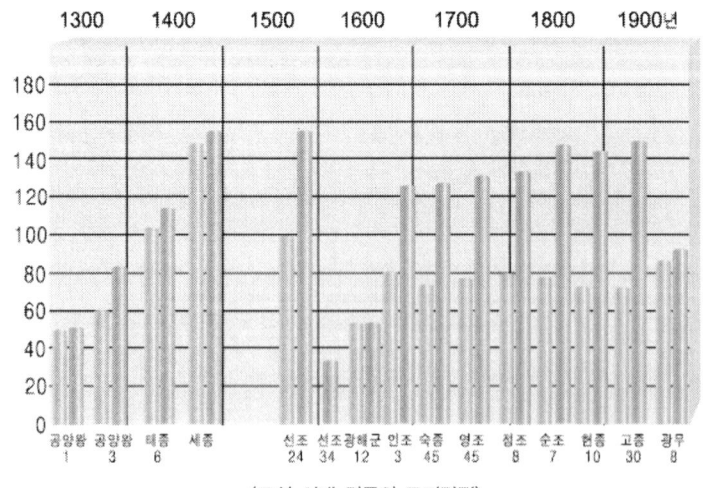

〈조선 시대 전국의 토지면적〉

* 왜란을 통해 토지가 황폐화되고 토지대장 소실로 국가가 파악한 토지는 50만결에 불과

② 정부의 대응
　㉠ 정부는 개간을 장려하여 농경지 확충 노력
　㉡ 상민, 노비 등과 왕실, 정부기관, 양반까지도 개간에 참여
　㉢ 양전사업을 실시하여 양안에서 누락된 토지 조사
③ 한계…농민들에게 개간 장려나 양전사업이 실질적인 도움이 되지 못함
④ 영정법의 시행(인조, 1635)
　㉠ 배경
　　• 과중한 부세로 농민의 전호화 현상이 심화
　　• 조세의 비효율성, 연분 9등법이나 전분6등법의 등법을 속여 내는 것들이 문제가 됨
　㉡ 내용
　　• 풍흉에 관계없이 **토지 1결당 미곡 4두로 고정**하여 전세율 인하
　　• 전세율 인하로 농민의 부담을 줄이려고 함
　㉢ 결과
　　• 전세율이 인하되었으나, 대다수 농민에게 도움이 되지 못함
　　• 여러 명목의 수수료·운송비·자연 소모에 대한 보충비용을 농민에 부과
　　• 부과세의 액수가 전세액보다 훨씬 많아 결국 농민 부담 증가

02 공납 제도의 개편

① 배경…공납(지방의 토산물·특산물을 관청이나 중앙정부에 내는 세금제도)의 문제점
　㉠ 토지의 많고 적음에 관계없이 호별로 징수하여 농민 부담 가중
　㉡ 그 지역에 없는 물품의 배정으로 농민 부담 가중
　㉢ 현물의 운송 및 저장의 어려움(파손 및 부패 위험)
　　＊ **㉡+㉢의 문제점을 악용하여 방납의 폐단 등장**→수미법이 제안되기도 함

>>>> 공납의 폐단

특산물을 바치는 공납의 폐단이 나날이 심해집니다. …… 각 고을에서 특산물을 바치려 할 때, 관리(중앙 관청의 서리)들이 여러 가지로 트집을 잡아 좋은 것도 불합격 처리하기 때문에 바칠 수가 없습니다. 그러고 나서 관리들은 상인들에게 특산물을 관청에 대신 내게 하고, 그 고을 농민들에게는 물건 값을 턱없이 높게 쳐서 열 배의 이득을 취하니, 이것은 백성들의 피땀을 짜내는 것과 같습니다.
「선조실록」

※ 제시문에서 공납의 폐단을 볼 수 있다. 공납의 폐단으로 농민들의 부담이 증가하여 토지 이탈이 증가하자 대동법을 실시하게 되었다.

② 대동법의 시행(1608 경기도 최초 실시~1708 전국 확대 실시)
㉠ 시행 과정

자료쏙쏙!

>>>> 대동법

호조가 아뢰기를, "선혜법(宣惠法)을 경기지방에 실시한지 지금 20년이 되어 가는데, 백성들이 매우 편하게 여기고 있습니다. 팔도 전체에 통용시키면 팔도 백성들이 그 혜택을 받을 수 있을 텐데, 폐조 때에는 각사의 하전과 이익을 독점하는 세가가 온갖 방법을 동원하여 저지시켰으므로, 그 편리한 점을 알면서도 시행하지 못한 지 오래입니다. 현재 각가지 부역이 중첩되고 백성들이 도탄에 빠졌으니, 반드시 대대적으로 경장하여 민심을 위안시킬 소지를 만들어야 합니다. 비록 일시에 모든 도에 실시할 수는 없다 하더라도 우선 2~3개 도에 먼저 실시하여 …… 대신과 상의하여 결정하는 것이 타당하겠기에 감히 아룁니다."
「인조실록」

※ 대동법은 광해군이 선혜청을 설치하고 경기도에 시험적으로 시행하였으나, 양반지주들의 반발로 전국 확대에는 많은 어려움을 겪었다.

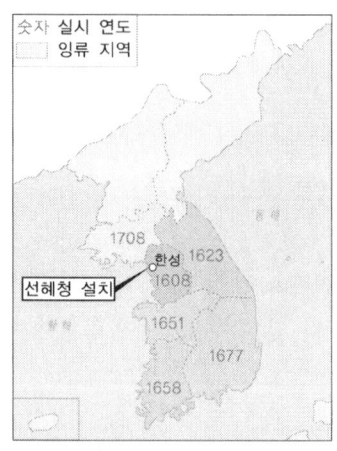

〈대동법 시행 시기〉 　〈대동세의 징수와 운송〉

• 부족한 국가 재정을 보완하고 농민 부담을 경감시키기 위하여 실시
• 방납의 폐단 시정 위해 **광해군이 선혜청(宣惠廳)을 설치하고 경기도에 시험적 시행**
• **양반지주들의 반발로 전국 확대 실시까지 100년이라는 세월 필요**
• 지역에 따라 시행시기가 다름
• 시행시기 : 광해군(1608, 경기도) → 인조(1623, 강원도) → 효종(1651, 충청도/1658, 호남지방) → 숙종(1677, 경상도/1708, 황해도)
• 함경도, 평안도, 제주도는 대동법 적용지역 아님(잉류지역)

㉡ 내용
• 기존의 집집마다 부과하여 토산물을 징수하던 공물 납부 방식에서 토지 결수에 따라 쌀, 삼베나 무명, 동전으로 납부하는 방식으로 변화
• **세금의 부과 기준을 토지 결수로 정함 (토지 1결당 12두 징수)**
• 특산물 대신에 쌀·무명·삼베·돈으로 납부하여 필요한 물품 구입

㉢ 결과
• 토지가 없거나 적은 농민의 부담 일시적 감소
• 별공, 진상은 여전히 남아 토산물을 수시로 징수하여 농민 부담 지속
• 대동세를 소작농에 전가하여 농민 부담 지속

㉣ 영향
- 대동법의 시행으로 상품 수요와 공급의 증대로 **상품 화폐 경제 발달**
- 중앙 관청에서 공가를 받아 필요한 물품을 사서 납부하는 **공인의 등장**

03 군역 제도의 개편

① 배경
  ㉠ 조선 초기(15세기)
  - 힘없는 농민들은 빠짐없이 군역 + 일체의 면제를 금지 = 철저한 양인개병제 실시
  - 군역의 요역화 현상으로 농민들은 군역을 기피
  - 타인에게 면포(돈)을 주고 군역을 대신 치르는 대립제가 등장→ 성행(불법적)
  - 관청에 면포(돈)을 주고 군역에서 제외되는 방군수포제 등장→ 성행(불법적)
  ㉡ 조선 중기(16세기)
  - 대립제와 방군수포제의 양성화가 심화되자 국가가 군적에 있는 대상자에게 돈(군포 = 면포 2필)을 받고 군역을 면제시켜주는 군적수포제 시행(합법적)
  ㉢ 조선 후기(17세기~18세기)
  - 각 군영·감영의 독자적인 군포 징수로 백성들의 부담 증가(소속 군영에 따라 군포 양 다름)
  - 납속·공명첩 발행에 따른 신분 상승으로 군역 재원 축소
  - 역의 부담을 이기지 못하고 유망하는 농민들의 증가

자료쏙쏙!

>>>> 균역법

> 균역법의 시행으로 줄어든 것을 계산하니 총 50만여 필인데, 돈으로 환산하면 100만여 냥이다. 각 아문과 군대의 비용을 줄인 것이 50만여 냥이었다. 부족한 부분은 어장세·염전세·선박세와 선무군관에게 받는 것, 은·여결(隱·餘結)에서 거두는 것으로 충당하게 하였는데, 이를 모두 합하면 10만여 냥이었다. 평안·함경도를 제외한 6도의 토지에서 1결마다 쌀 2두 또는 돈 5전을 거두면 대략 30만 냥이 되는데, 이렇게 하면 부족한 액수와 비슷하였다.
> 「영조실록」

※ 균역법의 시행으로 발생한 국가 예산의 결손은 기존의 어장세·염전세·선박세를 국고 수입화를 하고, 결작의 부과와 선무군관포로 충당하였다.

>>>> 군역의 폐단
- 인징(隣徵) : 군포 대상자가 도망을 치면 이웃에 살고 있는 사람에게 군포 부과
- 족징(族徵) : 군포 대상자가 도망을 치면 친척에게 군포를 부과
- 황구첨정(黃口添丁) : 태어나자마자 군포를 부과
- 백골징포(白骨徵布) : 죽은 자에게 군포를 부과

자료쏙쏙!

② 균역법의 실시(영조, 1750)
  ㉠ 내용 : 1년에 군포 2~3필 납부에서 군포 1필만 부과(양반은 여전히 제외)
  ㉡ 군포의 감소로 인한 정부의 보완책
    • **지주들에게 결작을 부과**하여 **토지 1결당 2두**를 결작미로 징수
    • 선무군관이라는 이름뿐인 관직을 일부 관직 없는 상류층에 주고 **선무군관포 징수**(면포 1필 부과)
    • 어장세·선박세 등 어민들이 납부하던 **잡세수입을 왕실수입에서 국고로 전환**
  ㉢ 결과
    • 농민의 부담은 일시적 감소 (후에 지주들이 결작 징수 부담을 소작농에게 전가)
    • 상대적으로 어민들의 불만은 증가

고려 시대와 조선 시대에 여성의 지위는 어떻게 달라졌을까요?

12 회 출제

19회 중급 12번	17회 중급 12번	16회 중급 22번	14회 중급 30번	12회 중급 18번
10회 4급 11번	9회 3급 11번	8회 4급 14번	7회 3급 12번	4회 3급 19번
2회 3급 18번	1회 3급 36번			

01 고려 시대의 가족 제도 및 혼인

>>> 가족제도 및 여성의 지위
- 부모의 유산은 자녀에게 고루 분배
- 아들이 없을 경우 딸이 제사 모심
- 자녀가 돌아가며 부모의 제사 모심
- 남녀에 관계없이 태어난 차례대로 호적 기재(남녀차별 없음)
- 사위가 처가에서 생활하는 경우가 많았음
- 사위가 처가의 호적에 입적하기도 함
- 사위 및 외손자까지 음서의 혜택 받음
- 공을 세운 사람의 부모뿐만 아니라 장인과 장모도 상을 받음
- 상복을 입는 기간에 있어 친가와 외가의 차이가 크지 않음
- 여성의 이혼과 재가가 비교적 자유롭고, 소생 자식도 사회적 진출에 차별이 없었음

02 조선 시대의 가족 제도 및 혼인

>>> 조선 중기 이후(17세기 이후)
- 17세기 이후 성리학적 의식과 예절의 발달→부계중심의 가족제도 확립→혼인 후 곧바로 남자 집에서 생활하는 친영제도 정착
- 부계 중심의 족보가 널리 편찬
- 장자우대 상속 자리 잡음
- 적자와 서자를 차별함
- 후사 이을 아들이 없는 집안에서는 양자를 받아 제사를 모시게 하는 것이 일반화
- 효와 정절 강조, 효자·열녀 표창
- 과부의 재가 엄격히 금지

자료쏙쏙!

>>>> 고려 시대 여성의 지위

박유는 말하기를 "우리나라는 본래 남자가 적고 여자가 많습니다. 지금 신분이 높고 낮음을 막론하고 처 한 명만 두는데 그치고, 아들이 없는 사람마저도 감히 첩을 두려고 생각하지 않습니다. 바라건대 여러 신하들로 하여금 처와 첩을 둘 수 있게 하되, 관품(官品)에 따라서 그 수효를 줄여서 평민에 이르면 한 명의 처와 한 명의 첩을 얻을 수 있도록 하소서."라고 하였다. 부녀자들이 이 소식을 듣고 원망하고 놀라워하지 않는 자가 없었다. 때마침 연등회 날 저녁 박유가 왕의 행차를 호위하고 따라 갔는데 어떤 노파가 손가락질하며 "첩을 두자고 주장한 자가 바로 저 빌어먹을 늙은이다."라고 말했다. 이 말을 들은 사람들이 거리와 골목에서 마구 삿대질을 하였다.
「고려사」

※ 제시문은 고려 후기 혼인 풍속과 관련이 있다. 박유가 일부다처제를 주장하다 혼쭐났다는 내용으로 당시 여성의 지위를 알 수 있다.

>>>> 김홍도의 신행도

신부가 혼례를 마치고 신랑의 집으로 곧바로 가는 풍습을 그린 것으로 친영제도를 유행을 볼 수 있다.

자료 쏙쏙!

>>>> 영조 영정

기출문제

5회 3급 16번

다음 글의 밑줄 그은 '이 제도'의 시행 결과로 나타났던 사실을 <보기>에서 고른 것은? [2점]

> 군적이 문란하고 납속이나 공명첩을 통해 군역을 회피하는 자가 늘어나면서 군역의 재원은 점차 줄어들었다. 재정이 어려워지자 국가의 군포 부과량이 늘어났고, 농민은 도망가거나 양반으로 신분을 바꾸어 군역을 피하는 경향이 늘어났다. 이에 군역의 폐단을 시정하려는 개혁 방안이 논의되고, 마침내 <u>이 제도</u>가 시행되었다. 이로써 농민은 1년에 군포 1필만 부담하면 되었다.

|보기|
ㄱ. 어세, 염세, 선세 등이 국방비에 편입되었다.
ㄴ. 포를 받고 군역을 면제하는 방군수포제가 실시되었다.
ㄷ. 지주들이 결작으로 토지 1결당 미곡 2두를 부담하였다.
ㄹ. 일부 상류층에 선무군관이라는 칭호를 주고 군포를 받았다.
ㅁ. 연분9등법에 따라 토지 1결당 미곡 4~20두를 납부하게 하였다.

① ㄱ, ㄴ, ㅁ   ② ㄱ, ㄴ, ㄹ
③ ㄱ, ㄷ, ㄹ   ④ ㄴ, ㄷ, ㅁ
⑤ ㄷ, ㄹ, ㅁ

해설 >> 영조는 일반 농민들의 군역 부담을 줄이기 위해 균역법을 실시하여 베 2필에서 베 1필로 줄였다.
ㄱ. 군포를 줄이면서 세금이 부족해지자 그 부족분을 메우기 위해 어세, 염세, 선세 등을 거두었다.
ㄷ. 땅을 소유한 지주들에게 결작이란 명분으로 토지 1결당 미곡 2두를 부담하게 하였다.
ㄹ. 일부 상류층에게 유명무실한 관직인 선무군관을 주고 군포를 받아 부족분을 채웠다.
ㄴ. 방군수포란 군역에 복무해야할 사람에게 포를 받고 군역을 면제해주는 현상이었다. 이 폐단을 시정하고자 만든 제도가 균역법이다.
ㅁ. 연분9등법은 조선 세종 때 실시했던 것으로 토지의 비옥도에 따라 세금을 부과하는 제도였다.

→ 정답 ③

예상문제

다음 자료와 관련된 사회상으로 옳지 않은 것은? [1점]

경전에 이르기를 "믿음은 부인의 덕이다. 한번 남편과 결혼하면 종신토록 고치지 않는다."고 하였다. 이 때문에 삼종(三從)의 의(義)가 있고 한 번이라도 어기는 예가 없는 것이다. …… 만일 엄하게 금령을 세우지 않으면 음란한 행동을 막기 어렵다.

① 아들과 딸의 균등 상속이 일반적이었다.
② 일부일처제가 원칙이었으나 첩을 따로 두는 것을 금지하지 않았다.
③ 후사를 이을 아들이 없는 집은 양자를 받아들였다.
④ 부계 위주 족보의 편찬이 적극적으로 이루어졌다.
⑤ 효자와 열녀를 표창하여 모범으로 삼았다.

해설》 제시된 자료는 김홍도의 '신행도'이다. 김홍도가 조선 후기 대표적인 풍속화가인 것을 추론하면 조선 후기의 결혼 풍속 및 여성의 지위와 관련된 문제임을 알 수 있다. 그리고 재가를 금지하는 내용의 글을 통해 여성지위가 약하였던 조선 중기 이후의 일임을 알 수 있다.
① 조선 후기에는 상속에서 장자를 우대하게 된다.
② 조선 후기에는 일부일처제가 원칙이었으나 첩을 따로 두는 것을 금지하지 않았다. 그러나 축첩이 허용되었기 때문에 엄격한 의미의 일부일처제는 아니다.
③ 조선 후기에는 후사를 이을 아들이 없는 집은 양자를 받아들여 제사를 모시게 했다.
④ 조선 후기에는 부계 위주 족보의 편찬이 적극적으로 이루어지고 동성마을이 형성되있다.
⑤ 조선 후기에는 과부의 재가를 금지하였으며 효자와 열녀를 표창하여 모범으로 삼도록 하였다.

자료쏙쏙!

》》》 가족·혼인제도의 변화
- 고려시대~조선 중기: 남귀여가혼, 자녀균분상속, 자녀가 돌아가며 제사 지냄
- 조선 후기: 친영제도, 장자중심상속, 장자가 반드시 제사를 지냄

→ 정답 ①

13일차

52회 출제

조선 후기의 경제활동과 상인들의 활약상을 살펴볼까요?

출제핵심포인트

- 조선 후기 양반들과 농민들의 경제 변화 모습을 파악하고 있어야 합니다.
- 조선 후기 수공업과 광산분야에 나타난 모습을 바르게 이해해야 합니다.
- 조선 후기 상업 활동을 이해하고 조선 후기 화폐 유통 상황 및 문화, 예술 분야의 새로운 경향을 알아야 합니다.

52회 출제

29회 중급 26번	29회 중급 24번	28회 중급 24번	27회 중급 25번	26회 중급 26번
25회 중급 28번	25회 중급 25번	24회 중급 28번	24회 중급 24번	24회 중급 22번
22회 중급 25번	19회 중급 22번	18회 중급 30번	18회 중급 30번	18회 중급 25번
17회 중급 25번	17회 중급 26번	16회 중급 28번	16회 중급 29번	15회 중급 29번
14회 중급 22번	12회 중급 31번	11회 중급 25번	11회 중급 50번	10회 4급 35번
9회 3급 16번	9회 3급 25번	9회 3급 26번	9회 3급 27번	8회 3급 47번
7회 3급 18번	7회 4급 26번	7회 4급 28번	6회 3급 23번	6회 3급 27번
6회 4급 19번	6회 4급 23번	5회 3급 15번	5회 3급 19번	5회 3급 28번
4회 3급 29번	4회 3급 30번	3회 3급 27번	3회 3급 28번	3회 3급 29번
3회 3급 30번	3회 4급 40번	2회 3급 25번	2회 3급 26번	2회 4급 3번
1회 3번 14번	1회 3급 25번			

01 조선 후기 서민 경제의 발전

① 양반 지주의 경영 변화 ··· 지주전호제의 일반화(18세기말)→상품 화폐 경제 발달→소작인의 저항 심화→소작인의 소작권 인정→소작료 인하→신분적 관계에서 경제적 관계로 변화

② 농민 경제의 변화
  ㉠ 농민의 노력 : 황무지 개간, 수리 시설 확충, 영농 기술 개량
  ㉡ 모내기법(이앙법)의 확대 : **벼와 보리의 이모작 가능** + 생산량 증가→농민 소득 증대(보리농사는 세금 납부 없음)
  ㉢ 광작 실시
    • 모내기법 보급으로 한 농가당 경작지 규모 확대→광작 실시
    • **광작 실시로 부농 성장**→농민 계층의 분화(경영형 부농, 임노동자)
    • 일부 농민은 소득의 증가로 지주가 되기도 함
    • 가난한 농민은 생계유지를 위해 임노동자가 됨

자료쏙쏙!

>>>> **이앙법**

모내기를 하는 것은 세 가지 이유가 있다. 김매기의 노력을 더는 것이 첫째요, 두 땅의 힘으로 하나의 모를 서로 기르는 것이 둘째이며, 좋지 않은 것은 솎아 내고 싱싱하고 튼튼한 것을 고를 수 있는 것이 셋째이다.
「임원경제지」

※ 이앙법은 가뭄에 약하였기 때문에 초기에 조선정부는 경작을 반대하였으나, 이모작의 가능, 김매기의 노력 감소에 따른 노동력 절감, 수확량의 증가 등으로 인해 조선 후기에는 널리 확산된다.

>>>> **상품작물의 재배**

농민이 밭에 심는 것은 곡물만이 아니다. 모시, 오이, 배추, 도라지 등의 농사도 잘 지으면 그 이익이 헤아릴 수도 없이 크다. 도회지 주변에는 파밭, 마늘밭, 배추밭, 오이밭 등이 많다. 특히, 서도 지방의 담배밭, 북도 지방의 삼밭, 한산의 모시밭, 전주의 생강밭, 강진의 고구마밭, 황주의 지황밭에서의 수확은 모두 상상등전(上上等田)의 논에서 나는 수확보다 그 이익이 10배에 이른다.
「경세유표」

※ 제시된 자료 조선 후기의 실학자 정약용이 지은 경세유표의 일부분이다. 조선 후기 장시가 증가하면서 목화, 채소, 담배 등의 판매가 증가하자 상품작물의 재배가 활발해졌다.

ⓔ 상품작물의 재배
- 상품의 유통 활발로 장시 증가→장시에 팔기 위한 목화, 채소, 담배, 약초 등의 상품 작물재배 증가
- 쌀 수요의 증대로 **밭을 논으로 바꾸는 현상 활발**(쌀의 상품화)

ⓜ 지대의 변화

조선 전기	조선 후기
타조법(정률제)	**도조법(정액제)**
• 일정 비율로 소작료로 지급 • 일반적으로 병작반수제로 수확량 절반 바침	• **일정 액수를 소작료로 지급** • 보통 평년치 수확량의 약 1/3을 바침
지주 농민　지주←신분적 예속→농민	농민에게 유리　지주←경제적 예속→농민

③ 민영 수공업의 발달
  ㉠ 배경 : 농업생산력 증대→장시 발달 및 경제 활성화→대동법 확산으로 공인과 거상 등장
  ㉡ 관영 수공업의 쇠퇴 : 수공업자 장인세(납포장) 납부 후 자유롭게 생산 활동에 종사
  ㉢ 민영 수공업의 발달
  - 대체로 민간수공업자의 작업장에서 자본 규모는 소규모로 행해짐→원료 구입과 제품의 처분에 상업 자본의 영향을 받음(**수공업자들 상업 자본에 예속**)
  - 민간수공업자가 공인이나 상인에게 주문과 함께 자금 원료를 미리 받아 제품을 생산하는 **선대제 수공업 발달**
  - 철점·사기점 등의 작업장을 운영
  ㉣ 독립 수공업의 출현 : 독자적으로 생산·판매하는 수공업자 등장(18세기 후반)

④ 민영 광산의 증가
  ㉠ 배경 : 민영 수공업 발달로 광물수요 급증→**활발한 광산 개발**(금·은·동 등의 채굴)
  ㉡ 변화과정
  - 15C : 국가가 농민 부역을 동원하여 광물 독점 채굴
  - 16C : 국가의 재정 악화로 농민들 부역 거부
  - 17C : 국가의 감독 아래 민간인 채굴 허용(설점수세제)→70개소의 은광 개발(청 무역에 의한 은 수요 증가)

>>>> 조선 후기 수공업의 모습

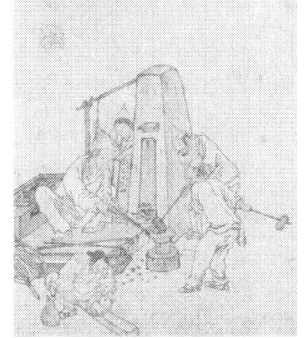

▲ 김홍도의 대장간

>>>> 잠채의 성행

본래 홀곡(황해도 수안의 홀동) 광산에는 채금 지구가 5개소였으나 1799년 당시에는 3개 지구에만 채광이 진행되고 있었다. 이 해 여름에 새로 개발된 갱이 39개소이고 장마로 말미암아 작업이 중지된 갱이 99개소였다. 이때 여기서 직접 채광 노동에 종사한 노동자수가 550여 명에 달하였으며 광산 마을의 전체 인구는 1,500명, 점막의 수는 700여 동에 달하였다.

「비변사 등록」

※ 조선 후기에 광산에서 막대한 이익 창출이 가능해지자, 불법적 채굴인 잠채가 성행하였다.

- 18C : **덕대(광산 경영 전문가)**가 상인 물주에게서 자본 조달 받아 **진행**→분업에 토대를 둔 협업으로 진행(채굴업자·채굴노동자·제련노동자 등)→금광의 개발(상업 자본 유입 때문)→**잠채 성행**

02 상품화폐경제의 발달

① 사상의 대두

　㉠ 배경 : 농업생산력의 증대 + 활발한 수공업 생산활동 + 농민 계층 분화→농촌 인구 도시 유입

　㉡ 공인의 성장(대동법이 이후 등장한 어용상인) : 관수품 독점→**도고로 성장**

　㉢ 금난전권의 철폐(정조, **신해통공**) : 사상들의 자유로운 상업 활동 보장

　㉣ 대표적인 사상
　　• **송상**(개성)
　　　-전국 각지에 **송방**이라는 지점 설치
　　　-주로 인삼 재배·판매와 대외 무역에 깊은 관여
　　　-**중계 무역**(만상·내상)
　　• 만상(의주) : 대중국 무역 주도(개시·후시무역)→수출(은, 종이, 무명, 인삼), 수입(비단, 약재, 문방구)
　　• 유상(평양)
　　• 내상(동래) : 대일 무역 주도(왜관 개시)→수출(인삼, 쌀, 무명), 수입(은, 구리, 황, 후추)
　　• **경강상인**
　　　-한강 근거지→미곡·소금·어물 등의 운송 및 판매 장악
　　　-운송업에 종사→선박의 건조 등 생산 분야까지 진출

② 장시의 발달

　㉠ **성장**(농업생산력 발달이 배경) : 15세기 말 남부지방에 개설 시작→18세기 중엽 전국에 1,000여 개소로 확대

〈조선 후기의 상업과 무역 활동〉

>>>> 도고

남산골에 사는 허모 씨는 쓰러져 가는 초가에서 글만 읽을 뿐, 생계를 전혀 돌보지 않았다. 보다 못한 아내가 도둑질이라도 하라고 하자 그는 한양의 가장 큰 부자 변 씨에게서 만 냥을 빌려 집을 나섰다. 안성의 한 주막에 자리 잡은 그는 밤, 대추, 감, 배, 귤 등의 과일을 모두 사들였다. 그가 과일을 모두 사들이자 온 나라가 잔치나 제사를 치르지 못할 지경에 이르렀다. 과일 값이 폭등하자, 그는 10배의 값으로 과일을 되팔았다. ……

「허생전」

※ 조선 후기에 이르면 제시된 자료와 같이 상품을 매점매석하여 가격 상승과 매매 조작을 노리는 도고가 등장하게 된다.

ⓒ 특징
- **지방민의 교역 장소**(보통 5일마다 열림)
- 농민들은 물건을 싸게 구입하고 비싸게 팔 수 있어 장시 이용 증가
- 장시는 상업의 중심지로 발달(전국적인 유통망을 연결) → 광주 송파장, 은진의 강경장, 덕원의 원산장, 창원 마산포장 등

ⓒ 보부상
- **농촌의 장시를 하나의 유통망으로 연계**(장시와 장시를 순행)
- 생산자와 소비자를 이어 줌

③ 포구에서의 상업 활동

㉠ 포구 성장 및 발달
- 장시보다 큰 규모로 상거래 이루어짐 → 상업 중심지로 성장(강경포, 원산포 등)
- 대량의 물건 수송에는 육로보다 수로를 많이 이용

㉡ 선상
- **선박을 이용해 각 지방 물품 구입하여 포구에서 처분**(❸경강상인)
- 선박을 통한 운송업으로 전국적인 해상유통망 형성

㉢ 객주 · 여각
- 포구에 들어오는 선상들의 상품 매매 중개
- **포구를 거점으로 매매 · 운송 · 보관 · 금융 · 숙박업 등의 영업**
- 지방의 큰 장시에도 존재

>> 머릿속에 **콕콕**!

> 우리나라는 동·서·남의 3면이 모두 바다이므로, 배가 통하지 않는 곳이 거의 없다. 배에 물건을 싣고 오가면서 장사하는 장사꾼은 반드시 강과 바다가 이어지는 곳에서 이득을 얻는다. 전라도 나주의 영산포, 영광의 법성포, 흥덕의 사진포, 전주의 사탄은 비록 작은 강이나, 모두 바닷물이 통하므로 장삿배가 모인다. 충청도 은진의 강경포는 육지와 바다사이에 위치하여 바닷가 사람과 내륙 사람이 모두 여기에 서 서로의 물건을 교역한다.
> 「택리지」

*택리지는 1751년 실학자 이중환이 현지답사를 기초로 인간과 자연 환경 간의 상호 작용을 다룬 최초의 인문 지리서로 제시문은 포구상업의 발달에 대해 말하고 있다.

자료쏙쏙!

>>>> **보부상**

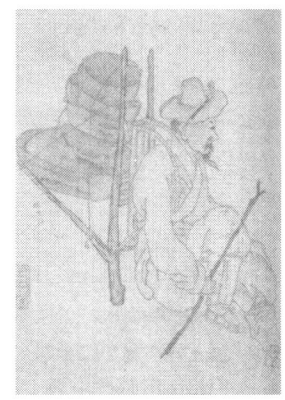

▲ 보부상의 모습

보부상은 떠돌아다니며 장사하는 봇짐장수와 등짐장수를 말한다. 주로 날짜의 차이를 이용하여 장시를 무대로 활동하며, 장시를 하나의 유통망으로 연계 시키고, 생산자와 소비자를 이어주는 데 큰 역할을 하였다. 외롭고 힘든 생활을 했기 때문에 서로 결집력이 강했으며, 자신들의 이익을 지키고 단결을 굳게 하기 위하여 보부상단이라는 단체를 조직하였다.

※ 조선 후기 농업 생산력의 발달로 장시가 성장하면서, 장시와 장시를 순행하는 **보부상**이 활동이 두드러졌다.

자료쏙쏙!

>>>> **전황의 발생**

> 종전에 허다하게 동전을 주조하여 돌지 않고 작년과 금년에 전황이 몹시 심한 것은 부상대고들이 돈을 감추고 그것이 귀해지기를 기다려 폭리를 바라기 때문이다.
>
> 「비변사 등록」

※ 화폐가 지주나 대상인들의 재산 축적과 고리대에 사용되었기 때문에 발행량이 늘어나도 제대로 유통이 되지 않았고, 이에 실학자 이익은 화폐 폐전론을 주장하기도 하였다.

>>>> **상평통보**

>>>> **산대놀이에 사용되는 탈**

---

④ 대외 무역의 발달
  ㉠ 개시: 공적으로 허용된 무역(중강 개시 + 회령 개시 + 경원 개시 + 왜관 개시)
  ㉡ 후시: 사적인 무역(중강 후시 + 책문 후시 + 왜관 후시)
  * 국경지대를 중심으로 공무역인 개시 + 사무역인 후시가 이루어짐

⑤ 화폐 유통
  ㉠ 상공업 발달→동전이 전국적으로 유통(**상평통보**)
  ㉡ **화폐를 고리대나 재산 축적에 이용**→동전 부족 현상 발생(**전황**)
  ㉢ 신용 화폐 보급(환, 어음 등)→상품 화폐 경제의 진전과 상업 자본의 성장

03 조선 후기 문화의 새 경향

① 서민문화 발달: 상공업 발달 + 농업 생산력 증대 + 서당 교육 보급→다양한 문화 출현

② 문학과 예술의 새로운 경향

판소리 탈놀이(산대놀이)	사회 모순 표출 및 서민 의식 성장에 기여
한글소설	• 사회 의식 성장에 기여 • 「홍길동전」, 「춘향전」 등
사설시조	서민의 감정 꾸밈없이 표현
한문학	• 사회의 부조리한 현실 비판 • 「양반전」, 「허생전」 등
시사	• 중인·서민층의 창작활동
진경산수화·민화·풍속화	조선 후기에 이르러 유행

기출문제

11회 25번

다음 그림이 그려진 시기의 경제 상황에 대한 설명으로 옳지 않은 것은? [2점]

① 전국적으로 개설된 장시가 지방민의 교역 장소 역할을 하였다.
② 정부는 필요한 물품을 공급받기 위해 한양에 시전을 처음 설치하였다.
③ 경영 전문가인 덕대가 물주에게 자본을 조달받아 광산을 경영하였다.
④ 국경 지대를 중심으로 공무역인 개시와 사무역인 후시가 이루어졌다.
⑤ 지주나 대상인들이 화폐를 고리대나 재산 축적에 이용하기도 하였다.

해설 >> 제시된 자료는 조선 후기 사회 모습을 그린 김홍도의 그림이다. 조선 후기와 관련하여 일어난 사회, 경제적 변화를 알고 있는지를 묻는 문제이다.
② 조선 건국 초(14세기)에 시전이 설치되었다.
① 조선 후기에 장시는 크게 발전하였다.
③ 조선 후기에는 덕대가 물주에게 자본을 조달받아 광산을 경영하였다.
④ 조선 후기에 국경지대에 '개시'와 '후시'가 개설되었다.
⑤ 조선 후기 널리 유통된 상평통보는 고리대나 재산 축척에 사용되면서 전황이 발생하기도 하였다.

자료쏙쏙!

>>>> 조선 후기 도시(정조 13년)

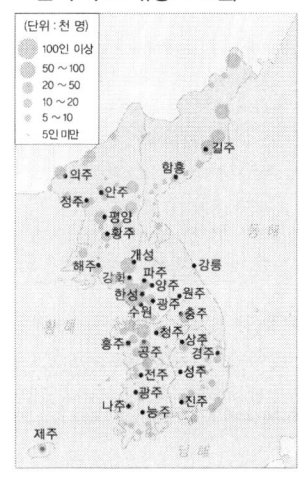

→ 정답 ②

자료쏙쏙!

>>>> **풍속화**

풍속화는 일반적으로 민속에 얽힌 관습적인 그림이나 오랜 역사를 통하여 사회의 요구에 따라 같은 주제를 되풀이하여 그린 생활화를 말한다. 비전문적인 화가나 일반 대중들의 작품 등을 일컫는 말로 쓰인다. 하지만 넓은 의미에서는 직업 화가인 도화서의 화원이나 화가로서의 자질과 소양을 갖춘 화공이 그린 그림도 포함시켜 말하고 있다.

예상문제

다음 그림이 그려진 시기의 경제 상황에 대한 설명으로 옳지 <u>않은</u> 것은? [2점]

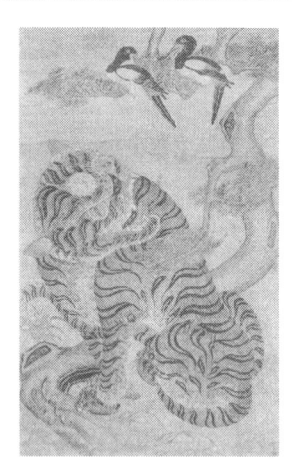

① 선상, 객주, 여각 등이 활발하게 상행위를 하였다.
② 쌀의 상품화 현상으로 밭을 논으로 바꾸는 일이 자주 발생하였다.
③ 이앙법의 보급으로 인해 광작이 실시되었다.
④ 금난전권으로 시전상인들은 사상을 억압하였다.
⑤ 상품의 유통이 활발해지고, 상품작물의 재배가 증가하였다.

해설>> 제시된 자료는 조선 후기 대표적인 풍속화가 김홍도의 단원풍속도첩 중 '타작' 이다. 그리고 다른 작품은 민중의 미적감각을 표현하고, 소원 기원, 소박한 정서를 반영한 민화이다.
④ 조선 후기 정조는 금난전권을 폐지하고 통공 정책을 실시하여 재정수입을 늘리고 상공업을 진흥시켰다.
① 조선 후기에 포구가 세곡이나 소작료를 운송하는 기지로서 역할을 하게 되고, 18세기 상업의 중심지로 성장하게 되면서 선상, 객주, 여각 등이 활발하게 상행위를 하였다.
② 조선 후기에 쌀의 상품화 현상으로 밭을 논으로 바꾸는 일이 자주 발생하였다.
③ 조선 후기에 이앙법으로 노동력이 감소하여 한 농가에서 이전보다 넓은 농토를 경작하게 되면서 광작이 나타나게 되었다.
⑤ 상품의 유통이 활발해지고, 상품작물의 재배가 증가하였다.

→ 정답 ④

예상문제

밑줄 친 '주역'에 대한 설명으로 옳은 것은? [2점]

농업사회 유통 경제의 중심적 역할을 담당해 온 주역으로 동가식서가숙하며, 조선 팔도를 떠돌며 치열한 삶을 살아 왔던 그들은 우리 민족만의 고유한 형태로 자생되어 내려 온 삶의 한 축이며 우리의 얼과 정신을 담은 구체적 생활양식이며 기층문화이다.

① 운송업에 종사하면서 거상이 되었다.
② 주로 대외무역에 깊이 관여하여 부를 축적하였다.
③ 농촌의 장시를 하나의 유통망으로 연계시켰다.
④ 정부로부터 금난전권을 받아 사상을 억압하였다.
⑤ 포구를 거점으로 운반업과 금융업도 하였다.

해설 》 제시된 사진 자료를 통해 보부상임을 알 수 있다. 그리고 제시된 지문의 '농업사회 유통 경제의 중심적 역할', '조선팔도를 떠돌며 치열한 삶' 등의 표현을 통해서도 보부상임을 알 수 있다.
③ 보부상은 농촌의 장시를 하나의 유통망으로 연계시킴으로서 상품의 원활한 유통을 담당하는 역할을 하였다.
① 운송업에 종사하면서 거상이 된 것은 선상과 관련이 있으며, 대표적으로 경강상인이 있다.
② 의주의 만상, 동래의 내상, 개성의 송상은 대외무역에 깊이 관여하여 부를 축적하였다.
④ 정부로부터 금난전권을 받아 사상을 억압한 것은 시전상인과 관련이 있다.
⑤ 포구를 거점으로 운반업과 금융업은 객주, 여각이 하였다.

자료쏙쏙!

》》》 보부상

보부상이란 나무 그릇, 토기 등의 비교적 조잡한 일용품을 지게에 지고 다니면서 판매하는 등 짐장수를 말하며, 보상은 비교적 값비싼 필묵, 금·은·동제품 등을 보자기에 싸서 들고 다니거나 질빵에 걸머지고 다니며 판매하는 봇짐장수를 가리킨다.

→ 정답 ③

14일차

33회 출제

나무아미타불 관음보살!!! 나무아미타불 관음보살!!!

출제핵심포인트

- 삼국시대에서는 불교를 공인한 왕들을 숙지해야 합니다.
- 통일신라시대에서는 각 스님들의 업적 및 사상을 구분하고 이해해야 합니다.
- 고려시대 불교의 특징을 알고 있어야 하며, 특히 의상 vs 지눌의 사상을 구분할 수 있어야 합니다.

01 삼국불교의 발전

① 고구려 ··· **소수림왕**(372)이 불교를 전진으로부터 수용하고 공인

② 백제 ··· **침류왕**(384)이 불교를 동진으로부터 수용하고 공인

③ 신라
  ㉠ 법흥왕(535)때 이차돈의 순교로 불교 공인 : 귀족들이 전통사상과 마찰을 일으키는 불교를 반대하여 공인이 늦어짐
  ㉡ 왕권과 밀착하여 여러 왕들이 불교식 이름 가짐(법흥왕~진덕여왕)

④ 삼국불교의 역할 및 특징
  ㉠ 왕실·귀족불교
  ㉡ 호국불교 : 고대국가의 정신적 통일에 이바지
  ㉢ 현세구복적 성격 : 현세의 고통과 재앙에서 벗어나고자 함
  ㉣ 샤머니즘적 성격
  ㉤ 새로운 국가정신 확립 + 강화된 왕권을 이념적으로 뒷받침

자료쏙쏙!

>>>> 이차돈 순교비

- 이차돈을 기념하기 위해 지은 절에 그의 행적을 비석에 새김
- 비석의 한 면에는 이차돈의 순교 장면을 극적으로 묘사

02 통일신라의 불교 발전

12회 출제

30회 중급 8번	25회 중급 12번	22회 중급 8번	21회 중급 10번	20회 중급 7번
17회 중급 7번	11회 중급 45번	10회 3급 9번	10회 4급 13번	7회 3급 10번
7회 4급 10번	6회 3급 9번			

① 원효(617~686)
  ㉠ 불교의 사상적 이해 기준 확립
  ㉡ 「대승기신론소」, 「금강삼매경론」 : 거의 모든 불교서적의 이해를 바탕으로 저술
  ㉢ 「십문화쟁론」 : **일심사상을 바탕**으로 다른 종파들과 사상적 대립의 조화 및 극복(화쟁사상)
  ㉣ **불교의 대중화**
    • **아미타신앙을 직접 전도** → 일반인에게 전파
    • 누구나 진심으로 염불하면 극락정토에 갈 수 있다고 함(나무아미타불)

② 의상(625~702)
  ㉠ 화엄사상(모든 존재가 상호 의존적인 관계에 있으면서 서로 조화를 이룸)
    • 당에서 화엄종을 배우고 귀국 → 화엄사상을 바탕으로 화엄종 개창
    • 많은 제자 양성 및 **부석사 건립**
    • 「화엄일승법계도」를 저술하여 화엄사상 정립
  ㉡ 관음사상 : 아미타신앙과 함께 현세의 고난을 구제받고자 하는 관음사상 이끎

③ 혜초(704~787)
  ㉠ **당나라 바닷길로 중앙아시아, 인도 등 여러 나라 순례**
  ㉡ 「왕오천축국전」**(기행문)** : 8세기 인도와 중앙아시아의 자연환경, 문화, 역사, 사회풍습 등을 알려줌

자료쏙쏙!

>>>> **원효의 화쟁사상**
불교의 길은 일심(一心)으로 귀환케 하는 데 있는데, 그러기 위하여 긍정과 부정의 두 면이 있게 됨은 자연스러운 현상임을 깨달아야 한다. 모든 인간은 평등하며, 성불할 수 있다.

>>>> **의상의 화엄사상**
일(一)안에 일체(一切)요, 다(多)안에 일(一)이 곧 일체(一切)요, 다(多)가 곧 일(一)이다. 한 찰나가 곧 영원이다. 셀 수 없이 많은 것이 있지만 그것도 실은 하나이다.

>>>> **영주 부석사 무량수전**

주심포 양식 + 배흘림 양식 기둥

자료쏙쏙!

>>>> **왕오천축국전 원본**

두루마리 필사본으로 한 행에 27~30자가 쓰여 있다.

〈혜초의 서역기행 경로〉

>>>> **화순 쌍봉사 철감선사 승탑**

신라 하대에 **선종사상**이 퍼지면서 승탑(승려의 사리를 봉안) + 탑비 (승려의 일대기를 기록)가 유행

03 신라 하대의 불교 발전

05회 출제

| 23회 중급 8번 | 16회 11번 | 5회 4급 8번 | 4회 3급 12번 | 1회 3급 8번 |

① 선종

㉠ 신라 말 귀족사회 분열 심화 + 지방세력 성장 → 기반 확대

㉡ 실천적인 경향
- 교리보다는 개인의 정신 수양을 통한 해탈을 강조
- **'참선과 실천 수행을 통해 깨달음을 얻으면 누구나 부처가 될 수 있다'**

㉢ 개혁적인 성격 : 기존 교종체제(경전의 이해를 통해 깨달음 추구)를 뒤엎는 혁신적인 것

㉣ 호족의 이념적 지주 : 선종의 개인주의적 경향은 독자적 세력을 구축하려는 호족에게 부합

㉤ 9산 선문(호족과 백성의 환영) : 유학파 승려들이 들여온 선종과 호족세력의 결합으로 각 지방에 근거지 마련

04 고려 시대의 불교 발전

14회 출제

24회 중급 11번	28회 중급 12번	18회 중급 6번	15회 중급 14번	14회 중급 4번
11회 중급 45번	10회 4급 13번	9회 3급 13번	8회 3급 31번	5회 3급 12번
4회 3급 23번	3회 3급 19번	2회 4급 21번	1회 3급 38번	

① 의천(1055~1101)
  ㉠ 교단통합운동
   • **교종을 중심으로** 선종을 통합할 것을 주장
   • **흥왕사**를 화엄종의 근거지로 두고, 교단통합운동 전개
   • 선종과 교종을 함께 갖추는 **내외겸전**의 조화 중시
  ㉡ 해동 천태종 창시
   • **개경 국청사**를 중심으로 **천태종 창시** 및 **천태교학 강의 시작**
   • 고려 중기 왕실과 문벌귀족들의 지원을 받아 크게 번창
   • 이론과 실천을 강조하는 교관겸수를 제창

   ≫ 머릿속에 **쏙쏙!**

   "교종을 공부하는 사람은 내적인 것을 버리고 외적인 것을 구하는 경향이 강하고, 선종을 공부하는 사람은 외적인 대상을 잊고 내적으로만 깨치려는 경향이 강하다. 이는 양 극단에 치우친 것으로, 양자를 고루 갖추어 안팎으로 모두 조화를 이루어야 한다."

   * 의천은 외적인 공부(교종) + 내적인 공부(선종)을 모두 갖추는 **내외겸전(內外兼全)**을 주장하였다.

   "관을 배우지 않고 경만 배우면 비록 오주의 인과를 들었더라도 삼중의 성덕에는 통하지 못하며 경을 배우지 않고 관만 배우면 비록 삼중의 성덕을 깨쳤으나 오주의 인과를 분별하지 못한다. 그런즉 관도 배우지 않을 수 없고 경도 배우지 않을 수 없다."

   * 교는 계속 배워 나가는 교종의 방법을 말하고, 관은 단번에 보고 깨닫는 선종의 방법으로 둘을 함께 수양하자는 **교관겸수(敎觀兼修)**를 의천이 주장하였다.

  ㉢ 기타
   • 문종의 넷째 아들이자 숙종의 아우
   • 화폐 제작 및 유통 주장
   • 교장도감 설치 및 속장경 제작
     * 신편제종교장총록: 속장경 간행할 때 만든 불서 목록
   • 의천 사후 교단 분열→귀족 불교가 지속됨

자료쏙쏙!

≫≫≫ 대장경

초조대장경 (1011~1087)	• 거란 침입의 격퇴 의지 담아 제작 • 몽골 2차 침입 때 소실
속장경 (1073~1096)	의천 주도로 송·요 대장경 주석서 모아 편찬
재조대장경· 팔만대장경 (1236~1251)	• 몽고의 침입의 격퇴 의지 담아 제작 • 현재 합천 해인사에 보관 중

≫≫≫ 고려의 농민 공동 조직 및 불교 행사
  3회 출제(13회 중급 13번, 12회 21번, 6회 3급 14번)

매향	• 불교적인 신앙 조직에서 기원 • 향나무를 땅에 묻고 세운 것 • 미륵을 만나 구원 받고자 하는 염원(내세의 행운+국태민안)
팔관회	• 연등회와 함께 고려 2대 국가 의식 • 국가 및 왕실의 태평 기원 • 여진과 송·일본의 상인들도 참석(국제무역교류의 장) • 비용 마련 위해 기금 조성 • 불교·도교·민간 신앙이 결합된 국가 행사

자료쏙쏙!

>>>> 사천 흥사리 매향비

>>>> 보조국사 지눌의 부도

송광사에 위치한 지눌의 부도

>> 머릿속에 **쏙쏙!**

돈이라고 하는 것은 몸은 하나이지만 기능은 네 가지입니다. 첫째로 하늘과 땅처럼 만물을 완전하게 덮고 받쳐 줍니다. 둘째로 돈은 샘처럼 끝없이 흘러 한이 없습니다. 셋째로 돈을 민간에 퍼뜨리면 위와 아래에 골고루 돌아다녀 영원히 막힘이 없게 됩니다. 넷째로 돈은 이익을 가난한 사람과 부자에게 나누어 주는데, 그 날카로움이 칼날과 같아 매일 써도 둔해지지 않습니다.

의천, 「대각국사문집」

* 위와 같은 의천의 건의로 활구, 삼한통보, 해동통보 등의 화폐가 제작되었지만 큰 성과를 거두지는 못하였다.

② **지눌**(1158~1210)
  ㉠ 수선사 결사운동
  - **선종을 중심**으로 교종을 통합할 것을 주장
  - **송광사를 중심에 둔 수선사 결사 제창**
  - 승려 본연의 자세로 돌아가 선(禪)수행과 노동에 힘쓰기 강조(불교계 정화운동)
  - 무신 정권의 후원을 받음
  ㉡ 지눌의 조계종
  - **정혜쌍수**를 바탕으로 철저한 수행 강조
  - 단번에 깨닫고, 꾸준한 실천을 강조하는 **돈오점수** 주장

>> 머릿속에 **쏙쏙!**

지금의 불교계를 보면 아침저녁으로 행하는 일들이 비록 부처의 법에 의지하였다고 하나, 자신을 내세우고 이익을 구하는 데 열중하며, 세속의 일에 골몰하고 있다. ……하루는 같이 공부하는 사람 10여 명과 마땅히 명예와 이익을 버리고 산림에 은둔하여 신앙 결사를 맺자고 약속하였다. 항상 선을 수행하고 지혜를 쌓는 데 힘쓰고, 예불하고 경전을 읽으며 힘들여 일하는 것에 이르기까지 각자 맡은 바 임무에 따라 경영하기로 약속하였다.

「권수정혜결사문」

* **정혜결사는 지눌이 만든 신앙결사단체이다.** 무신 정권기에 불교계 모순에 대한 반성과 자각으로 결사를 맺어 실천하고자 하는 활동이 활발하였다.

정혜쌍수(定慧雙修)
"선(禪)은 부처의 마음이요, 교(敎)는 부처의 말씀이다. 깨닫는 것[悟]과 수련하는 것[修]은 분리될 수 없으며, 정(定)과 혜(慧) 또한 같이 닦아야 한다."

* 정(참선) + 혜(지혜)로 양자를 겸하여 수행하는 것을 말한다. 또한 '정'을 '혜'보다 앞에 두어 선의 입장에서 교를 포용하고 있다.

돈오점수(頓悟漸修)

"지금까지 내 마음(얼음)이 부처의 마음(물)인줄 몰랐는데 그것을 문득 깨달았다. …… 중생들은 자기가 스스로 만들어 놓은 관념의 감옥에서 벗어나지 못하기 때문이다. 잘못된 사고에서 벗어나려면 꾸준히 수행을 해야 한다."

* 돈오(단번에 깨달음) + 점수(오래 갈고 닦음)
즉 단번에 깨우친 후 이를 바탕으로 계속적으로 수행하여 번뇌를 차차 소멸시켜 가는 것을 말한다.

③ 혜심(1178~1234)
  ㉠ 수선사 2대 교주(지눌의 제자)
  - **유·불 일치설을 주장하여 성리학 수용의 사상적 토대 마련**
  - 유교와 불교의 통합을 시도하여 심성 도야 강조(유교와 불교의 근본은 다르지 않음)

④ 요세(1163~1245)
  ㉠ 백련결사 제창(천태종)
  - **백련사에서 신앙결사 운동 전개**
  - 천태교학의 법화사상을 이론적 기반 + 정토신앙 수용 → 자신의 행동을 진정으로 참회하는 법화신앙에 중점

⑤ 원 간섭기 이후 불교 쇠퇴 … 불교계 정화운동(결사운동) 단절 + 백련사 변질 → 불교의 쇠퇴

05 조선 시대의 불교

01회 출제
12회 중급 22번

① 기본적으로 숭유억불책(불교억압)

② 세조 때 간경도감(불경 간행 및 한글로 번역하여 보급) + 원각사지 10층 석탑 건립

③ 문정왕후의 불교 회복 정책(보우 중용)

④ 임진왜란 때 승병들의 활약

자료쏙쏙!

〉〉〉〉 혜심의 유·불일치설

"부처님이 말씀하시기를 나는 두 성인을 중국에 보내어 교화를 펴리라 하였다. 한 사람은 노자로, 그는 가섭 보살이요, 또 한 사람은 공자로 그는 유동 보살이다." 이 말에 의하면 유(儒)와 도(道)의 종은 부처님의 법에서 흘러온 것이다. 방편은 다르나 진실은 같은 것이다. 공자는 "삼(參)아, 내 도는 하나로 꿰었다."하였고, 또 "아침에 도를 들으면 저녁에 죽어도 좋다"하였다.
「기세세경」

※ 혜심은 유·불 일치설을 통해 장차 성리학을 수용할 수 있는 사상적 토대를 마련하였다.

〉〉〉〉 월인석보

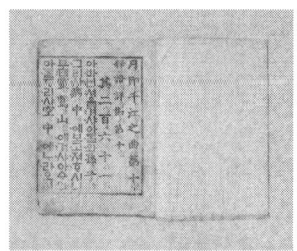

「월인석보」는 「월인천강지곡」과 「석보상절」을 합하여 세조 5년(1459)에 간경도감에서 편찬한 불교 대장경이다.

자료쏙쏙!

>>>> 의상대사 영정

→ 정답 ⑤

06 근대사회의 불교

01 회 출제
18회 중급 41번

한용운…'조선불교유신론' 제창→통감부의 불교 예속화 정책+일본 불교 침투에 맞섬, 불교의 자주성 회복 및 미신적 요소를 제거한 근대적 개혁운동 전개

기출문제   6회 3급 9번

밑줄 그은 '그'의 불교 사상에 대한 설명으로 가장 적절한 것은? [2점]

> 10여 년 후, 깨달음을 얻은 그는 귀국길에 오르기 전 선묘를 찾아갔지만, 만나지 못해 결국 떠날 수밖에 없었습니다. 뒤늦게 달려온 선묘는 통곡하며 바닷물에 몸을 던져 용이 되었습니다. 그녀는 용이 되어 그의 귀국길을 보호했습니다. 귀국 이후 그는 왕의 명을 받들어 사찰을 세우게 되었는데, 다른 종파의 방해가 심했습니다. 그러자 선묘는 큰 바윗돌로 변하여 그들의 머리 위에 떠서 방해를 막았습니다. 그렇게 뜬 바위가 된 선묘를 기리기 위해 '뜬바위'라는 의미로 부석사라고 이름을 정하게 되었습니다.

① 누구나 정성으로 염불하면 극락정토에 갈 수 있다고 하셨다.
② 이론의 연마와 실천을 아울러 강조하는 교관 겸수를 주장하였다.
③ 비보사찰(裨補寺刹)의 건립을 통해 국가와 왕실이 번영한다고 하였다.
④ 꾸준한 수행으로 깨달음의 확인을 아울러 강조하는 돈오점수를 주장하였다.
⑤ 모든 존재가 상호 의존적인 관계에 있으면서 서로 조화를 이루고 있다고 보았다.

해설》 부석사를 창건하고 선묘낭자와의 설화와 관련된 '그'는 7세기 신라에서 활약하였던 의상대사이다.
⑤ 의상은 모든 존재가 상호 의존적 관계에 있으며 서로 조화를 이루고 있다는 화엄 사상을 정립하여 이를 바탕으로 교단을 형성했다.
① 누구나 정성을 다해 염불하면 극락정토에 갈 수 있다는 아미타신앙을 주장하며 불교의 대중화에 이바지한 사람은 원효이다.
② 교관겸수를 제창한 사람은 11세기 고려의 불교 통합 운동을 이끌었던 의천이다.
③ 비보사찰은 도선의 풍수지리설의 영향을 받아 전국의 명처명산에 세운 절이다.
④ 돈오점수와 정혜쌍수를 주장한 사람은 지눌이다.

예상문제

다음 (가), (나)는 고려 시대의 대표적인 승려가 주장한 것이다. 이에 대한 설명으로 옳은 것을 〈보기〉에서 고른 것은? [2점]

(가) 정원 법상에게서 교관(敎觀)을 배웠다. 법사는 훈시하되 "관(觀)을 배우지 않고 경(經)만 배우면 비록 오주의 인과를 들었더라도 삼중의 성덕에는 통하지 못하며, 경을 배우지 않고 관만 배우면 비록 삼중의 성덕을 깨쳤으나 오주의 인과를 구별하지 못한다. 그런 즉 관도 배우지 않을 수 없고, 경도 배우지 않을 수 없다."라고 하였다.

(나) 하루는 같이 공부하는 사람 10여명과 약속하였다. 마땅히 명예와 이익을 버리고 산림에 은둔하여 같은 모임을 맺자. 항상 선을 익히고 지혜를 고르는 데 힘쓰고, 예불하고 경전을 읽으며 힘들여 일하는 것에 이르기까지 각자 맡은 바 임무에 따라 경영한다. 인연에 따라 성품을 수양하고 평생을 호방하게 고귀한 이들의 드높은 행동을 따른다면 어찌 통쾌하지 않겠는가.

자료쏙쏙!

》》》 의천과 지눌

대각국사 의천 (숙종)	보조국사 지눌 (신종)
• 교관겸수 : 교종의 입장에서 선종 통합 • 지관 : 잡념을 그치고 지혜로 사물을 관조	• 정혜쌍수 : 선과 교학을 나란히 수행하되, 선을 중심으로 교학을 포용 • 돈오점수 : 단번에 깨닫고 꾸준히 실천하자는 주장

| 보기 |

㉠ (가)는 왕실의 지지를 (나)는 무신정권의 지지를 받았다.
㉡ (가)는 개경 국청사를 중심으로 천태종을 창시하였다.
㉢ (나)는 유교와 불교의 근본이 다르지 않다고 주장하였다.
㉣ (가), (나)는 교종의 입장에서 선종을 통합하려고 하였다.

① ㉠, ㉡   ② ㉠, ㉢
③ ㉡, ㉢   ④ ㉡, ㉣
⑤ ㉢, ㉣

해설 》 제시된 자료는 고려 시대 승려인 의천과 지눌에 대한 설명을 하고 있다. (가)는 의천에 대한 설명이고 (나)는 지눌에 대한 설명이다. 따라서 고려시대 불교 종파에 대한 이해를 묻는 문제이다.

㉠ 의천은 왕자 출신이기에 왕실의 후원을 받았다. 지눌의 활동 시기는 무신 정권 시기였으므로 무신 정권의 후원을 받았다.
㉡ 의천은 개경의 국청사를 중심으로 천태종을 창시하고 천태교학 강의를 본격적으로 시작하였다.
㉢ 혜심은 유교와 불교의 근본이 다르지 않다고 주장하여 장차 성리학을 수용할 수 있는 사상적 토대를 마련하였다.
㉣ 의천과 지눌 모두 교종과 선종을 통합하려 했다. 하지만 의천은 교종이 중심이 된 통합을 위해 교관겸수를 주장하였고 지눌은 선종이 중심이 된 통합을 위한 정혜쌍수와 돈오점수를 주장하였다.

→ 정답 ①

15일차

28회 출제

백성이 잘 사는 나라를 꿈꾸었던 실학자를 살펴볼까요?

자료쏙쏙!

출제핵심포인트

- 중농학파와 중상학파의 주장을 알고 있어야 합니다.
- 주요 실학자들이 주장한 개혁론을 이해하고 의미를 알고 있어야 합니다.
- 실학자들과 관련된 사료를 해석하고, 지니고 있는 의미를 알고 있어야 합니다.

실사 구시 학파(국학중시)

안정복: 「동사강목」
신경준: 「훈민정음운해」
유득공: 「발해고」
이중환: 「택리지」
김정희: 「금석과안록」
김정호: 「대동여지도」

28회 출제

29회 중급 27번	28회 중급 31번	27회 중급 29번	26회 중급 23번	25회 중급 32번
24회 중급 23번	21회 중급 26번	20회 중급 25번	19회 중급 23번	18회 중급 26번
17회 중급 27번	15회 중급 24번	13회 중급 23번	12회 중급 30번	9회 3급 28번
9회 4급 22번	9회 4급 33번	8회 3급 37번	8회 4급 48번	7회 3급 21번
6회 3급 28번	5회 4급 32번	4회 4급 17번	3회 3급 32번	3회 4급 43번
2회 3급 30번	2회 4급 27번	1회 4급 30번		

실학자들의 화이관

오늘날의 중국은 대지 가운데 한 조각의 땅에 지나지 아니한다. 중화를 귀하게 여기고 오랑캐를 천하게 여기는 것은 옳지 않다. 옛날부터 유학자들은 언제나 중화와 이적을 엄격히 구분하였고, 중국 땅에서 태어나지 않으면 다 오랑캐라 하는데, 이것은 통할 수 없는 이론이다. 하늘이 어찌 지역을 가지고 인간을 구별할 수 있겠는가? 무릇 이미 동서남북의 한가운데 중이 있으니 어디를 가나 중국인데, 어찌 우리나라를 동국이라 부르는가? 또, 가는 곳마다 중국인데, 무엇으로써 중국이라 부르는가?

「성호사설」

※ 제시문은 이익이 저술한 성호사설 중 일부이다. 이를 통해 중국 중심의 전통적 화이관에서 벗어난 실학자들의 의식을 볼 수 있다.

01 실학이란?

① 등장배경
  ㉠ 17~18세기 사회경제적 변동에 따른 사회모순에 해결책을 모색하면서 대두
  ㉡ 서양에서 전래된 과학적 지식과 청나라 고증학의 영향
  ㉢ 현실을 실증적인 논리로 분석하여 자신의 개혁론을 제시하는 진보적 지식인 등장

② 성격
  ㉠ 중국 중심 사고에서 벗어나 우리 문화 독자성 강조
  ㉡ 사회 개혁과 생산력 증대를 통한 근대사회 지향
  ㉢ 피지배층의 입장의 이해와 권익신장에 힘씀

③ 학파

중농학파	중상학파
농민 생활의 안정을 위해 농촌 사회의 모순을 해결하여 부국강병을 이루고자 하였음	상공업을 중시하고, 청의 발달한 문물을 받아들일 것을 주장하였으므로 북학파라고도 하였음(후에 개화사상에 영향)

④ 한계⋯ **국가 정책에 반영되지 않음**

02 농업 중심의 개혁론(중농학파, 경세치용학파)

① 유형원(1622~1673)
  ㉠ 저서 : 「**반계수록**」은 국가 운영과 개혁에 대한 견해를 담은 책으로 중농실학 사상을 체계화
  ㉡ 토지개혁 및 제도개혁
  • **균전론**을 주장하여 관리·선비·농민 등 신분(사·농·공·상)에 따라 **토지 차등 분배 주장**
  • 자영농 육성 및 병·농 일치 국방체제 주장
  • **양반 문벌제도·과거제도·노비제도의 모순 비판**
    * 노비제를 비판하지만, 양반제도의 폐지는 주장 못함(사상적 한계)

》 머릿속에 **콕콕**!

> 옛날 정전법은 아주 이상적인 제도이다. 토지 경영이 바로 잡히면 모든 일이 제대로 될 것이다. 백성은 일정한 직업을 가지게 되고, 군사 행정에는 도피자를 찾는 폐단이 없어지며, 귀천상가가 모두 자기 직책을 가지게 될 것이므로 민심이 안정되고 풍속이 도타워질 것이다. …… 농부 한 사람이 1경의 토지를 받으며 법에 따라 조세를 내고, 매 4경마다 군인 1인을 내게 한다. 사(士)로서 처음 학교에 입학한 자는 2경의 토지를 받고, 내사에 들어간 자는 4경을 받되 병역 의무를 면제한다. …… 관료는 모두 병역 의무를 면제하며, 현직에 근무할 때는 녹을 별도로 받는다. 퇴직하였을 때는 받은 토지로 생계를 유지한다.
> 「반계수록」

* 유형원은 토지국유제를 전제로 하여 농민 장정 1인당 1경의 토지를 지급하고, 선비와 관리에게는 2~12경의 토지를 차등 지급하자고 주장하였다.

② 이익(1681~1763)
  ㉠ 저서
  • 「**성호사설**」에서 한국과 중국 문화를 백과사전식 소개 및 비판
  • 「곽우록」에서 국가의 여러 당면문제 해결방법 제시
  ㉡ 학파 : 성호(이익)학파 형성(정약용, 이긍익, 안정복 등 양성)

자료 쏙쏙!

》》》 유형원

> 우리나라의 노비법은 오직 그 혈통을 조사하여 자손대대로 노비가 된다. 설령 노비 중 뛰어난 인물이 태어나도 남의 노비가 되고 마니 어찌된 도리인가. 이런 폐단을 변통한다 하여 지금까지의 노비를 갑자기 모두 혁파하는 것은 아니고 단지 당대의 노비에 그치고 노비세습제를 혁파하는 것이다.
> 「반계수록」

※ 유형원은 노비세습제를 비판하였지만 양반제도 자체의 폐지까지는 이어지지 못하였다.

》》》 이익

> 국가에서 일가 소요의 기준량을 정하여 그에 상당한 전지를 한정하고, 1호에 영업전을 지정해 주어 그 매매는 금하나 제한된 영업전 이외의 전지는 매매를 허락하여 점차로 토지 소유의 평등을 이루도록 하자는 것이다. 즉, 영업전 이외의 전지만 매매로 이동될 뿐 토지겸병 등의 폐단이 없어져 균등하게 토지가 분배된다는 것이다.
> 「성호사설」

※ 이익은 기본적인 생활을 유지하는데 필요한 영업전을 할당하고 매매를 금지하며, 영업전 외의 토지에 대해서만 매매를 허용하는 한전론을 주장하였다.

자료 쏙쏙!

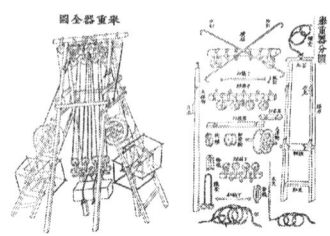

>>>> 거중기 및 분해도

좌측은 「화성성역의궤」에 나오는 거중기의 전도이며, 우측은 분해도이다.

>>>> 한강 배다리

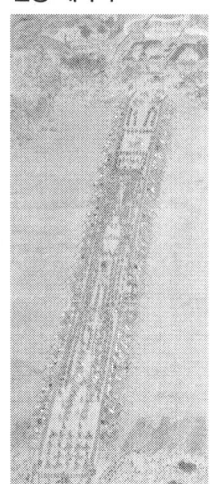

ⓒ 토지개혁(한전론)
- 생계유지에 필요한 토지를 **영업전**으로 정하여 매매를 금하고 나머지 토지만 매매 허용
- 점진적 토지 소유의 평등화 주장→모든 농민의 토지 소유를 주장

ⓔ 사회·경제개혁
- 육두론 통해 국가의 **6가지 좀 지적**(양반문벌제도·노비제도·과거제도·사치와 미신숭배·승려·게으름)
- 폐전론 주장(고리대와 화폐의 폐단)

③ **정약용**(1762~1836)

㉠ 저서 : 「**여유당전서**」, 정약용의 글과 저서를 모아놓은 전집

경세유표	정치제도의 폐해를 지적하고 개혁의 의견을 서술 (중앙행정 개혁안)
목민심서	수령이 지켜야 할 지침을 밝히면서 관리들 폭정 비판 (지방행정 개혁안)
흠흠신서	사람이 죽은 사건의 죄와 벌의 해설과 법 절차 서술 (사법제도 개혁안)
탕론, 원목, 전론	민본적 왕도정치론 및 이상적 통치자 제시, 여전론→정전론 주장
아방강역고	우리나라 영토·국경을 문헌 중심으로 밝히고, 문헌의 내용 고증
마과회통	마진(홍역)의 치료에 관한 의서

㉡ 토지개혁

여전론	• 농지의 공동소유와 공동경작, 노동력에 따라 분배하는 집단농장형태 제시 • 토지확보가 되지 않아 사실상 실현 불가
정전론	• 여전론의 대안(국가 장기적으로 토지매입) • 전국 토지 국유화하여 정전을 편성하여 그 중 9분의 1을 공전으로 하여 조세를 충당하고 나머지는 농민에 분배(빈농분배·자영농 육성)

>> 머릿속에 **콕콕!**

이제 농사짓는 사람은 토지를 가지고 농사짓지 않는 사람은 토지를 가지지 못하게 하려면 여전제를 실시하여야 한다. …… 산골짜기와 시냇물의 지세를 기준으로 구역을 획정하여 경계를 삼고, 그 경계선 안에 포괄되어 있는 지역을 1여(閭)로 한다. 1여마다 여장을 두며, 무릇 1여의 인민이 공동으로 경작하도록 한다. …… 여민들이 농경하는 경우, 여장은 매일 개개인의 노동량을 장부에 기록하여 두었다가 가을이 되면 오곡의 수확물을 모두 여장의 집에 가져온 다음 분배한다.

「여유당전서」

* **정약용**은 한 마을 단위로 공동경작 및 노동량에 따라 수확량을 분배하는 **여전론을 주장**하였다.

ⓒ 정치개혁: 민본적 왕도정치 주장(백성의 이익과 의사가 적극 반영되는 방안 제시)

ⓔ 과학사상
- **거중기**(기기도설 참고)를 사용하여 수원화성 설계
- 한강에 배다리(주교)설계

03 상업 중심의 개혁론(중상학파, 북학파, 이용후생학파)

① 유수원(1694~1755)
ⓐ 저서: 「우서」에서 우리나라와 중국 문물제도 비교하여 전반적인 개혁안 제시
ⓑ 상공업론
- **사·농·공·상의 직업적 평등화**와 전문화 주장
- 상공업 진흥과 기술혁신의 강조

자료쏙쏙!

>>> 유수원

지금 양반이 명분상으로 상공업에 종사하는 것을 부끄러워하지만 그들의 비루한 행동은 상공업자보다 심한 자가 많다. 학문이 없어도 세력만 있으면 부정하게 과에 합격하고… 상공업을 두고 천한 직업이라 하지만 본래 부정하거나 비루한 일은 아니다. 그것은 스스로 재간 없고 덕망 없음을 안 사람이 관직에 나가지 않고 스스로의 노력으로 물품 교역에 종사하면서 남에게 얻지 않고 자기 힘으로 먹고 사는 것이다. 어찌 천하거나 더러운 일이겠는가.

「우서」

※ 유수원은 중국과 우리의 문물을 비교하였으며, 사·농·공·상의 직업적 평등화와 전문화를 강조하였다.

자료쏙쏙!

>>>> 홍대용

> 천체가 운행하는 것이나 지구가 자전하는 것은 그 세가 동일하니 분리해서 설명할 필요가 없다. 다만, 9만 리의 둘레를 한 바퀴 도는데 이처럼 빠르며, 저 별들과 지구의 거리는 겨우 반 경밖에 되지 않는데도 몇 천만 억의 별들이 있는지 알 수 없는데, 하물며 천체들이 서로 의존하고 상호작용하면서 이루고 있는 우주공간의 세계 밖에도 또 다른 별들이 있다. … 칠정(七政 : 태양, 달, 화성, 수성, 목성, 금성, 토성)이 수레바퀴처럼 자전함과 동시에 맷돌을 돌리는 나귀처럼 둘러싸고 있다.
> 「의산문답」

※ 홍대용은 지전설과 무한우주론을 주장하여 중국 중심의 세계관을 극복할 것을 주장하였다.

② 홍대용(1731~1783)
  ㉠ 저서 : 「임하경륜」, 「의산문답」 등 저술
  ㉡ 과학론
    • 「의산문답」에서 **지전설 주장**(기존 우주관 크게 전환)
    • 중국 중심 세계관 극복 주장
  ㉢ 농업론 · 상공업론
    • 「임하경륜」에서 상업이 천시되는 문벌제도 비판(선비들 생업종사 역설)
    • 성인 남자에게 토지 2결 분배 주장(균전론)

③ 박지원(1737~1805)
  ㉠ 저서
    • **「열하일기」**, 「연암집」 등 저술
    • 「양반전」, 「허생전」 등을 저술하여 양반 문벌제도 비생산성 비판
  ㉡ 농업론 · 상공업론
    • **수레와 선박을 이용 강조**(물류의 효율성)
    • **화폐 유통 강조**(교환의 용이)
    • 한전론에서 상업적 농업 장려, 농기구 개량, 수리시설 확보 강조

>> 머릿속에 쏙쏙!

> 중국이 재산이 풍족하고 한곳에 지체되지 않으며 고루고루 유통되는 것은 모두 수레를 쓴 이익이다. …… 영남 어린이들은 새우젓을 모르고, 관동 백성들은 아가위를 절여 장 대신 쓰며, 서북 사람들은 감과 감자의 맛을 분간하지 못하며, 바닷가 사람들은 새우나 정어리를 거름으로 밭에 내건만 서울에서는 한 움큼에 한 푼을 하니, 이렇게 귀함은 무슨 까닭인가? …… 사방이 겨우 몇 천 리밖에 안 되는 나라에 백성들의 살림살이가 이렇게 가난한 것은 국내에 수레가 다니지 못한 까닭이다.
> 「열하일기」

*박지원은 열하일기에서 **생산유통의 중요성**을 강조하였다.

④ 박제가(1750~1805)
  ㉠ 저서 : 「**북학의**」 저술
  ㉡ 상공업론
    • **수레·선박의 이용 강조**
    • 생산과 소비의 관계를 '우물론'에 비유
    • **절약보다 소비 권장**
    • **북벌론을 비판하고 청 문물 수용 주장**

>>> 머릿속에 **쏙쏙**!

비유컨대 재물은 대체로 샘과 같은 것이다. 퍼내면 차고, 버려두면 말라 버린다. 그러므로 비단옷을 입지 않아서 나라에 비단을 짜는 사람이 없게 되면 여공이 쇠퇴하고, 쭈그러진 그릇을 싫어하지 않고 기교를 숭상하지 않아서 장인이 작업하는 일이 없게 되면 기예가 망하게 되며, 농사도 쇠퇴해져서 그 법을 잃게 되므로 양반·농민·수공업자·상인 사민이 모두 곤궁하여 서로 구제할 수 없게 된다.
「북학의」

* **박제가**는 생산과 소비의 관계를 우물물에 비유하면서 **절약보다는 소비를 권장**하였다.

자료**쏙쏙**!

>>>> 박제가

수레는 하늘을 본떠서 만든 것으로, 땅에서 운행한다. 모든 것을 담을 수 있어서 그 이로움이 실로 엄청나다. 그런데 오직 우리나라에서는 이용하지 않고 있다. 무슨 까닭일까?
옛날에 승상 김육이 평생에 걸쳐 추진했던 정책은 수레와 화폐의 사용, 오직 이 두 가지뿐이었습니다. 이제라도 수레를 사용하도록 한다면, 십 년 이내에 백성이 매우 좋아하게 될 것입니다. …… 비유하자면, 농사란 사람의 창자이고 수레는 혈맥입니다. 혈맥이 통하지 못하면 사람은 윤택해질 수 없습니다.
「북학의」

※ 박제가는 국내시장 육성을 위한 방도로서 중시한 것은 교통의 개선이었다. 그중에서도 수레의 이용을 특히 강조하였다.

자료쏙쏙!

>>> 성호 이익 초상화

기출문제
9회 3급 28번

다음 자료에서 설명하는 인물의 주장으로 옳은 것은? [3점]

- 실증적이며 비판적인 역사 서술을 제시하고, 중국 중심의 역사관에서 벗어나 우리 역사를 체계화할 것을 주장하였다.
- 나라를 좀먹는 여섯 가지 폐단으로 노비 제도, 과거 제도, 양반 문벌 제도, 사치와 미신, 승려, 게으름을 들었다.

① 정전제를 통해 모든 농민들을 자영농으로 육성해야 한다.
② 청과 통상을 강화하여 문물을 적극적으로 수용하여야 한다.
③ 토지 제도의 개혁보다는 농업의 상업적 경영과 기술 혁신이 필요하다.
④ 관리, 선비, 농민 등 신분에 따라 차등 있게 토지를 재분배하여야 한다.
⑤ 영업전은 법으로 매매를 금지하고 나머지 토지만 매매를 허용해야 한다.

해설》 제시된 자료에서 '중국 중심의 역사관에서 벗어나 우리 역사를 체계화 할 것을 주장하는 내용과 '나라를 좀먹는 여섯 가지 폐단을 지적한 것으로 볼 때 '성호 이익'에 대한 설명임을 알 수 있다.
⑤ 이익은 생계유지에 필요한 토지를 영업전으로 정하여 매매를 금하고 나머지 토지만 매매 허용하는 한전론을 주장하였다.
① 정전제를 통해 모든 농민들을 자영농으로 육성하자고 주장한 것은 중국의 전통적 개혁안과 관련있다.
② 청과의 통상을 강화해 문물 수용을 강조한 것은 북학파와 관련있다.
③ 토지제도개혁보다 농업의 상업적 경영, 기술 혁신을 주장한 것은 북학파와 관련있다.
④ 관리, 선비, 농민 등 차등 있게 토지 재분배를 주장한 것은 유형원에 대한 내용이다.

→ 정답 ⑤

예상문제

다음 주장을 한 인물에 대한 설명으로 옳은 것을 〈보기〉에서 고른 것은? [1점]

> 대체로 재물은 비유하건대 샘과 같은 것이다. 퍼내면 차고 버려두면 말라버린다. 그러므로 비단 옷을 입지 않아서 나라에 비단을 짜는 사람이 없게 되면 여공이 쇠퇴하고, 쭈그러진 그릇을 싫어하지 않고 기교를 숭상하지 않아서 수공업자가 도야하는 일이 없게 되면 기예가 망하게 되며, 농사가 황폐하여져서 그 법을 잃게 되므로 사·농·공·상의 4민이 모두 곤궁하여 서로 구제할 수 없게 된다.

| 보기 |

㉠ 「의산문답」에서 지전설을 주장하였다.
㉡ 「우서」를 저술하여 중국과 우리나라의 문물제도를 비교하였다.
㉢ 「북학의」를 저술하고 청의 풍속·제도를 소개하였다.
㉣ 생산과 소비의 관계를 '우물론'에 비유하였다.

① ㉠, ㉡
② ㉠, ㉢
③ ㉡, ㉢
④ ㉡, ㉣
⑤ ㉢, ㉣

해설 》 제시된 자료는 박제가 '북학의'의 일부분이다. 제시된 자료를 통해 박제가를 추론하고, 그가 주장한 북학 사상에 대한 이해를 묻고 있는 문제이다.

㉢ 박제가는 청에 다녀온 후 「북학의」를 저술하여 북벌론을 비판하고 청 문물의 수용을 주장했다. 박제가는 박지원의 주장을 이어받아 수레와 선박의 이용, 대외 교역의 강화, 소비 권장을 통한 생산 자극 등을 강조하였다.
㉣ 박제가는 생산과 소비의 관계를 '우물물'에 비유하며 소비는 생산을 촉진한다고 주장하였다.
㉠ 홍대용은 「의산문답」에서 지전설을 주장하며 중국 중심의 세계관을 극복할 것을 주장하며 민족의 주체성을 강조하였다.
㉡ 유수원은 「우서」를 저술해서 상공업의 진흥과 기술의 혁신을 강조하고, 사농공상의 직업 평등과 전문화를 주장하였다.

→ 정답 ⑤

자료쏙쏙!

16일차

25회 출제

평등과 자주를 외친 동학 농민 운동에 가담해 볼까요?

출제핵심포인트
- 동학의 등장 배경 및 성격, 확대 과정을 이해해야 합니다.
- 동학 농민 운동의 전개 과정을 이해해야 합니다.

자료쏙쏙!

>>>> 동학의 교리와 사상

(한울님이 말씀하시기를)
"내 마음이 곧 네 마음이다. 내가 너에게 무궁한 도를 주노니, 닦고 단련하여 글을 지어서 사람들에게 가르치고 법을 정하여 덕을 펴라."
「동경대전 논학문」

※ 제시된 사료는 최제우가 하느님의 음성을 듣고 하느님과의 문답을 한 것이다.

>>>> 동학 창시자 최제우

01 동학의 발생

06회 출제

26회 중급 27번 | 16회 중급 27번 | 10회 3급 28번 | 9회 4급 35번 | 8회 4급 6번
7회 4급 32번

① 등장 배경
  ㉠ 정치적 부패 + 경제 파탄으로 농민들 새로운 사상 필요
  ㉡ 천주교의 확산이 민족종교 탄생 가속화
  ㉢ **1860년 경주에서 몰락 양반 최제우가 창시**

② 성격
  ㉠ **전통적 민족 신앙(민간 신앙) 바탕 + 유교·불교·도교·천주교 교리**
  ㉡ 기존 성리학 비판 + 부패한 불교 비판 + 천주교 배격 = 동학(東學)
  ㉢ 시천주(侍天主) 사상과 인내천(人乃天) 사상

시천주(侍天主) 사상	인내천(人乃天) 사상
"시(侍)라는 것은 안으로 신령(神靈)이 있고 밖으로 기화(氣化)가 있어서 온 세상사람이 각각 옮기지 못할 것을 아는 것이고, 주(主)라는 것은 존칭해서 부모와 마찬가지로 섬긴다는 것이다" * 최제우가 창시한 동학의 근본사상으로 '하느님을 모시다'는 뜻이다.	"사람이 곧 하늘이라[人乃天]. 그러므로 사람은 평등하며 차별이 없나니 사람이 마음대로 귀천을 나눔은 하늘을 거스르는 것이다. 우리 도인은 모든 차별을 없애고 선사의 뜻을 받들어 생활하기를 바라노라." * "사람이 곧 하늘이다"라는 뜻의 인간 존중 사상을 담고 있다.

  ㉣ 보국안민(輔國安民) : 나라를 돕고 백성을 편안하게 한다.
    제폭구민(除暴救民) : 폭정을 제거하고, 백성을 구한다.
    척왜양창의(斥倭洋倡義) : 일본과 서양을 물리치고 대의를 세운다.
  ㉤ 신분차별 금지, 노비제도 폐지 주장

③ 확산 및 탄압
  ㉠ **삼남 지방**(경상도·전라도·충청도)농민을 중심으로 농촌 사회에 널리 **보급 및 전파**
  ㉡ 정부는 혹세무민(세상을 어지럽히고 백성을 속임)죄로 최제우 처형

02 동학의 성장

① 동학의 확대

》》》 동학 2대 교주 최시형

  ㉠ **2대 교주 최시형 등의 노력**으로 삼남지방 중심으로 교세 확대
  ㉡ **최시형이 교리를 정리하고 교단 조직을 정비**

동경대전(東經大全)	용담유사(龍潭遺詞)
최제우가 순한문체로 지은 동학의 경전(교리 정돈)	최제우가 가사(歌辭)로 지은 자신의 종교적 체험과 사색, 가르침 등을 모아 엮은 책

  ㉢ 포접제 조직으로 교단조직 형성 : 각 지방에 접주(接主)가 각 지방에 설치된 포(包), 장(帳), 접(接)의 교단 통솔

② 교조신원 운동
  ㉠ 의미 : **최제우의 명예회복 운동 및 동학 인정 요구**
  ㉡ 삼례 집회(1차 신원운동, 1892. 11) : 교조 최제우 죽음에 대한 신원회복 및 탐관오리 처벌 요구
  ㉢ 복합 상소(2차 신원운동, 1893. 2) : 교조의 신원과 외국인 철수 요구
  ㉣ 보은 집회(3차 신원운동, 1893. 3)
    • 동학교도와 농민이 참가한 대규모 집회
    • 탐관오리 숙청 및 **척왜양창의** 결의

자료쏙쏙!

>>>> **사발통문**(1893년 11월에 작성)

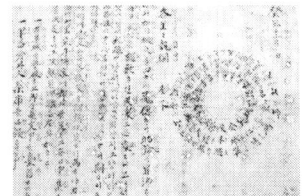

주모자가 드러나지 않게 사발을 엎어서 그린 원을 중심으로 참가자의 이름을 둘러가며 적은 통문이다. (고부 민란 때 사용)

>>>> **백산 창의문**

"우리가 의(義)를 들어 이에 이르렀음은 그 뜻이 결코 다른 데 있지 않다. 백성을 도탄에서 구하고 국가를 반석 위에 두고자 함이라. 안으로는 탐학한 관리의 머리를 베고 밖으로는 횡포한 강적의 무리를 쫓아내고자 함이다. 양반과 부호의 앞에서 고통 받는 민중들과, 방백 수령 밑에 굴욕 받는 아전들은 우리와 같이 원한이 깊은 자다. 조금도 주저하지 말고 이 시각으로 일어서라. 만일 기회를 잃으면 후회를 하여도 미치지 못하리라."

※ 동학 농민 운동 1차 봉기 때 **전봉준**은 백산 창의문(1894.3)을 지어 봉기의 이유를 널리 알렸다.

03 동학 농민 운동의 전개

19회 출제

30회 중급 30번	27회 중급 31번	23회 중급 35번	19회 중급 31번	17회 중급 32번
14회 중급 35번	11회 중급 31번	9회 3급 33번	7회 3급 27번	7회 4급 25번
6회 3급 35번	6회 4급 29번	5회 3급 43번	4회 4급 27번	4회 4급 29번
2회 4급 35번	1회 3급 15번	1회 3급 2번	1회 4급 34번	

① 고부 민란(1894.1.10)
  ㉠ 고부 군수 **조병갑의 횡포**
  ㉡ 전봉준이 **사발통문**을 돌려 농민을 모아 고부 관아 습격
  ㉢ 정부는 조병갑 탄핵 및 안핵사 이용태 파견

② 1차 봉기(반봉건 투쟁, 1894.4)
  ㉠ 안핵사 이용태는 봉기 관련자를 역적으로 몰아 탄압
  ㉡ **전봉준, 김개남 등 백산 재봉기**
  ㉢ **황토현, 황룡촌 전투**에서 농민군 승리
  ㉣ **전주성 점령(4.27)**
  ㉤ **정부**는 전주성 함락 후 **청군에 원군 요청**

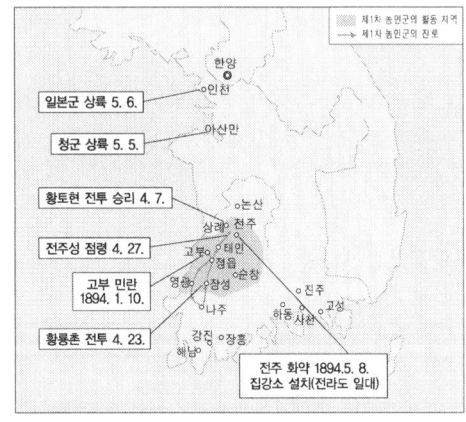

〈1차 농민 봉기〉

  ㉥ 청군이 아산만에 상륙(5.5)하자, 텐진조약을 명분으로 일본군은 인천 상륙(5.6)
  ㉦ 동학농민군은 외국 군대 철수, 폐정개혁안을 조건으로 **정부와 전주화약 체결(5.8)**
  ㉧ **전라도 일대에 집강소 설치**

③ 집강소 시기
  ㉠ 전라도 각 고을에 동학농민군 자치기구 설치(**폐정개혁안 실천**)
  ㉡ 농민의 의사를 모으고 집행하였으며, 치안을 담당
  ㉢ 농민군은 각종 제도를 개혁하고 수탈에 앞장섰던 지주와 부호 처벌

>>> 폐정개혁안 12개조

내용	의미
1. 동학도는 정부와의 원한을 씻고 서정에 협력한다.	왕조 자체는 인정
2. 탐관오리는 그 죄상을 조사하여 엄징한다.	봉건적 지배세력 타파
3. 횡포한 부호를 엄징한다.	봉건적 지배세력 타파
4. 불량한 유림과 양반의 무리를 징벌한다.	봉건적 지배세력 타파
5. **노비 문서를 소각한다.**	봉건적 신분제 폐지
6. 7종의 천인차별을 개선하고 백정이 쓰는 평량갓을 없앤다.	봉건적 신분제 폐지
7. 청상과부의 개가를 허용한다.	여성 지위의 개선
8. **무명의 잡세는 일체 폐지한다.**	조세 제도의 개혁
9. 관리 채용에는 지벌을 타파하고 인재를 등용한다.	능력별 인재 등용
10. 일본인과 몰래 통하는 자는 엄징한다.	반외세·반침략적 성격
11. 공·사채는 물론이고 기왕의 것은 무효로 한다.	농민의 부채 탕감
12. **토지를 농민에게 균등하게 분배하라.**	토지 제도의 개혁

④ 2차 봉기(반외세 투쟁, 1894.9)

㉠ 일본 경복궁 점령(1894.7)

㉡ 일본의 내정간섭 및 개혁 강요

㉢ 동학농민군 재봉기(대일 항쟁)

㉣ **공주 우금치 전투**에서 전봉준의 동학농민군 VS 정부군 + 일본군

㉤ 동학 농민군 패배(1894.11)

㉥ **전봉준 등 지도자 체포 및 사형**(1894.12)

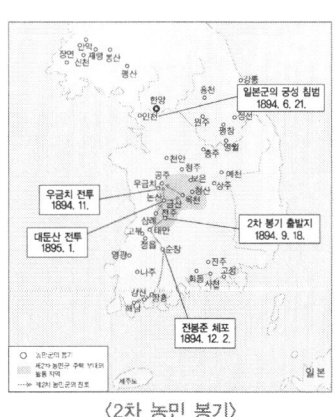

〈2차 농민 봉기〉

자료쏙쏙!

>>>> 동학 농민군 4대 강령

- 사람을 죽이지 말고 물건을 해치지 마라
- 충효를 다하며, 세상을 구하고 백성을 편안케 하라
- 일본 오랑캐를 쫓아버리고 왕의 정치를 깨끗이 하라
- 군대를 몰고 서울로 들어가 권세가와 귀족을 모두 없애라

>>>> 동학 농민 지도자 김개남

>>>> 잡혀가는 전봉준

> 자료**쏙쏙!**

04 동학 농민 운동의 의의 및 한계

① 성격
  ㉠ 반봉건 운동 : 반봉건 성격은 갑오개혁에 영향→성리학적 전통 질서 붕괴 촉진
  ㉡ 반침략 운동 : 잔여세력이 의병운동에 계승되어 구국무장투쟁 강화
② 의의 … 민중 주체의 아래로부터의 개혁 운동
③ 한계
  ㉠ 근대국가 건설을 위한 구체적 방안 제시 없었음
  ㉡ 농민층 이외의 지지기반이 없었음
④ 영향
  ㉠ 청일 전쟁 발발의 계기(전쟁에서 일본 승리→청 세력이 조선에서 물러남 → 일본의 조선 영향력 강화)
  ㉡ 전통 질서의 붕괴 촉진 및 의병 운동의 활성화

기출문제 　　　　　　　　　　11회 중급 31번

다음은 동학 농민 운동의 한 장면이다. (가)~(마) 중에서 이 장면이 들어갈 위치로 적절한 것은? [2점]

집강소에서 재판하는 장면

> 자료쏙쏙!

》》》 동학혁명 백산 창의비

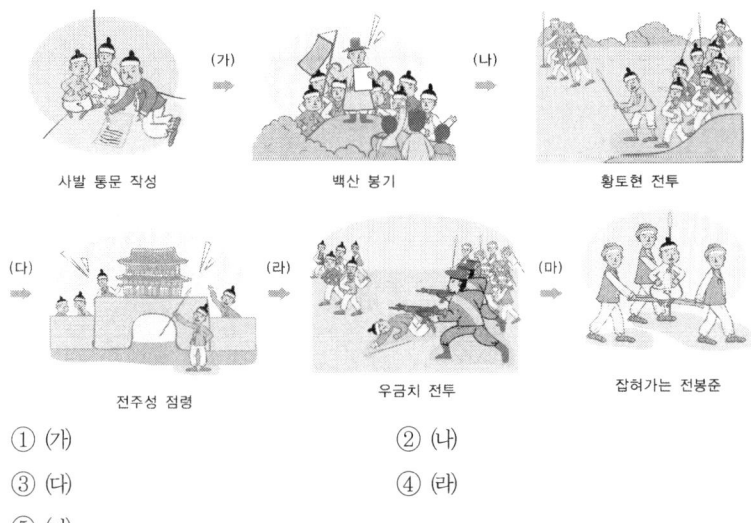

① (가)
② (나)
③ (다)
④ (라)
⑤ (마)

해설 》 제시된 자료이 그림은 동학농민군이 개혁정책을 담당한 자치기관인 '집강소'의 활동을 답고 있다. 전주성을 점령하는 1차 봉기 때는 조선 사회의 개혁을 위한 활동들을 전개하였는데 이후 갑오개혁에서도 일부 내용이 반영되었다.
④ (라)시기는 집강소 등을 통해 농민군 중심의 개혁정책을 전개하였다.
① (가)시기는 고부 농민 봉기 단계에 해당한다.
② (나)시기는 백산봉기를 통해 본격적인 농민전쟁에 돌입한다.
③ (다)시기는 조선 관군들을 격파하면서 세력을 확장한다.
⑤ (마)시기는 우금치 전투 이후 동학농민군의 기세가 약화되었다.

→ 정답 ④

자료쏙쏙!

>>>> **동학의 성격**
- 종합적인 성격: 민족 신앙을 바탕으로 유교·불교·도교는 물론 천주교의 교리까지도 일부 흡수
- 사회 사상으로서의 동학: 평등주의, 인도주의 운수 사상 → 혁명 사상, 반제국주의, 반봉건주의

예상문제

다음 내용과 관련된 종교에 대한 설명으로 옳은 것을 〈보기〉에서 고른 것은? [3점]

> 서양인은 싸워서 이기고 빼앗아 뜻대로 이루지 못하는 일이 없다. 그리하여 온 동양이 망해버린다면 우리나라도 같은 운명에 빠짐을 걱정하지 않을 수 없다. 나라를 돕고 민중을 편하게 할 계책이 장차 어디서 나올 것인가. 안타까운 일이다. 지금의 세상 사람들은 시대가 움직이는 형편을 모른다. 그러므로 나의 이 말을 들으면 집에 돌아가서는 마음속으로 옳지 않게 여기고 밖에 나가서는 거리에서 수군거리며 도덕을 따르지 않는다. 나 최제우는 참으로 두려운 일이라 생각한다.
> 「동경대전」

| 보기 |

㉠ 정부의 적극적인 지지를 받았다.
㉡ 삼남지방의 농촌사회에 널리 보급되어 번성하였다.
㉢ 최시형이 교리를 정리하여 「용담유사」를 편찬하였다.
㉣ 평등사상의 유포와 조상에 대한 제사 거부를 이유로 정부로부터 탄압받았다.

① ㉠, ㉡ ② ㉠, ㉢
③ ㉡, ㉢ ④ ㉡, ㉣
⑤ ㉢, ㉣

해설 » 제시된 자료는 「동경대전」이다. 지문에서 '동경대전', '최제우'라는 용어가 등장한 것을 통해 동학에 대한 설명임을 알 수 있다. 동경대전은 동학의 기본 교리를 담은 종교서다. 이 문제는 동학에 대한 내용을 숙지하고 있는지를 묻고 있다.
㉡ 민중적·민족적 성격의 동학이 삼남지방의 농촌사회에 널리 보급되어 번성하였다.
㉢ 2대 교주였던 최시형은 「동경대전」, 「용담유사」를 편찬하였다.
㉠ 정부는 혹세무민의 이유로 최제우를 처형하고, 탄압을 하였다.
㉣ 동학이 아닌 천주교 박해의 배경이다.

→ 정답 ③

예상문제

다음은 동학농민운동의 키워드이다. (가)~(라)의 키워드를 시기 순서대로 옳게 나열한 것을 〈보기〉에서 고른 것은? [2점]

보기
(가) 황토현 전투 (나) 교조 신원 운동
(다) 폐정개혁안과 집강소 설치 (라) 사로잡힌 전봉준

① (가) - (나) - (다) - (라)
② (나) - (라) - (가) - (다)
③ (나) - (가) - (다) - (라)
④ (라) - (가) - (나) - (다)
⑤ (라) - (나) - (다) - (가)

해설 >> 제시된 자료는 동학농민운동의 전개과정을 이해하는데 꼭 필요한 단어들이다. 이러한 단어들을 추론하여 전개과정을 시대 순으로 나열하는 것을 묻는 문제이다.

(나) 교조 신원 운동은 억울하게 죽은 교조 최제우의 명예 회복과 포교의 자유 획득을 요구하였다. 1982년 11월 1차 신원운동을 시작으로 1893년 3월 3차 신원운동까지 이어진다.

(가) 1894년 4월 1차 봉기가 일어나면서 황토현, 황룡촌 전투에서 관군을 격퇴하게 되고, 같은해, 4월 27일에 전주성을 점령하게 된다.

(다) 폐정개혁안과 집강소 설치는 1894년 5월 8일 전주화약을 체결하면서 이루어진다.

(라) 전봉준이 이끄는 주력 부대는 1894년 11월에 공주 우금치에서 일본군과 정부군에게 패퇴하면서 체포당한다.

자료쏙쏙!

〉〉〉〉 시기별 성격

- 고부민란의 성격: 종래의 농민봉기와 비슷한 형태
- 1차 봉기의 성격: 반봉건 투쟁의 성격이 강함
- 집강소 시기의 성격: 우리 역사상 최초로 피지배층인 농민이 지방 자치권을 행사
- 2차 봉기의 성격: 항일 구국 투쟁 (반침략 투쟁)

→ 정답 ③

17일차

59회 출제

우리나라의 탑과 도자기의 아름다움을 느껴 볼까요?

출제핵심포인트

- 탑의 사진을 보고 제작한 시기와 국가를 이해하고 있어야 합니다.
- 도자기가 주로 제작되고 유행된 시기를 알고 있어야 합니다.
- 주요한 탑과 도자기의 특징을 알고 있어야 합니다.

자료쏙쏙!

>>>> **탑이란?**
- 나라를 지켜주는 호국의 상징체
- 개인에게 살아서 복덕을 쌓고 죽어서 극락왕생 비는 대상체
- 당시 건축·조각·공예·회화 등 모든 분야의 종합예술적 성격과 사회사 + 사상사까지 집결

>>>> **탑의 층수는 어떻게 셀까요?**
지붕돌(옥개석)을 층수의 기준으로 삼는다. 예를 들어 3층이란 지붕돌이 3개인 탑이다.

>>>> **탑 이름은 어떻게 붙일까?**
탑이름은 그 탑이 있거나 옮기기 전에 있던 자리, 층수, 재질에 따라 붙인다.

01 삼국시대의 석탑

36회 출제

17회 중급 13번	16회 중급 11번	16회 중급 17번	15회 중급 5번	15회 중급 13번
14회 중급 31번	12회 중급 3번	11회 중급 42번	10회 3급 6번	10회 3급 7번
10회 4급 22번	9회 3급 3번	9회 4급 17번	9회 4급 28번	8회 3급 5번
8회 4급 19번	8회 4급 31번	7회 3급 3번	7회 3급 20번	7회 3급 48번
7회 4급 16번	6회 3급 2번	6회 4급 13번	5회 3급 8번	5회 4급 8번
5회 4급 14번	4회 3급 12번	3회 3급 18번	3회 4급 19번	3회 4급 26번
2회 3급 10번	2회 3급 11번	2회 4급 7번	2회 4급 21번	1회 3급 8번
1회 4급 28번				

① 익산 미륵사지 석탑(국보 제11호)
  소재지 : 전라북도 익산시 금마면 기양리 97

  ㉠ 7세기 초 백제 무왕 때 건립(백제의 중흥을 반영)
  ㉡ **현존하는 가장 오래된(최고)의 탑**
  ㉢ 목탑 양식을 가지고 있는 석탑
  - 1층 기둥 모양의 돌에 목재를 다듬듯이 배흘림을 줌
  - 기둥 위에도 목조 건축의 수법을 적용
  - 지붕돌의 처마 부분을 기와집의 지붕처럼 처마선이 살짝 들린 느낌을 주도록 만듦
  ㉣ 일제강점기에 반쯤 무너진 곳을 시멘트로 보수
  ㉤ 중국 남조의 영향을 받은 목탑 양식

② 부여 정림사지 5층 석탑(국보 제9호)

소재지 : 충남 부여군 부여읍 동남리 379

㉠ 7세기 백제 부여시대에 건립

㉡ 세련되고 정제된 조형미, 백제 특유 온화함 : 백제 석탑의 전형

㉢ 목탑 양식의 단순한 모방이 아닌 세련되고 창의적인 모습을 보임
- 2층 이상의 탑신이 1층에 비해 현격히 줄어 1층 탑신에 시각을 고정
- 전체적인 비례로는 땅에 발을 붙이기보다는 하늘을 향한 상승감이 더 강함

㉣ 당나라 소정방이 '백제를 정벌한 기념탑' 글귀를 남겨 **한때는 '평제탑'으로 불림**

㉤ 일본 최고의 탑인 법륭사 5층 목탑과 동일한 비례감각

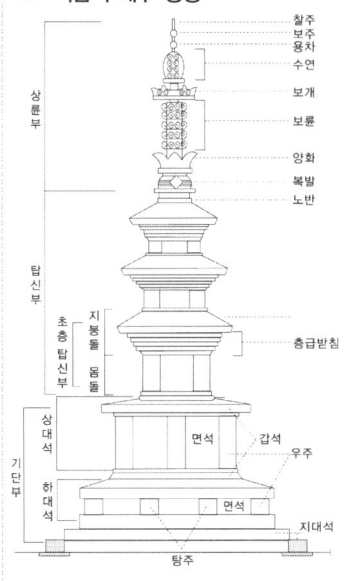

》》》 석탑의 세부 명칭

③ 분황사 모전 석탑(국보 제30호)

소재지 : 경상북도 경주시 구황동 분황사

㉠ 선덕여왕 때 건립(634)으로 추정

㉡ 현재 남아있는 신라 석탑 가운데 가장 오래된 탑

㉢ **석재를 벽돌모양으로 만들어 쌓은 탑(모전석탑)**

㉣ 형태적인 면에서는 중국의 전탑을 재료 면에서는 인도의 탑을 본뜬 형식
- 높은 기단 위 네 모서리에 화강암으로 수컷과 암컷 사자 배치
- 탑신에는 4면에 감실을 파고 화강암으로 문틀을 만든 문 제작
- 문설주에 입체감이 돋보이는 인왕상을 새김

㉥ 임진왜란 때 반쯤 파괴되어 1915년에 수리(현재 일부 층만 남음)

자료쏙쏙!

>>>> **황룡사 9층 목탑 복원도**

- 선덕여왕(643)때 당나라에서 유학을 마치고 귀국한 자장의 요청으로 건립
- 몽고의 침입 때 소실되어 현재는 터만 남음

>>>> **무구정광대다라니경**

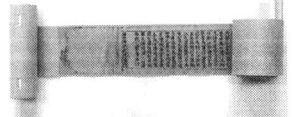

- 현존하는 세계 최고의 목판본
- 1966년 10월 경주 불국사 삼층석탑(석가탑) 보수할 때 발견

02 통일신라시대 석탑(3층탑)

03회 출제
28회 중급 9번 | 23회 중급 3번 | 19회 중급 8번

① 감은사지 3층 석탑(국보 제112호)

소재지 : 경북 경주시 양북면 용당리 55-3

㉠ 신문왕이 감은사 건립 마무리 후 탑 건립(681)

㉡ 양탑식 양식, 규모와 구조 같음

㉢ 삼국통일 달성한 기상 반영
- 신라의 기술(전탑 양식) + 백제의 기술(목탑 양식)
- 신라의 힘과 백제의 우아함을 조화시켜 통일의 의미를 살림

㉣ 이중기단 위에 3층으로 쌓은 석탑

㉤ **신라 석탑의 전형적인 양식의 효시**

② 불국사 석가탑, 삼층석탑, 무영탑(국보 제21호)

소재지 : 경북 경주시 진현동 불국사

㉠ 통일신라시대 석탑의 전형 (토함산, 백운교, 청운교)

㉡ 날씬한 상승감 및 넓이와 높이의 아름다운 비례

㉢ 부처가 항상 가까이 있음을 이상적으로 나타냄

㉣ 이중기단 위에 3층으로 쌓은 석탑

㉤ **목판 인쇄물인 무구정광대다라니경 발견**

㉥ 2층 탑신부의 사리공 안에서 사리 및 장엄구 발견

③ 불국사 다보탑(국보 제20호)

소재지 : 경북 경주시 진현동 불국사

㉠ 틀에 얽매이지 않는 조형기법, 새로운 표현방법 추구 : **화려한 변형으로 문화적인 다양함 발현**

㉡ 탑에 조각되는 불상, 신장상 등 (신앙적, 외호적 역할) : 아름답고 화려하게 꾸미려는 공예적 인식 반영

㉢ 석가탑 옆에 있는 탑으로 여성적인 느낌이 드러남

㉣ 사자상이 1개만 남음

㉤ 부분적으로 목조 건축 구조 보임

자료쏙쏙!

>>>> 불국사

- 통일 신라시대에 창건된 절
- 법흥왕(535)때 건립이라 하지만, 실질적으로는 경덕왕(751)에 김대성이 석굴암과 동시에 건설

④ 전남 구례 화엄사 4사자 3층 석탑 (국보 제35호)

소재지 : 전남 구례군 마산면 화엄사로 539

㉠ 절은 진흥왕 때, 탑은 통일신라시대 8세기 중엽에 건립

㉡ 기단부에 사자 4마리(부처님을 받든다는 의미)

㉢ **변형된 기단부**(탑의 층수는 3층 유지)

>>>> 영광탑

- 10세기에 건립된 발해의 누각식 전탑
- 당나라의 건축 기법과 유사한 면을 보임

⑤ 양양 진전사지 3층 석탑(국보 제122호)

소재지 : 강원 양양군 강현면 둔전리 100-2

㉠ 신라 하대에 등장한 석탑 양식

㉡ 기단부과 탑신부에 부조로 불상조각
  - 변형된 모습, 신라하대 유행 양식
  - 천인상, 8부신중, 사방울 등의 조각이 새겨짐
  - 조각의 수법이 정교 및 섬세

㉢ 이중기단 위에 3층 탑신

㉣ **신라 말기 호족과 6두품 세력의 경제적, 문화적 성장을 반영**

자료쏙쏙!

⑥ 화순 쌍봉사 철감선사 승탑(국보 제57호)

소재지 : 전남 화순군 이양면 증리 195-1 쌍봉사

㉠ 통일신라시대 선종 유행을 보여줌

㉡ **선종이 들어온 9세기 이후에 나타나는 양식**

㉢ 팔각 원당형의 수법

㉣ 세련되고 균형감이 뛰어난 당시 조형 미술 대표 : 나무를 깎아 조각한 듯 매우 정교하고 화려함

03 고려 시대 석탑

03 회 출제
26회 중급 15번 | 23회 중급 15번 | 20회 중급 16번

① 강원도 평창 오대산 월정사 8각 9층 석탑 (국보 제48호)

소재지 : 강원도 평창군 진부면 동산리 63·1 월정사

㉠ 팔각 원당형으로 만든 탑

㉡ 고려시대 유행한 화려한 다각다층 양식 : 안정감 부족하나 자연스러움

㉢ **송나라의 영향을 받음**

② 경기도 개풍군 경천사 10층 석탑(국보 제86호)

소재지 : 서울 용산구 서빙고로 137, 국립중앙박물관(용산동6가)

㉠ 탑의 1층 몸돌에 고려 충목왕 4년 (1348) 세웠다는 기록

㉡ 일제 강점기 무단 반출→1960년에 반환 경복궁에 복원→현재 국립중앙박물관

>>>> **지광국사 현모탑**

- 고려 전기(1085)에 지광국사를 기린 부도
- 통일 신라 시대의 양식인 팔각원당형에서 벗어남
- 평면 사각을 기본으로 하는 형식

- ⓒ 원나라 석탑 양식의 영향을 받은 탑으로 대리석으로 만듦(보통은 화강암)
- ⓔ 3단 기단, 3층까지 탑신 亞자 모양, 4층부터 목조 건축 연상되는 조각 새김
- ⓗ 조선시대 원각사지 10층 석탑으로 계승

04 조선 시대 목탑

01 회 출제

21회 중급 23번

① 법주사 팔상전(국보 제55호)

소재지 : 충북 보은군 속리산면 사내리 법주사

- ㉠ **국내에 남아있는 유일한 목조 5층탑**
- ㉡ 팔상전은 정유재란 때 소실→선조 38년(1605)~인조 4년(1626)에 걸쳐 재건
- ㉢ 벽 사방에 각 2개씩 8개의 변상도가 그려져 팔상전이라 함
- ㉣ 정사각형 돌기단위에 목조 5층 탑신부+철제로 만든 상륜부

15 회 출제

20회 중급 21번	25회 중급 17번	15회 중급 30번	13회 중급 46번	12회 중급 23번
10회 3급 13번	10회 4급 17번	9회 4급 17번	9회 4급 28번	7회 3급 23번
6회 4급 37번	5회 4급 14번	4회 4급 1번	3회 4급 26번	2회 3급 22번

05 고려 시대 도자기

① 고려 청자
- ㉠ **12세기 중엽 상감청자 제작~13세기 원 간섭기 이후 퇴조**
- ㉡ 무늬를 훨씬 다양하고 화려하게 넣음(청자의 새로운 경지)
- ㉢ 청자는 **자기소를 중심으로 제작**되어 공납(강진·부안)
- ㉣ 아름다운 비색으로 중국에서도 천하제일로 평가

자료쏙쏙!

>>>> 고려 청동 은입사 포류 수금무늬 정병

고려 시대 대표적인 금속 공예품, 청동 바탕에 홈을 파고 은을 박는 은입사 기법으로 제작

* 상감기법: 나전칠기나 은입사 공예에서 응용된 것, 그릇 표면을 파낸 자리에 백토, 흑토를 메워 무늬를 내는 방법.

② **분청사기(고려 말~조선 초기)**
- ㉠ **청자와 같은 태토 위에 백색의 흙을 입혀 회청색 유약을 발라 제작**
- ㉡ 청자에 흰 흙을 씌우고 여러 가지 방법으로 선과 무늬 새김
- ㉢ 안정된 그릇 모양과 소박한 무늬가 어울림
- ㉣ 정형화되지 않으면서 구김살 없는 우리의 멋(생동감과 자유분방함)
- ㉤ **고려 말 제작되기 시작하여 15~16세기에 걸쳐 150년간 제작**
- ㉥ **16세기 이후 세련된 백자가 본격적으로 생산되면서 퇴조**

06 조선 시대 도자기

01 회 출제

30회 중급 24번

① **순백자**
- ㉠ **조선 중기(16세기 이후)에 유행**
- ㉡ 순도 백색은 흙의 선택 및 정제, 번조 과정에서 특별히 청결 요구
- ㉢ 조선을 대표하는 도자기로, **검소한 조선 선비의 정신**을 담고 있음

② 청화 백자

 ㉠ **조선 시대 후기 주류**(세조 1466년 처음 생산)

 ㉡ 태토 위에 청료로 무늬를 그리고 그 위에 철분이 섞인 장석유를 덮어 구운 것

 ㉢ **흰 바탕에 푸른 빛깔로 그림을 넣음**

 ㉣ 일상생활에 쓰이는 용구에서부터 문구에 이르기까지 다양하게 제작

 ㉤ 조선 후기 산업 부흥에 따라 공예발전, 민간에까지 널리 사용

  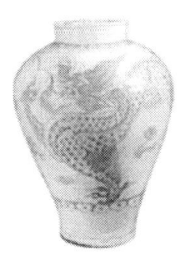

>>> 머릿속에 **콕콕!**

도자기의 발달과정
① 9세기: 신라·발해의 기술 계승
② 10세기: 송의 자기기술 수용
③ 11세기: 고려의 독자적인 미 완성
④ 12세기 중엽: 고려의 독창적 기법인 상감법 개발→상감청자 유행
⑤ 고려 후기: 원 간섭기 이후 상감법 퇴조→분청사기 등장
⑥ 조선 전기(15세기): 분청사기 유행
⑦ 조선 중기(16세기): 백자 유행
⑧ 조선 후기(17세기): 청화 백자 유행

자료**쏙쏙!**

>>>> 철화 백자(철회 백자)

- 조선 전기 15, 16세기부터 극소수 제작
- 임진왜란 후 전국의 가마가 파괴 및 도자기를 장식할 안료 부족→철사 안료를 손쉽게 구하게 되면서 철화 백자가 유행
- 산화철, 즉 녹슨 갈색 철을 갈아서 물에 갠 다음 도자기에 그림

자료쏙쏙!

>>>> 아리타 자기

기출문제
7회 3급 23번

다음 질문에 해당하는 도자기로 가장 적절한 것은? [2점]

> 명이 청에 멸망하자 네덜란드의 동인도 회사는 중국 자기 대신 일본의 아리타 (有田) 자기를 유럽에 수출하게 되었고, 유럽의 여러 궁전에는 그 당시 구입해던 일본의 아리타 자기가 전시 되어있다고 합니다. 그렇다면 이 시기 우리나라의 대표적인 도자기는 어떤 것일까요?

① ②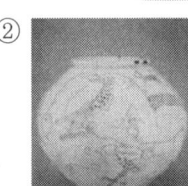

③ ④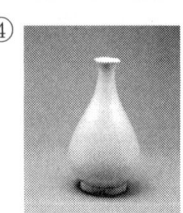

⑤

해설 >> 명이 청에 멸망한 시기는 왜란 이후 17세기이다. 임진왜란 때 일본이 데려간 조선도공을 통해 제작한 것이 아리타 자기이다.
② 조선의 청화백자이다. 조선 후기 산업 부흥에 따라 민간에까지 널리 사용되었다.
① 고려 시대 만들어진 청자이다.
③ 고려 말에서 조선 초기까지 유행한 분청사기이다.
④ 조선의 순백자로 조선 중기에 유행하였다.
⑤ 고려의 상감청자이다. 상감청자는 12세기 중엽부터 13세기 중엽까지 유행 및 전성기를 이루었다.

→ 정답 ②

예상문제

다음 (가)~(다) 석탑에 대한 설명으로 옳지 않은 것은? [3점]

(가)  (나)  (다)

① (가) - 기단과 탑신에 부조로 불상을 조각하였다.
② (나) - 변형된 기단부를 지니고 있다.
③ (다) - 화려한 다각다층 양식으로 송나라의 영향을 받았다.
④ (가), (나) - 지방 호족 세력의 지원을 받아 건립되었다.
⑤ (가), (나), (다) - 신라 탑의 전형적인 모습을 계승하였다.

해설 》》 제시된 자료 (가)는 진전사지 3층 석탑, (나)는 화엄사 4사자 3층 석탑, (다)는 월정사 8각 9층 석탑이다.
⑤ 월정사 8각 9층 석탑은 고려시대의 석탑이다.
① 진전사지 3층 석탑의 기단에 새겨진 아름다운 조각과 탑신의 세련된 불상 조각은 진전사의 화려했던 모습을 엿볼 수 있다. 그리고 지방 호족의 새로운 문화 능력을 과시한 것이라 볼 수 있다.
② 화엄사 4사자 3층 석탑은 상층 기단에는 우주 대신 연화대 위에 무릎을 꿇고 앉은 암수 2쌍의 사자를 지주 삼아 네 귀에 배치하였다. 사자들이 에워싼 중앙에는 합장한 채 서 있는 스님상이 있는데, 기존의 기단부와는 다른 모습이다.
③ 월정사 8각 9층 석탑은 고려시대 유행한 화려한 다각다층 양식으로 안정감 부족하니 지연스리우며 송나라의 영향을 빋있다.
④ 진전사지 3층 석탑, 화엄사 4사자 3층 석탑은 지방 호족 세력의 지원을 받아 건립되었다.

자료쏙쏙!

〉〉〉〉 **월정사 8각 9층 석탑**

자장율사가 창건한 월정사 안에 있는 탑으로, 그 앞에는 공양하는 모습의 보살상이 마주보며 앉아 있다. 고려시대가 되면 4각형 평면에서 벗어난 다각형의 다층석탑이 우리나라 북쪽지방에서 주로 유행하게 되는데, 이 탑도 그러한 흐름 속에서 만들어진 것으로, 고려 전기 석탑을 대표하는 작품이다. 당시 불교문화 특유의 화려하고 귀족적인 면모를 잘 보여주고 있으며, 전체적인 비례와 조각수법이 착실하여 다각다층석탑을 대표할 만하다.

→ 정답 ⑤

18일차

55회 출제

미소가 아름다운 불상과 조선의 옛 그림을 감상해 볼까요?

출제핵심포인트

- 불상이 제작된 시기와 제작한 나라를 숙지하고 있어야 합니다.
- 조선 시대 그림의 경우 그려진 시기를 숙지하고 있어야 합니다.
- 주요 불상과 그림의 경우는 몇 가지 특징을 알고 있어야 합니다.

34회 출제

29회 중급 4번	24회 중급 6번	20회 중급 5번	18회 중급 6번	16회 중급 13번
15회 중급 30번	14회 중급 17번	13회 중급 45번	10회 3급 7번	10회 3급 9번
9회 3급 3번	9회 3급 10번	9회 3급 20번	9회 4급 17번	9회 4급 28번
8회 3급 20번	8회 4급 19번	8회 4급 33번	7회 3급 3번	7회 3급 20번
7회 3급 48번	7회 3급 49번	7회 4급 16번	7회 4급 21번	6회 4급 13번
5회 3급 8번	5회 4급 14번	4회 3급 12번	4회 4급 8번	3회 4급 25번
3회 4급 36번	2회 3급 10번	2회 4급 7번	2회 4급 21번	

자료쏙쏙!

>>>> **경주 배동 석불 입상**
7세기 대표적인 신라 불상조각

01 삼국 시대의 불상

① 고구려
  ㉠ 연가 7년명 금동여래입상(국보 제119호)
  - 6세기 후반에 제작
  - 옛 신라 지역인 경남 의령에서 발견
  - 두꺼운 의상 + 긴 얼굴 모습 = 중국 북조양식
  - 미소를 머금은 듯한 당시 불상 조각의 특징 보임

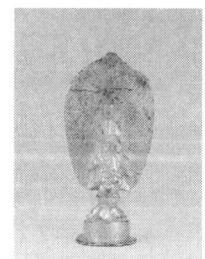

② 백제
  ㉠ 서산 마애삼존불
  - **'백제의 미소'라 불리는 2.8미터의 거대한 불상**
  - **온화하고 부드러운 얼굴 모습이 특징**
  - 제화갈라보살입상(왼쪽, 따뜻하고 부드러운 미소)
  - 석가여래입상(가운데, 장쾌하고 넉넉한 미소)
  - 미륵반가사유상(오른쪽, 천진난만한 소년의 미소)

③ 금동 미륵 보살 반가상(삼국)
  ㉠ 삼국시대에 제작이 많았음
  ㉡ 일본의 국보 제 1호인 목조반가사유상에 영향을 줌

⑤ 통일신라
  ㉠ 석굴암 본존불
    • 균형 잡힌 모습과 사실적인 조각
    • 불교의 이상세계를 구체적으로 실현
    • 인공 석굴로 유네스코 세계 문화유산에 등록
  ㉡ 무인 괘릉 석상
    • 서역 사람의 얼굴 모습을 조각(눈이 깊숙, 코가 우뚝, 곱슬머리)
    • 서역과도 활발한 문물교류를 하였다는 증거

02 고려 시대의 불상

03회 출제
29회 중급 13번 27회 중급 11번 19회 중급 13번

① 고려 전기
  ㉠ 관촉사 석조 미륵보살 입상
    • 우리나라에서 제일 큰 불상(높이 18m)
    • **'은진미륵'**이라고도 함
    • **지방화된 불교 양식의 대표(토착성)**

  ㉡ 파주 용미리 이불 입상
    • 머리 위에 돌갓을 얹어 토속적 분위기
    • **지방화된 불교 양식**

>>>> 고려 초기 불상의 특징
  • 규모가 거대하고 지방색이 강함 불상
  • 지방 호족들의 독특한 개성과 자유분방함에 반영
  • 대형 철불 많이 조성＋사람이 많이 다니는 길목에 지역 특색 나타나는 거대 불상 조성＋신라 시대 양식 계승 불상 제작

자료쏙쏙!

>>>> 양류 관음도

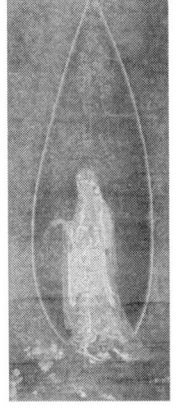

- 고려 시대 혜허가 그린 불화
- 관음보살을 아름답고 우아하게 묘사

ⓒ 안동 이천동 석불
- '제비원 석불'로도 불림
- **지방화된 불교양식**

ⓔ 광주 춘궁리 철조 석가여래 좌상
- **통일 신라 전성기의 불상 양식 계승**
- 현존하는 철불로는 가장 큰 예
- 거불이면서 전체적인 구도 안정
- 석굴암 본존불 계통의 철불
- 왕건 정치세력 기반이나 불교사원 융성과 관련

② 고려 후기
ⓜ 부석사 소조 아미타여래 좌상
- **통일 신라의 불상 양식 계승**
- 현존하는 **소조불**로는 우리나라에서 가장 크고 오래됨
- 흙을 빚어 만들기에 화강암보다 자세하고 미세한 부분까지 세밀하게 조각하여 표현

15 회 출제

28회 중급 19번	17회 중급 33번	16회 중급 25번	15회 중급 30번	14회 중급 32번
13회 중급 46번	12회 중급 32번	11회 중급 8번	11회 중급 18번	10회 4급 24번
8회 3급 41번	8회 3급 47번	8회 4급 49번	6회 3급 25번	3회 3급 25번

03 조선 전기의 그림(15C, 진취적·낭만적·관념적 산수화)

① 몽유도원도(夢遊桃源圖)

>>>> 몽유도원도

정유년 4월 20일 밤에 바야흐로 자리에 누우니, 정신이 아른하여 잠이 깊이 들어 꿈도 꾸게 되었다. 그래서 박팽년과 더불어 한곳 산 아래에 당도하니, 층층의 멧부리가 우뚝 솟아나고, 깊은 골짜기가 그윽한 채 아름다우며, 복숭아나무 수십 그루가 있고, 오솔길이 숲 밖에 다다르자, 여러 갈래로 갈라져 서성대며 어디로 갈 바를 몰랐었다. …중략… 그리하여 가도 안견에게 명하여 내 꿈을 그림으로 그리게 하였다. …중략… 꿈꾼 지 사흘째 되는 날, 그림이 다 이루어졌으므로 비해당 매죽헌에서 쓴다.

※ 안평대군이 쓴 발문이다.

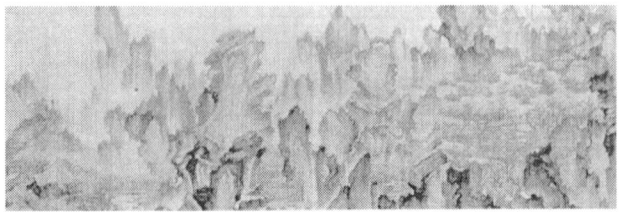

㉠ 안견이 안평대군이 꿈에서 본 장면을 표현
㉡ 현실 세계 + 환상적인 이상세계 = 능숙하게 표현

  ⓒ 1447년 4월 20일~23일(3일 만에 완성)에 제작
  ⓓ 안평대군 발문 + 당대 20여 명의 명사들이 쓴 제문에 적혀 있음
 ② 고사관수도(高士觀水圖)
  ㉠ **강희안의 작품**
  ㉡ 고결한 선비가 물을 바라보는 그림
  ㉢ 인간의 내면적 세계 표현

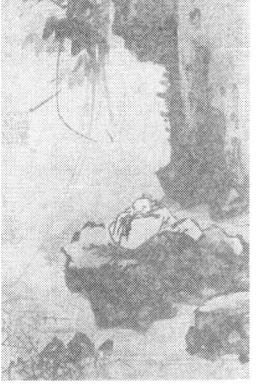

04 조선 중기의 그림 (16C, 서정적 · 개성적 · 사군자)

① 송하보월도(松下步月圖)
 ㉠ 노비 출신 화원 이상좌의 작품
 ㉡ 소나무 한 그루가 오른쪽 위로 향함
 ㉢ 바람에 흩날리는 솔잎 자세히 묘사
 ㉣ 인간의 강인한 기백 표현

② 매화도(月梅圖)
 ㉠ 어몽룡의 작품
 ㉡ 파격적이며 간결한 구도를 가진 사군자
 ㉢ 오만원권 뒷면 장식한 그림
 ㉣ 매화가 대나무처럼 곧은 것은 선비의 고고한 기품 표현

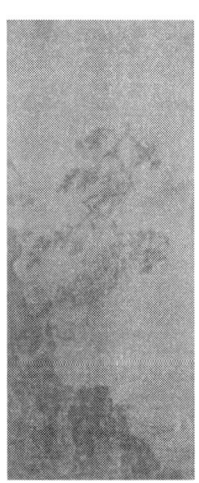 
▲ 송하보월도   ▲ 매화도

>>>> 일월오악도

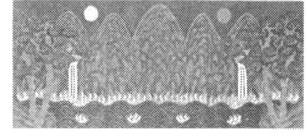

- 일월오봉도, 일월곤륜도라고도 함
- 조선시대 대궐의 임금님이 앉는 의자 뒤편에 펼쳐놓은 그림

자료쏙쏙!

>>>> **신사임당의 시**

> 대관령 넘으며 친정을 바라보고
> 늙으신 어머님을 고향에 두고,
> 외로이 서울길로 가는 이 마음,
> 돌아보니 북촌은 아득도 한데,
> 흰 구름만 저문 산을 날아 내리네.

- 신사임당이 38세(1541)에 지은 것
- 백발의 어머니를 모시지 못하고 서울 시댁으로 돌아가야 하는 안타까움을 노래

>>>> **유연견남산도**

- 겸재 정선의 작품
- 전원생활을 주제로 유원한 은자의 세계 묘사

② 초충도(草蟲圖)
  ㉠ 신사임당의 작품
  ㉡ 섬세한 여성적 필치
  ㉢ 식물 + 여러 벌레 + 동물 등을 함께 그림
  ㉣ 실물에 가까운 묘사 + 섬세한 필선 + 선명한 색채 안정된 구도

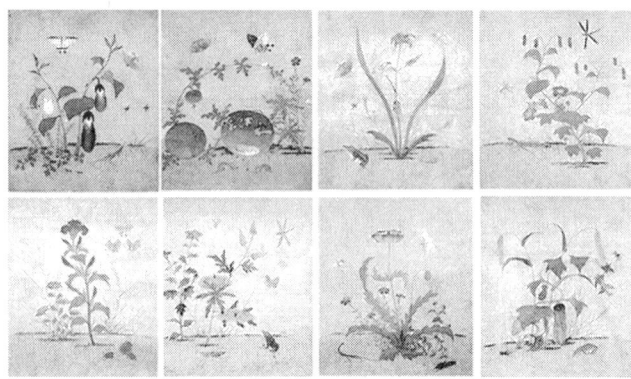

03회 출제
23회 중급 24번 | 22회 중급 25번 | 19회 중급 25번

05 조선 후기의 그림 (17C~19C)

① 진경산수화(17C)

우리나라 산천을 직접 답사하고 그것을 소재로 삼아 **사실적으로 그린 산수화**

  ㉠ 인왕재색도

   - **겸재 정선 작품**
   - 서울의 인왕산의 큰 비가 온 뒤 맑게 갠 모습을 그림
   - 전통적 수묵화법 + 채색화 전통 + 독창적 필묵법
   - 한국 진경산수화의 전형 확립

  ㉡ 금강전도

   - **겸재 정선 작품**
   - 진경산수화 발전의 선도적 역할
   - 금강산 전경을 하나의 둥근 원으로 만듦

② 풍속화(18C)
  ㉠ 각계각층의 사회적인 현실 생활과 풍속 등을 주제(인간의 생활상)
  ㉡ 조선의 3대 풍속화가 : 김홍도, 신윤복, 김득신
  ㉢ 김홍도의 풍속화 : 서민들이 살아가는 모습을 그림

▲ 서당도   ▲ 무동도   ▲ 길쌈
▲ 신행도   ▲ 씨름도   ▲ 훔쳐보기

  ㉣ 신윤복의 풍속화 : 양반층의 풍류와 남녀간의 연애, 기녀와 기방의 세계를 해학적으로 표현

▲ 미인도   ▲ 단오풍정   ▲ 야행

자료쏙쏙!

》》》김득신의 풍속화

▲ 야묘도추

▲ 대장간

김득신은 조선 후기 풍속화의 내용과 형식에서 김홍도를 가장 충실히 계승한 화가

자료쏙쏙!

③ 민화
   ㉠ **가장 일상적, 넓은 저변, 생활 문화를 가진 그림**
   ㉡ 우리만의 모습으로, 우리만이 그려낸 우리의 정통 그림
   ㉢ 이름 없는 화가가 그림 → 서민들 사이에 널리 감상

④ 영통골 입구도(18C)
   ㉠ 강세황 작품
   ㉡ 가까이 있는 바위 부각시키고 멀리 있는 산을 한 눈에 바라보게 함
   ㉢ **서양의 입체화법과 관련(원근법, 명암법)**

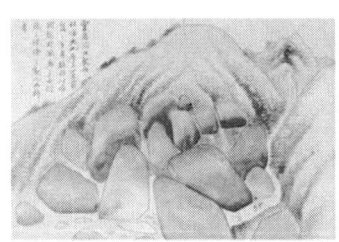

⑤ 세한도(19C)

   ㉠ **추사 김정희 작품**(제주도 유배시절)
   ㉡ 지조 있는 선비의 정신 표현
   ㉢ 극도로 생략 절제된 요소(문인화 특징)

>>>> 김정희의 추사체

기출문제

9회 3급 10번

다음 자료의 밑줄 그은 ㉠에 해당하는 불상으로 적절한 것은? [1점]

> 이 시대의 불상은 시기와 지역에 따라 독특한 모습을 보였다. 초기에는 대형 철불이 많이 조성되었으며, 사람이 많이 다니는 길목에는 ㉠지역 특색이 잘 드러난 거대한 불상도 조성되었다. 또 신라 시대의 양식을 계승한 불상도 제작되었다.

①

②

③

④

⑤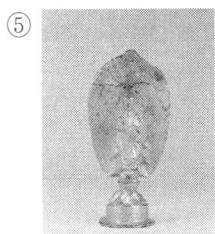

해설 >> 제시된 자료에서 '대형 철불이 많이 조성되었다'는 표현과 '지역 특색이 잘 드러난 거대한 불상'이라는 표현을 통해 고려 시대의 불상 양식임을 알 수 있다.
① 지역색이 드러나고 강조된 불상은 충남 논산의 '관촉사 석조 미륵보살 입상'이 대표적이다.
② 부석사 '소조 아미타여래 좌상'은 신라 양식을 계승한 고려의 불상이다.
③ '석굴암 본존 불상'은 신라를 대표하는 불상이다.
④ '서산 마애 삼존불상'은 백제의 대표적인 불상이다.
⑤ '연가 7년명 금동 여래 입상'은 고구려의 대표적인 불상이다.

→ 정답 ①

🖊️ 자료**쏙쏙**!

📝 **예상문제**

다음 설명에 해당하는 화풍의 그림으로 옳은 것은? [1점]

> 최북은 조선 후기 자기만의 예술에 대한 끼와 꾼의 기질을 발휘, 회화 발전에 크게 이바지 한 것으로 우리에게 잘 알려진 인물이다. 최북의 그림은 초기 남종화풍의 화풍에서 후기 조선의 고유색으로 바뀐다. 천하에 놀기 좋아하고 구속받지 않으려는 자유분방한 기질 때문에 국내의 금강산, 가야산, 단양 등은 물론 일본, 중국까지도 다니면서, 중국 산수의 형세를 그린 그림만을 숭상하는 당시의 경향을 비판하고 조선의 산천을 찾아 직접 화폭에 담는 것을 강조했다.

①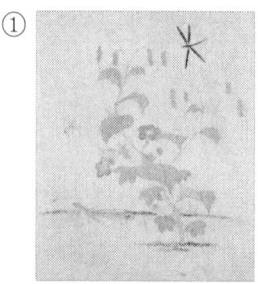

②

③

④

⑤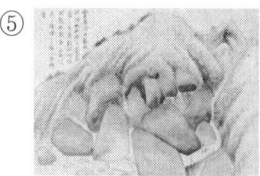

→ 정답 ②

해설》》 제시된 자료에서 '조선 후기', '최북', '조선의 산천을 찾아 직접 화폭에……' 등의 표현을 통해 조선후기에 유행하였던 진경산수화임을 알 수 있다. 중국의 남종 화법과 북종 화법을 결합하여 우리의 고유한 자연과 풍속에 맞춘 새로운 화법으로 그린 것이 진경산수화이다.

② 정선은 「금강전도」를 그려 진경산수화의 진면목을 보여주었다.
① 신사임당의 작품이다.
③ 김홍도가 그린 풍속화이다.
④ 「송하보월도」는 조선 전기의 화가 이상좌가 그린 것으로 전하는 산수화이다.
⑤ 「영통골입구도」는 19세기 조선의 화가 강세황이 그린 것으로 바위에 명암을 표현한 데서 서양화풍의 영향이 나타난다.

자료쏙쏙!

》》》 민화는 정통회화에 비해 묘사의 세련도나 격조는 뒤떨어지지만 익살스럽고 소박한 형태·파격적인 구성·아름다운 색채가 특징적이다.

19일차

회 출제

대한독립만세!!! 대한독립만세!!! 대한독립만세!!!

출제핵심포인트

- 각 운동들의 발생 배경 및 영향을 알아야 합니다.
- 3·1운동이 주로 시험에 출제빈도가 높으나, 오답으로 6·10운동 및 광주학생 항일 운동이 제시가 되므로, 전반적인 이해를 요구합니다.
- 제시되는 사료나 사진자료 등을 통해 어떠한 운동을 묻고 있는지를 알 수 있어야 합니다.

자료쏙쏙!

>>>> 고종 황제의 장례식 행렬

>>>> 3·1운동 봉기 발생 지역

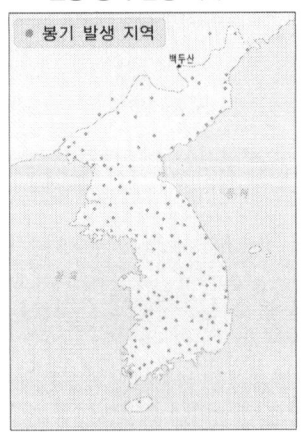

우리 동포 형제는 이 기회를 놓치지 말고 삼천리강토를 탈환하라! 죽음은 한번뿐이고 두 번도 아니다. 우리 동포 형제는 어째서 이다지 잠잠한가. 동포여 이 때가 어느 때냐. 한번 분발하라. 기회는 오지 않는다. 대한 독립 만세!

※ 제시문은 경상북도 청도군 용문면의 격문이다. (1919.3.15)

01 3·1 운동(1919)

18회 출제

28회 중급 42번	25회 중급 42번	24회 중급 37번	21회 중급 36번	19회 중급 33번
16회 중급 45번	15회 중급 48번	14회 중급 43번	10회 3급 44번	8회 4급 17번
7회 4급 44번	6회 3급 39번	6회 4급 31번	4회 4급 46번	3회 4급 31번
2회 3급 39번	2회 4급 32번	1회 4급 31번		

① 배경
  ㉠ 국내
    • **무단통치에 의한 분노**(극소수 친일파를 제외한 모든 계층 피해)
    • **고종황제 죽음을 계기**(일제의 독살이라는 소문 확산)
  ㉡ 국외(국내 민족지도자에 자극)
    • **미국 윌슨의 민족 자결주의 제창** & 소련 레닌의 약소국 지원
    • 파리강화회의에 신한청년당은 김규식 파견→조선 독립 주장
    • 도쿄 유학생을 중심으로 **2·8독립선언서** 발표

② 전개
  ㉠ 서울 태화관에서 종교계 인사들 중심의 민족대표자들이 독립선언서 낭독 →스스로 체포되어 운동 주도 못함
  ㉡ 학생들이 탑골공원에서 독립선언서 낭독→군중 시위 주도
  ㉢ 학생·시민의 만세시위 전개(**주요 도시→전국·도시→농촌·해외로 확산**)
  ㉣ 일본은 군대까지 동원하여 무력 탄압(**제암리 학살 사건, 유관순의 순국 등**)

> 머릿속에 **콕콕!**

오등(吾等)은 자(玆)에 아(我) 조선의 독립국임과 조선인의 자주민임을 선언하노라. 차(此)로써 세계 만방에 고하야 인류 평등의 대의를 극명하며 차로써 자손 만대에 고하야 민족자존의 정권을 영유케 하노라. … (중략) … 금일(今日) 吾人(오인)의 거사는 정의, 인도, 생존, 존영을 위하는 민족적 요구이니, 오직 자유적 정신을 발휘할 것이오, 결코 배타적 감정으로 일주하지 말라.

* 제시문은 1919년 3월 1일 3·1운동을 기하여 민족대표 33인이 한국의 독립을 내외에 선언한 **기미독립선언서**의 내용 중 일부이다.

> 머릿속에 **콕콕!**

유관순 수형 기록표

- 천안 아우내 장터에서 만세시위 주도
- 만세 시위 주도한 혐의로 옥중 투쟁
- 일제의 고문으로 순국

불타버린 제암리 교회

- 일본군이 수원 제암리에서 주민들 집단 학살
- 만세운동이 일어났던 제암리 기독교도·천도교도 약30명을 교회당 안으로 몰아 넣은 후 사격
- 증거인멸 위해 교회당에 불을 질렀으며, 바깥으로 나오려는 사람들까지 모두 불에 타죽게 함

>>>> 3·1 운동 당시 만세를 외치는 민중들

③ 의의 및 영향
  ㉠ 민족의 저력 과시(전 인구의 1/10에 해당하는 200만 명 동원)
  ㉡ 대한민국 임시정부 수립 계기 : 대한국민의회(연해주), 한성정부(서울), 상해정부(상하이)
  ㉢ **일제 식민통치 방식이 무단통치에서 기만적 문화통치로 전환**
  ㉣ **아시아의 반제국주의 민족 해방운동에 영향**(중국 5·4운동, 인도 비폭력 투쟁 등)

④ 한계 … 일제의 강력한 탄압 + 민족지도자들의 지도력 부족 + 국제정세 불리

자료쏙쏙!

>>>> 순종 황제의 장례식 행렬

>>>> 6·10운동 당시 만세를 외치는 민중들

02 6·10 만세 운동(1926)

08회 출제
30회 중급 37번 | 27회 중급 40번 | 25회 중급 46번 | 19회 중급 41번 | 11회 중급 36번
8회 4급 20번 | 11회 중급 36번 | 2회 3급 39번

① 배경
  ㉠ **일제의 수탈 정책과 식민지 교육 정책에 대한 반발**
  ㉡ **순종의 인산일(장례식)을 계기**

② 전개
  ㉠ 사회주의 세력이 기획한 운동 + 일부 민족주의 세력들의 지원(격문 전단지 인쇄는 천도교 등) + 학생들이 준비
  ㉡ 사회주의계의 기획은 일제의 사전감시와 탄압으로 사전에 발각
  ㉢ **이후 학생들 주도로 순종의 장례 행렬을 따라가며 만세시위운동 전개**
  ㉣ 서울에서 시작하여 전국으로 확산되지는 못함(**전국의 많은 학생 + 사회주의계열 단체** → 일제 탄압)

  >> 머릿속에 콕콕!

  > 조선 민중아 우리의 철천지원수는 자본 '제국주의' 일본이다. 2천만 동포야. 죽음을 각오하고 싸우자. 만세 만세 조선 독립 만세! 조선은 조선인의 조선이다. 횡포한 총독 정치를 구축하고 일제를 타도하자. 학교의 용어는 조선어로, 학교장은 조선 사람이어야 한다. 일본인을 조선의 영역으로부터 구축하자. 동양 척식 주식회사를 철폐하자. 일본인의 식민지를 철폐하자. 일체의 납세를 거절하자. 일본인 물품을 배격하자. 조선인 관리는 일체 퇴직하라. 공장의 노동자는 총파업하라. 소작제는 4·6제로 하고 공과금은 지주가 부담하라. 소작권은 이동치 못한다. 일본인 지주의 소작료는 주지 말자. 토지는 농민에게 돌려주라. 8시간 노동제 채택하라.
  >
  > * 제시문은 6·10만세운동 때의 격고문(투쟁문) 중의 일부이다. 격문의 내용 중 "일본 제국주의 타도," "토지는 농민에게," "8시간 노동제 채택," "우리의 교육은 우리들 손에" 등을 통해 운동의 성격을 알 수 있다.

③ 의의 및 영향
  ㉠ 민족주의계·사회주의계의 대립과 갈등 극복 계기 마련 → 신간회 결성에 기초 마련 계기
  ㉡ 민족유일당운동으로 발전 계기

03 광주 학생 항일 운동(1929.11.03.)

06회 출제
30회 중급 37번 | 26회 중급 41번 | 20회 중급 38번 | 17회 중급 34번 | 11회 중급 36번
9회 3급 44번

① 배경
- ㉠ **일제의 민족 차별과 식민지 차별 교육(민족 차별 교육)**
- ㉡ 한국인 학생과 일본인 학생간의 충돌
- ㉢ 학생들의 항일 의식 고조 + 학생들의 민족 의식 고양(신간회 활동의 영향)

② 전개
- ㉠ 전라도 광주에서 일본인 남학생이 조선인 여학생을 희롱→한국 남학생이 일본 남학생 구타→일제는 일방적 일본 학생 편들기 + 한국 학생 차별→항일운동 전개
- ㉡ **광주의 모든 학생들이 운동에 참여**(식민지 탄압 정치, 제국주의 타도 등 주장)
- ㉢ **신간회의 진상 조사단 파견 및 지원**→조직적이고 전국적 규모로 항일투쟁 확대

> 머릿속에 쏙쏙!
> - 학생·대중이여 궐기하라!
> - 검거된 학생은 우리 손으로 탈환하자.
> - 사회 과학 연구의 자유를 획득하자.
> - 식민지적 노예 교육 제도를 철폐하라!
> - 경찰의 교내 침입을 절대 반대한다.
> - 조선인 본위의 교육제도를 확립하라.
> - 언론·출판·집회·결사·시위의 자유를 획득하자
> - 전국 학생대표자 회의를 개최하라.
> * 제시문은 광주학생항일운동의 격고문(투쟁문)중의 일부이다.

③ 의의 및 영향
- ㉠ 3·1운동 이후 최대의 항일 민족 운동
- ㉡ 전국적 규모로 발전하여 국외로 확산(만주·일본)

자료쏙쏙!

>>>> 광주 학생 항일 운동

사진은 광주 학생 항일 운동 당시의 광주일보 기사

>>>> 광주 학생 항일 운동

▲ 구치소로 연행되는 여학생

▲ 광주 학생 항일 운동의 도화선이 된 박준채 학생

📢 자료쏙쏙!

》》》 광주학생항일운동 기념탑

ⓒ 신간회 해체(1931) : 진상 조사단 파견, 민중대회 계획 등 지원
→ 일제의 탄압(간부 전원 체포, 투옥)

》》 머릿속에 콕콕!

* 6·10 만세 운동과 광주 학생 항일 운동의 공통점은 학생들이 중심이 되어 전개되었으며, 특히 일제의 민족 차별 교육에 항거하였다.

📝 **기출문제**   9회 3급 44번

다음 민족 운동에 관한 설명으로 옳은 것은? [2점]

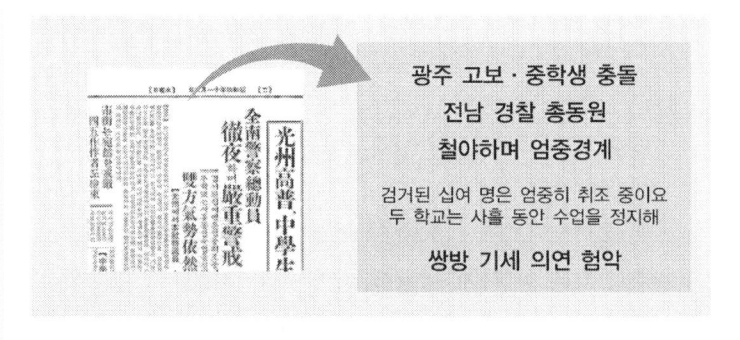

① 민족 자결주의에 자극을 받아 추진되었다.
② 신간회가 진상 조사단을 파견하여 지원하였다.
③ 종교계 지도자들이 계획하고 학생들이 참여하였다.
④ 일제의 무단 통치에 반발하여 전국적으로 확대되었다.
⑤ 순종의 인산일을 계기로 대규모 만세 시위가 전개되었다.

해설》 제시된 자료는 '광주 학생 항일 운동'을 보도한 신문기사 내용의 일부를 발췌한 것이다.
② 신간회는 광주 학생 항일 운동을 지원하였다.
① 3·1운동이 민족 자결주의에 자극을 받아 추진되었다.
③ 3·1운동은 종교계 지도자들이 계획하고 학생들이 참여하였다.
④ 3·1운동은 가혹한 무단 통치에 반발하여 전국적으로 확대되었다.
⑤ 6·10만세운동은 순종의 인살일을 계기로 대규모 만세 시위가 일어났다.

→ 정답 ②

예상문제

다음은 일제 강점기의 독립 운동과 관련된 자료들이다. (가), (나)의 독립 운동을 각각 바르게 짝지은 것은? [1점]

> (가) 금일 오인은 이 거사는 정의, 인도, 생존, 존영을 위하는 민족적 요구이니, 오직 자유적 정신을 발휘할 것이요, 결코 배타적 감정으로 일주하지 말라.
>
> (나) 격문 중 일부
> - 대한독립운동가여 단결하라!
> - 군대와 헌병을 철수하라!
> - 동양척식회사를 철폐하라!
> - 일본 물화를 배척하자!
> - 일본인 공장의 직공은 총파업하라!

	(가)	(나)
①	3·1 운동	6·10 만세 운동
②	3·1 운동	광주 학생 항일 운동
③	6·10 운동	3·1 운동
④	광주 학생 항일 운동	3·1 운동
⑤	광주 학생 항일 운동	6·10 운동

해설 》 제시된 자료는 (가)는 3·1 운동, (나)는 6·10 만세 운동에 대해 설명하고 있다. 우리나라를 대표하는 각각의 독립 운동의 특징을 파악하여 비교할 수 있는 능력을 묻는 문제이다.
(가) 1919년 3월 1일 3·1 운동을 기하여 민족대표 33인이 한국의 독립을 내외에 선언한 글인 기미독립선언서이다.
(나) 1926년 6월 10일 조선의 마지막 국왕인 융희 순종 황제의 인산일을 기하여 일어난 독립운동의 격문이다.

자료쏙쏙!

》》》 6·10 만세 운동 의의

'6·10 만세 운동'으로 서울에서 이병립, 박하균 등 200여명이 체포되었고, 전국적으로는 1,000여 명이 동모자 또는 관련자로 체포, 투옥되었다. 이 만세 운동은 3·1 독립운동만큼 전국적이지는 못했으나, 여전히 우리 민족이 독립을 쟁취하기 위한 욕망이 내재되어 있음을 보여주는 민족 운동이었다.

→ 정답 ①

20일차

43회 출제

치밀한 일본의 국권 침탈 과정과 우리의 저항을 살펴볼까요?

출제핵심포인트

- 전체적인 국권 피탈과정을 이해해야 하고, 당시의 국제정세까지 알아두어야 합니다.
- 을미의병·을사의병·정미의병의 경우 각각의 발생 배경과 주요 의병장, 결과를 알아야 합니다.
- 주요 조약의 사료가 제시 되었을 때, 핵심 키워드를 통해 어떠한 조약인지를 알 수 있어야 합니다.

43회 출제

30회 중급 36번	29회 중급 37번	28회 중급 36번	27회 중급 36번	27회 중급 30번
26회 중급 39번	26회 중급 35번	25회 중급 41번	25회 중급 40번	25회 중급 36번
24회 중급 41번	24회 중급 36번	23회 중급 31번	22회 중급 38번	22회 중급 35번
19회 중급 32번	18회 중급 45번	18회 중급 39번	18회 중급 37번	17회 중급 31번
14회 중급 41번	13회 중급 31번	10회 3급 36번	10회 4급 39번	10회 4급 40번
10회 4급 50번	9회 3급 31번	9회 3급 38번	8회 3급 13번	7회 3급 31번
7회 4급 44번	7회 4급 38번	7회 4급 41번	6회 3급 31번	3회 4급 13번
6회 4급 45번	5회 3급 50번	5회 4급 33번	5회 4급 39번	3회 4급 21번
3회 4급 48번	1회 4급 32번	1회 4급 38번		

자료쏙쏙!

》》》 일본의 한국지배를 묵인한 국제적 조약

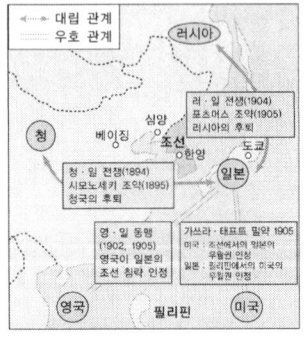

》》》 을미개혁을 주도한 김홍집

을미개혁은 을미사변 전·후 김홍집 내각의 이름으로 추진된 일련의 개혁운동

01 을미개혁과 을미의병

① 을미사변(1895.05)
　㉠ 청·일 전쟁 승리 후 일본의 압력이 강해짐
　㉡ 명성왕후는 친러 정책으로 일본 세력에 대항
　㉢ 삼국간섭 + 조선의 친러 경향이 강해지자 일본 군대와 낭인 동원
　㉣ 한반도 침략 걸림돌인 명성 왕후와 친러 세력 일소를 위해 **명성왕후 시해**

② 을미개혁(1895.08.20~1896.02.11)
　㉠ 배경 : 을미사변 후 친일 내각 수립하여 개혁 추진
　㉡ 개혁 내용
　　• **태양력 사용**(음력을 양력으로 전환)
　　• **종두법 시행**
　　• **단발령 시행 → 을미의병 원인**
　　• 소학교령 제정(초등학교 건립)
　　• 우편 업무 재개

- 건양이라는 연호를 사용
- 군제의 개편(친위대 – 중앙군, 진위대 – 지방군)

ⓒ 영향
- 항일 의병 운동의 전개
- **고종의 아관파천**

③ 을미의병(1895~1896)

㉠ 배경 : 을미사변(명성황후 시해) + 단발령

㉡ 활동
- **보수적 양반 유생층이 주도(이소응, 유인석) + 일반 농민 + 동학농민군 잔여 세력 참여**
- 위정척사사상 계승 → 의병투쟁의 시작

>> 머릿속에 **콕콕**!

원통함을 어찌하리. 국모의 원수를 생각하면 이미 이를 갈았는데, 참혹한 일이 더욱 심하여 임금께서 또 머리를 깎으시는 지경에 이르렀으니, 의관을 찢긴 나머지 또 이런 망극한 화를 만났으매, 천지가 번복되어 우리 고유의 이성을 보전할 길이 없습니다.

유인석의 「창의문」

* 유인석은 '복수보형(復讐保形 : 국모의 원수를 갚고 의리를 지킨다)'의 기치를 높이 들게 되었다. 그리고 의병대장에 취임함과 동시에 「격고팔도열읍(檄告八道列邑)」이라는 격문을 발표하였다.

>>>> 유인석의 을미의병 격문

ⓒ 결과
- 아관파천 후 단발령 철회 + **고종의 의병 해산 권고조칙** → 대부분 의병 해산
- 해산하지 않은 의병 일부는 **활빈당**, 영학당, 남학당 등의 농민무장조직 결성

02 대한제국의 식민지화 과정(1904~1910)

① 한·일 의정서(1904.2)

㉠ 과정
- 러·일 전쟁 발발에 앞서 대한제국은 중립화 선언
- 일본은 대한제국의 독점적 지배권을 명문화하기 위해 전국 군사적 요지를 점령 후 한·일의정서 강요

>>>> 한·일 의정서 체결 기념사진

자료쏙쏙!

>>>> 일제가 발행한 돈

    ⓒ 내용
- **일본 정부는 군사 전략상 필요한 지점을 임의로 사용**
- 대한제국 영토와 황제에 위험이 있을 때 필요한 조치 취함
- 일본의 시정개선에 관한 충고를 받아들임

② 제1차 한·일 협약(1904.08)

    ㉠ 과정 : 일본이 러·일 전쟁에서 승리가 확실시되자 재차 조선정부에 조약 강요

    ⓒ 내용(고문 정치)
- 일본인 1명을 재정 고문으로 초빙 + 외국인 1명을 외교 고문으로 초빙(일본 정부가 추천)
- 외국과의 조약 체결이나 그 외 중요 안건은 일본과 협의하여 시행

>> 머릿속에 콕콕!

> 제1조 대한 정부는 대일본 정부가 추천한 일본인 1명을 재정 고문으로 하여 대한 정부에 용빙하고, 재무에 관한 사항은 일체 그 의견을 물어 시행할 것
>
> 제2조 대한 정부는 대일본 정부가 추천한 외국인 1명을 외무 고문으로 하여 외부에 용빙하고, 외교에 관한 중요한 업무는 일체 그 의견을 물어 시행할 것
>
> 제3조 대한 정부는 외국과의 조약 체결, 기타 중요한 외교 안건, 즉 외국인에 대한 특권 양여와 계약 등의 처리에 관하여는 미리 일본 정부와 협의할 것
>
> * 제시된 자료는 1차 한일협약 조약의 내용이다. **고문 정치를 실시**하여 조선의 내정을 마음대로 간섭하려는 의도를 알 수 있다.

    ⓒ 영향
- 재정 고문에 일본인 **메가타** + 외교 고문에 미국인 **스티븐스**
- **메가타는 화폐정리사업**(1905)을 시행하여 민족 경제가 파탄에 이르게 함
- 협약에 없는 각 부에 일본인 고문을 두어 조선 내정을 마음대로 간섭

>>> 머릿속에 **콕콕!**

구백동화 무효에 관한 고시

구백동화는 지난 융희 2년 11월 말로써 일반 통용을 금지하고 다만 공납에만 한하여 본년 12월 말까지 사용함을 허용하였으나 명년 1월 1일부터는 결코 통용함을 금지할 터이니……

* 재정고문인 메가타는 침략정책을 효율적으로 수행하기 위해 1904년부터 구화폐의 정리사업인 화폐정리사업을 실시하였다. 이에 일본은행들이 금융업계를 지배하게 되고, 민족금융기관은 급속히 몰락하여 민족경제가 파탄하였다.

③ 을사조약(제2차 한·일 협약, 1905.11)

　㉠ 과정 : 고종의 거부에도 일제가 강제로 위협하여 조약 강요

　㉡ 내용(통감 정치)

　　• **대한제국 외교권 완전히 피탈(사실상 주권 상실)**
　　• **통감부 설치(1906)하고 통감 정치 실시(모든 내정 간섭)**

>>> 머릿속에 **콕콕!**

제1조, 일본국정부는 **도쿄의 외무성을 통해 한국의 외국에 대한 관계 및 사무를 감리, 지휘**하며, 일본국의 외교대표자 및 영사는 외국에 재류하는 한국의 신민 및 이익을 보호한다.

제2조, 일본국정부는 한국과 타국 사이에 현존하는 조약의 실행을 완수할 임무가 있으며, 한국정부는 일본국정부의 승인 없이는 국제적 성질을 가진 어떤 조약이나 약속도 하지 않는다.

제3조, 일본국정부는 그 대표자로 한국 황제폐하의 궐하에 1명의 통감을 두게 하며, 통은 오로지 외교에 관한 사항을 관리하기 위하여 경성(서울)에 주재하고 한국 황제폐하를 친히 내알할 권리를 가진다.

제4조, 일본국과 한국 사이에 현존하는 조약 및 약속은 본 협약에 저촉되지 않는 한 모두 그 효력이 계속되는 것으로 한다.

제5조, 일본국정부는 한국 황실의 안녕과 존엄의 유지를 보증한다.

* 제시된 자료는 을사조약의 내용이다. 일본이 외교권 박탈을 위하여 강제로 체결한 조약으로 원명은 한·일 협상조약이며, 제2차 한·일 협약, 을사보호조약, 을사5조약이라고도 한다.

>>>> 을사조약문

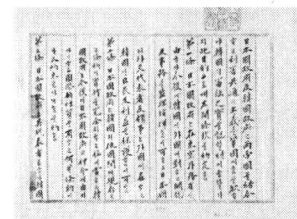

자료 쏙쏙!

>>>> 헤이그 특사

왼쪽부터 이준, 이상설, 이위종열사

>>>> 안중근 의사

만주 하얼빈에서 이토 히로부미 사살(1909)

④ 을사의병(1905~1906)
  ㉠ 배경 : 을사조약 체결 → 전국 각지에서 의병운동 전개
  ㉡ 활동
    - 국권 회복을 위한 무장투쟁 전개
    - **평민 출신의 의병장이 등장(신돌석·홍범도)**
    - 민종식(충남 홍주), **최익현(전북 태인·순창, 전라도 의병 활발 계기)**

⑤ 을사조약 반대 투쟁
  ㉠ 언론 활동
    - **황성신문은 장지연의 '시일야방성대곡'을 게재**

    >> 머릿속에 콕콕!

    이 조약이 성립하지 않음은 이토가 스스로 알 수 있을 바이거늘, 오호라, 개돼지만도 못한 소위 우리 정부 대신이라는 자들이 거짓된 위협에 겁먹고 이를 따르고 달갑게 나라를 파는 도적이 되어, 4천 년 강토와 5백 년 종사를 남에게 바치고, 2천만 국민을 남의 노예로 만들었으니 동포여! 살았는가! 죽었는가! 단군·기자 이래 4천 년 국민 정신이 하룻밤 사이에 졸연히 멸망하고 말 것인가! 원통하고 원통하다! 동포여! 동포여!

    「시일야방성대곡」

    * 제시문은 1905년 11월 20일 「황성신문」에 실린 **장지연**의 논설인 **시일야방성대곡**이다. 이 논설에서 일제 침략의 원흉 이토 히로부미를 비난하고, 을사오적을 매국노임을 규정하였다. 또 고종 황제가 을사조약을 승인하지 않았으므로 조약은 무효임을 전국민에게 알렸다.

    - 대한매일신보에 고종의 '을사조약 부인 친서'를 게재
  ㉡ 자결 순국(자결로서 항거) : 이한응, **민영환**, 홍만식, 조병세 등
  ㉢ 조약의 무효 주장 및 매국노를 규탄하는 상소운동(조병세, 이상설, 안병찬 등)
  ㉣ 의열투쟁
    - **장인환·전명운의 스티븐슨 저격(1908)**
    - **안중근이 하얼빈에서 이토 히로부미 살해(1909)**
    - 나철·오기호 등이 5적 암살단 조직 → 조약에 찬성한 일진회 및 매국노 공격
  ㉤ 외교활동 : **고종은 헤이그 특사(이상설·이준·이위종 등)파견**
    → 을사조약 무효와 일본 만행 알림 → 고종 강제퇴위 계기

03 대한제국의 식민지화 과정 II

① 정미조약(한·일신협약, 정미7조약, 1907)
  ㉠ 과정: 초대 통감 이토 히로부미의 고종 강제퇴위 → 순종 즉위 → 한·일 신협약 체결 강요
  ㉡ 내용(**차관 정치**)
    • 고등관리의 임용은 통감의 동의 필요
    • 고문 대신 일본인 차관 임명(정책 결정과 행정 실권 장악)
    • 사법권·경찰권 통감에 위임

    >>> 머릿속에 **콕콕!**

    제1조, 한국정부는 시정개선에 통감의 지도를 받을 것
    제2조, 한국정부의 법령제정 및 중요 행정상 처분은 통감의 승인을 거칠 것
    제3조, 한국의 사법사무는 보통 행정사무와 이를 구분할 것
    제4조, 한국 고등관리의 임면은 통감의 동의로써 이를 행할 것
    제5조, 한국정부는 통감이 추천하는 일본인을 한국 관리에 임명할 것
    제6조, 한국정부는 통감의 동의 없이 외국인을 한국 관리에 임명하지 말 것
    제7조, 1904년 8월 22일 조인한 한일외국인 고문 용빙에 관한 협정서 제1항은 폐지할 것

    * 제시된 자료는 정미7조약의 내용이다. 이 조약은 일본이 고종을 강제 퇴위시킨 직후에 강압적인 분위기로 체결되었기 때문에 국제조약으로 법적 유효성에 의문이 있다.

  ㉢ 군대 해산(1907.8)
    • 정미7조약의 부수조항에 포함
    • 일본 활동 제약, 재정곤란을 이유로 해산
    • 해산된 군인들 지방 각지의 의병에 합류 → 의병의 무장 투쟁화

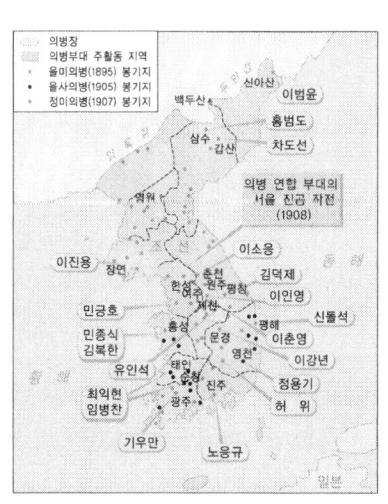

자료쏙쏙!

>>>> 정미의병의 신분 및 전투 횟수의 변화

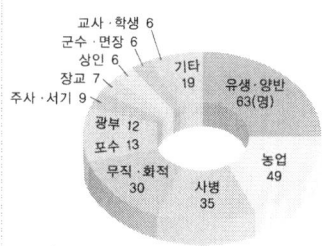

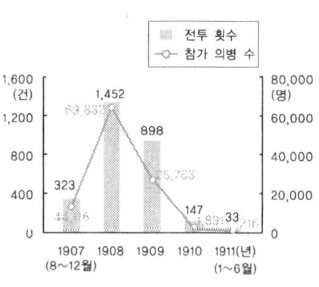

> 자료쏙쏙!

>>>> 의병부대의 모습

② **정미의병**(1907)
  ㉠ 배경 : 고종의 강제 퇴위 + 군대 해산 → 의병 전쟁으로 전국적 확산
  ㉡ 전개
    • **해산 군인들이 의병에 가담하여 의병 부대 전투력 강화**
    • 서울 진공작전(1908)

      - 총대장 이인영 + 군사장 허위 등 유생 의병장 주도로 13도 창의군 결성
      - 경기도 양주에 집결하여 서울 진공작전
      - 일본의 우세한 화력 + 평민 의병장 제외(신돌석, 홍범도 등)로 서울 진공작전 실패
      * 이인영은 부친상을 당하자 서울 진공 작전 지휘를 포기하고 고향으로 내려감

    • 일본의 남한 대토벌 작전(1909)

      일본은 조선을 식민지로 만들기 위해 대대적인 의병 토벌 → 의병들은 만주, 연해주 등지로 이동하여 무장독립군 편성

③ **기유각서**(1909)
  ㉠ 조선의 언론 · 집회 · 결사 · 출판의 자유 유린
  ㉡ 사법권 및 감옥사무 강탈 + 한국재판소 폐지 → 통감부에 사법청 설치

④ **한 · 일 병합 조약**(국권 피탈, 경술국치, 1910.8)
  ㉠ 데라우치 통감의 경찰권 박탈
  ㉡ 황성신문 · 대한매일신보 등 강제 폐간
  ㉢ 이완용 내각과 합병조약을 체결하여 국권 강탈

기출문제

10회 4급 39번

밑줄 그은 '이 조약에 대한 각 인물의 대응으로 옳지 않은 것은? [2점]

> 이 조약은 비단 우리 대한뿐만 아니라 동양 3국의 분열하는 조짐을 만들어 낸 것인즉, 이토 후작의 본래의 의도가 어디에 있었던가. …… 아아, 분하도다! 우리 2천만, 타국인의 노예가 된 동포여! 살았는가! 죽었는가!

① 신돌석 – 의병을 이끌고 일본군과 싸웠다.
② 최익현 – 동포에게 전하는 유서를 남기고 자결하였다.
③ 이상설 – 조약의 무효를 주장하면서 매국노를 규탄하는 상소를 올렸다.
④ 나철 – 5적 암살단을 조직하여 조약에 찬성한 매국노를 처단하려 하였다.
⑤ 고종 – 조약이 무효임을 국제 사회에 알리고자 헤이그에 특사를 파견하였다.

해설 》》 을사조약은 1905년 대한민국 외교권을 박탈한 조약으로 을사조약의 부당함에 반발하여 많은 항일 운동이 전개되었다.
① 신돌석은 최초의 평민 의병장으로 을사조약에 항거하여 일어났다.
② 최익현은 을사의병 때의 의병장으로 태인, 순창 등을 점령하였다. 을사조약에 항거하여 유서를 남기고 자결한 사람은 민영환과 조병세이다.
③ 이상설과 안병천은 을사조약 무효를 주장하는 상소를 올렸다.
④ 나철은 5적 암살단을 조직하여 조약에 찬성한 매국노를 처단하려 하였다.
⑤ 고종은 을사조약의 부당함을 알리기 위해 네덜란드 헤이그에서 열리는 만국 평화회의에 특사를 파견하였다.

자료쏙쏙!

》》》 대한제국의 식민지화 과정

한·일의정서 (1904)	일본의 정치적 간섭 및 토지 강탈
제1차 한·일협약 (1904)	고문정치 실시로 전반적 내정 간섭
가쓰라·태프트밀약 2차 영·일동맹 포츠머스 강화 조약 (1905)	일본의 한국 지배를 미·영·러 묵인
을사조약(제2차 한·일협약, 1905)	외교권 피탈(통감정치)
정미7조약 (한·일신협약, 1907)	대한제국 내정 완전히 장악 후 군대해산 사법권+경찰권 통감에 위임
한·일병합조약 (경술국치, 1910)	국권 상실→헌병경찰제 실시

→ 정답 ②

자료쏙쏙!

>>>> **을사조약 저항 활동**

일제의 의한 국권 피탈이 가속화 되는 시점에서 등장한 의열 활동은 안중근의 이토 히로부미 저격, 장인환, 전명운 의사의 스티븐슨 암살, 이재명 열사의 이완용 습격, 나철의 오적암살단 조직 등을 들 수 있다.

예상문제

다음과 같은 협약이 맺어진 시기의 역사적 사실로 옳은 것을 〈보기〉에서 고른 것은? [2점]

- 한국정부는 일본정부가 추천하는 일본인 1명을 재정고문으로 하여 한국정부에 용빙하고, 재무에 관한 사항은 일체 그 의견을 물어 시행할 것
- 한국정부는 일본정부가 추천하는 외국인 1명을 외교고문으로 하여 외부에 용빙하고 외교에 관한 요무는 일체 그 의견을 물어 시행할 것
- 한국정부는 외국과의 조약 체결, 기타 중요한 외교 안건, 즉 외국인에 대한 특권 양여와 계약 동의처리에 관하여는 미리 일본 정부와 협의할 것

| 보기 |

㉠ 재정고문에 메가타, 외교고문에 스티븐스를 두었다.
㉡ 화폐정리사업이 실시되었다.
㉢ 헤이그특사를 보내게 되는 계기가 되었다.
㉣ 통감부를 설치하여 모든 내정에 간섭하였다.

① ㉠, ㉡ ② ㉠, ㉢
③ ㉡, ㉢ ④ ㉡, ㉣
⑤ ㉢, ㉣

해설》 제시된 자료는 1905년에 체결된 '1차 한·일 협약'에 대한 내용이다. 1차 한·일 협약의 핵심 내용은 '고문정치'이다. 일본의 추천으로 고문을 두어 대한제국의 내정을 관리, 통제하도록 하였다. 이 중에 특히 재정 고문이었던 일본인 '메가타'와 외교 고문이었던 미국인 '스티븐슨'의 활동이 두드러졌는데, 전자는 화폐 정리 사업을 통해 토착 조선 자본을 개편하였고 후자는 일본의 대한 정책을 국제적으로 홍보하였다.
㉠ 제1차 한·일 협약으로 재정 고문에 일본인 메가타를, 외교 고문에 미국인 스티븐슨을 두었다.
㉡ 재정 고문이었던 일본인 메가타는 화폐정리사업을 실시하였다.
㉢ 을사조약(제2차 한·일 협약)으로 인해 대한제국의 외교권을 완전히 박탈하자 고종은 헤이그 특사를 보냈다.
㉣ 을사조약(제2차 한·일 협약)때 이토 히로부미를 초대 통감으로 임명하고 통감부를 설치하여 모든 내정을 간섭하였다.

→ 정답 ①

예상문제

다음 자료와 관련된 의병 운동을 주제로 신문기사를 쓰려고 한다. 기사 제목으로 옳은 것은? [2점]

▲영국 신문 특파원이 촬영한 정미의병

나라에 대한 불충은 어버이에 대한 불효요, 어버이에 대한 불효는 나라에 대한 불충이다. 그러므로 나는 3년 상을 치른 뒤 다시 의병을 일으켜 일본을 소탕하고 대한을 회복하겠다.
 －의병 총대장 이인영－

① 의병 연합 부대, 서울 진격 준비 중!
② 혜성같이 평민 의병장이 등장하다!
③ 을미사변의 비통함, 의병 조직되다!
④ 고종 의병해산권고 조칙, 결국 받아들이다!
⑤ 을사조약, 전국에 의병을 일으키다!

해설》》 제시된 사진 자료는 정미의병의 모습이며, 사료는 유생 의병장의 한계를 보여준 이인영에 대한 것이다. 이인영은 부친상을 당하자 "불효는 곧 불충"이라 하여 서울진공작전의 지휘를 포기하고 고향으로 내려갔다.
 ① 정미의병은 이인영, 허위 등 유생 의병장의 주도로 13도 창의군을 결성하고 서울진공작전을 펼쳤다.
 ② 을사의병 때 신돌석, 홍범도와 같은 평민 의병장이 등장하였다.
 ③ 명성황후가 시해당하는 을미사변이 계기가 되어 을미의병이 일어났다.
 ④ 고종의 해산권고조칙을 받아들여 을미의병은 해산하였다.
 ⑤ 을사조약으로 인해 을사의병이 일어났다.

자료쏙쏙!

>>>> **이인영과 정미의병**

이인영은 13도 연합의병의 서울 진격을 앞두고 부친상을 당하자 의병 해산을 통고하고 문경 집으로 돌아갔다. 장례식이 끝난 뒤 부하들이 다시 의병을 일으킬 것을 청하였지만, 충청도 항간에서 숨어 지내다 1909년 일본군에 체포되어 처형되었다.

→ **정답** ①

21일차

49회 출제

일본의 침략에 맞선 우리 민족의 노력을 알아볼까요?

출제핵심포인트

- 국채 보상 운동과 물산 장려 운동의 특징과 차이점을 구별할 수 있어야 합니다.
- 신민회의 목표와 활동을 이해해야 합니다.
- 신간회와 근우회의 경우 직접적인 출제 빈도가 떨어지나 오답으로 많이 제시되므로 활동시기 및 활동을 알아야 합니다.

22회 출제

28회 중급 39번	27회 중급 35번	23회 중급 42번	21회 중급 41번	20회 중급 37번
17회 중급 45번	16회 중급 36번	12회 중급 38번	11회 중급 33번	10회 4급 41번
9회 4급 38번	7회 4급 46번	7회 3급 29번	6회 3급 42번	6회 4급 27번
6회 4급 32번	5회 4급 49번	4회 4급 36번	3회 3급 50번	2회 3급 48번
2회 4급 36번	1회 4급 39번			

자료쏙쏙!

〉〉〉〉 국채 보상 운동가

애국심이여, 애국심이여, 대구 서공 상돈일세.
1천 3백만원 국채 갚자고 보상 동맹단연회 설립했다네.
면실하는 마음 발양하니, 대한 국민 분명하도다.
지금 우리 국가 간난(艱難)한데 누가 이런 열성 가질 건가. ……
대한 2천만 민중에 서상돈만 사람인가.
단천국 이곳 우리들도 한국 백성 아닐런가.
외인 부채 해마다 이식 불어나니 많은 그 액수 어이 감당하리.
적의 공격 없어도 나라 자연 소멸되면,
아아, 우리 백성들 어디 가서 사나.
이 나라 강토 없게 되면 가옥, 전토는 뉘 것인고. ……
여러분, 여러분, 때를 잃지 말고 보상하오.
국채 다 갚는 날 오면 기쁘고 즐겁지 않을 손가.
힘씁시다, 힘씁시다, 우리 단천의 여러분이여.

※ 단천 국채 보상소의 발기인 이병덕, 김인화 등이 만들어 부른 노래

01 국채 보상 운동 VS 물산 장려 운동

구분	국채 보상 운동 (대구, 경제 구국 운동, 1907)	물산 장려 운동 (평양, 국산품 애용 운동, 1923)
배경	• 일본은 근대 시설 설치비용을 명분으로 차관 얻도록 강요 • 일본이 차관을 제공하여 경제 예속	일본이 면직업·주류 제외한 모든 상품에 관세 면제
목표	국민의 힘으로 국채를 갚아 국권을 수호하고자 함(국채 1,300만 원)	• 민족 자본과 산업 육성을 통한 민족 경제의 자립 달성 • 국산품 애용을 통한 경제적 자립 추구
활동	• 대구에서 서상돈, 김광제 등이 제안 • 국채보상 기성회 조직 • 대한매일신보, 황성신보 등의 언론 기관 지원 및 후원→전국으로 확산 • 금주, 금연, 여성들 패물 납부 등에 의한 모금 운동 전개	• 평양에서 조만식, 김동원 중심 • 평양에서 시작되어 전국으로 확산 • 자작회, 토산장려회 등의 활동으로 전국적으로 확산 • 토산품 애용, 근검저축, 금주·단연, 생활 개선 운동 전개
결과	일제 탄압→성과 미비	경제 불황 + 일제 탄압→성과 미비
의의	민족의 경제적 자립을 도모하려는 민족 실력 양성 운동임	

〉〉〉〉 물산 장려 운동 구호

> 머릿속에 **콕콕!**

국채 보상 운동
2천만 인이 3개월 동안 담배를 끊고 그 대금으로 매 1인마다 20전씩 거두면 거의 1,300만 원이 될 수 있습니다. 우리 2천만 동포 중에 애국 사상을 가진 이는 기어이 이를 실시해서 삼천리 강토를 유지하게 되기를 간절히 바라는 바입니다. 대저 2천만 중 여자가 1천만이요, 1천만 중에 가락지가 있는 이가 반을 넘을 터이오니 가락지 매쌍에 2원씩만 셈하고 보면 1천만 원이 여인 수중에 있다 할 수 있습니다.
 ─대한매일신보─

* 대한매일신보에 실린 국채 보상 운동 관련 기사이다.

> 머릿속에 **콕콕!**

물산장려운동 행동 지침
1. 음력 계해(1923)년 정월 1일로부터 의복은 우선 남자는 두루마기, 여자는 치마를 조선인 산품 또는 가공품을 염색하여 착용할 것.
2. 음식물에 대하여는 식염, 사탕, 과자, 청량음료 등을 제외하고는 모두 조선인 물산을 사용할 것
3. 일용품은 조선인 제품으로 대용하기 가능한 것은 이를 사용할 것

* 물산 장려 운동의 행동 지침으로 제1기의 실행 조건이다.

자료 **쏙쏙!**

〉〉〉〉 물산 장려 운동 포스터

'우리가 만든 것을 우리가 쓰자.'라는 표어 아래 태극성을 사용하자는 경성 방직 주식회사의 선전광고

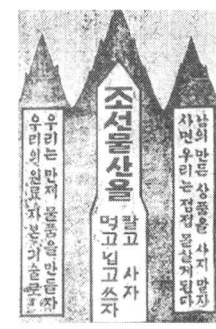

1922년 평양 조선 물산 장려회의 근검 절약 및 토산품 애용 포스터

02 애국 계몽 운동의 전개

18회 출제

30회 중급 34번	29회 중급 36번	26회 중급 32번	21회 중급 33번	20회 중급 29번
16회 중급 26번	13회 중급 28번	11회 중급 32번	10회 3급 37번	10회 3급 37번
9회 4급 44번	7회 3급 29번	7회 4급 43번	5회 3급 41번	5회 4급 37번
4회 4급 31번	2회 3급 37번	1회 4급 44번		

① 신민회
  ㉠ 창립(1907)
    • **안창호 · 양기탁 · 이동휘 · 이동녕** 등 사회 각계 각층 인사들이 주도
    • **비밀 결사단체**

> 머릿속에 **콕콕!**

1. 국민에게 민족 의식과 독립 사상의 고취
2. 동지를 발견하고 단합하여 국민 운동 역량 축적
3. 상공업 기관 건설로 국민의 부력 증진
4. 교육 기관 설립으로 청소년 교육 진출

* 신민회의 4대 강령이다.

〉〉〉〉 신민회의 주요 인사

좌로부터 양기탁, 안창호, 유동렬

자료쏙쏙!

>>>> 안창호가 설립한 평양의 대성학교

>>>> 연행 되어가는 105인 사건 관련자들

>>>> 대한매일신보

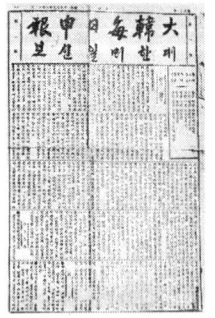

- 발행인이 영국인 베델과 양기탁
- 의병 운동에 호의적 + 국채 보상 운동 주도
- 을사조약 이후 항일 운동의 선봉 역할

ⓒ 활동목표
- **국권 회복과 공화정체의 근대 국민 국가 건설**
- 문화적 · 경제적 · 군사적 실력양성 기도

ⓒ 활동

교육	• **대성학교(평양), 오산학교(정주)**, 보창학교(강화) 등을 설립하여 민족 교육에 힘씀 • 계몽강연 및 학회 활동
경제	• **평양의 자기 회사**, 조선 실업 회사와 안악의 방직 공장 등을 설립하여 민족 운동 자금 마련 • **태극서관(대구)** 등에서 잡지서적 출판(서적 보급)
군사	해외 독립운동기지 건설→**만주 삼원보에 신흥무관학교 설립(서로 군정서 배출)**→동림무관학교, 밀산무관학교 설립
기타	**대한매일신보**를 통해 언론 활동 전개

ⓒ 해산(1911)
- **안악 사건(1910)** : 안명근이 서간도에 무관학교 설립 자금을 모집하다 관련 인사 160여명 검거
- **105인 사건(1911)** : 일본 총독부가 민족 해방 운동을 탄압 위해 데라우치 마사타케 총독 암살 미수 사건 조작을 하여 신민회 간부 대다수 체포

>> 머릿속에 **콕콕!**

애국 계몽 운동 단체
(3회 출제 : 8회 3급 12번, 8회 3급 17번, 17회 중급 42번)

① 보안회(1904) : 일본의 황무지 개간권 요구의 철회 주도→농광회사 설립

② 헌정 연구회(1905) : 독립협회 계승, 입헌 정치 체제 수립 추구→친일 단체인 일진회에 맞서다 해산

③ 대한 자강회(1906) : 헌정 연구회 후신, 고종의 강제 퇴위 반대 운동 전개→강제 해산

03 민족 유일당 운동의 전개

09회 출제
30회 중급 41번 28회 중급 45번 25회 중급 47번 23회 중급 44번 19회 중급 35번
18회 중급 38번 14회 중급 45번 13회 중급 35번 4회 3급 49번

① 신간회

　㉠ 창립(1927)
　　• **비타협적 민족주의계 + 사회주의계 인사가 조직**
　　• 이상재 · 홍명희 · 조병욱 · 안재홍 등 지식인 계층이 주도
　　• **합법단체**

　　≫ 머릿속에 쏙쏙!
　　　• 우리는 정치적 · 경제적 각성을 촉진한다.
　　　• 우리는 단결을 공고히 한다.
　　　• 우리는 기회주의를 일체 부인한다.
　　　　* 신간회의 3대 강령이다. 특히 기회주의 일체 부인은 일제가 허용하는 범위 내에서 자치 운동 또는 참정을 전개해야 한다고 주장하는 타협주의 세력을 배격하기 위해서이다.

　㉡ 활동
　　• 소작쟁의, 동맹휴학, 노동쟁의 등의 **대중운동 지원**(원산노동자 총파업, 단천 농민운동)
　　• **광주 학생 항일 운동에 진상 조사단 파견(1929)**
　　• 지방 순회 강연 실시(민족의식 고취)
　　• 동양척식주식회사 폐지, 한국인 본위의 교육제도 실시 등을 정책으로 삼음
　　• 청년 · 여성 · 형평운동 등과 연계하여 활동

　㉢ 해체(1931)
　　• 일제의 철저한 탄압 + 내부의 이념 대립(민족주의 계열에서 타협적 노선 등장)
　　• 코민테른(국제공산당 지도단체)의 민족주의자와 분리투쟁 중용 지시

자료쏙쏙!

≫≫ 신간회 발기(1927년 1월 20일)

조선 민족의 정치적 의식이 발전됨에 따라 민족적 중심 단결을 요구하는 시기를 타서, 순민족주의를 표방한 신간회 발기인 28명(김명동, 김준연, 김탁, 권동진, 정재룡, 이갑성, 이승훈, 문일평, 백관수 등)이 연명으로 1월 19일(1927년) 3개조의 강령을 발표하였는데, 책임자의 말을 듣건대 신간회의 목표는 우경적 사상을 배척하고 민족주의 중 좌익전선을 형성하려는 것이라 하며, 실지 정책과 사업은 2월 5일 개최될 창립총회에서 결정할 터이다.

「동아일보」

≫≫ 동아일보의 신간회 창립 보도기사

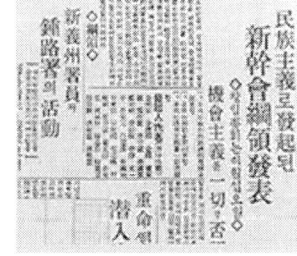

자료쏙쏙!

>>>> 근우회 본부에서 발행한 책의 표지

② 근우회
- ㉠ 창립(1927)
  - 신간회 조직→여성 운동계에도 통합론 일어남→여성계 민족유일당(근우회) 조직
  - **신간회와 연계하여 활동**(신간회의 자매단체)
- ㉡ 활동
  - 여성 문제 토론회와 강연회 개최(여성 노동자 권익, 여성의 단결, 남녀평등 등 전개)
  - **광주 학생 운동 및 각종 항일 학생 운동 지도와 지원**
- ㉢ 해체(1931)
  - 신간회 해체를 전후하여 해산
  - 내부의 이념대립(사회주의계열 · 민족주의계열 사상 차이 심화)

>> 머릿속에 쏙쏙!

- 여성에 대한 사회적 · 법률적 일체 차별 철폐
- 일체 봉건적인 인습과 미신 타파
- 조혼 방지 및 결혼의 자유
- 농민부인의 경제적 이익 옹호……
- 부인 및 소년공의 위험 노동 및 야업 폐지

※ 근우회가 주장한 구체적인 운동 방향이다.

기출문제

6회 3급 42번

자료의 민족 운동에 대한 설명으로 옳은 것은? [3점]

① 일본이 동원한 일진회의 탄압으로 실패하였다.
② 민족 산업을 육성하여 경제 자립을 이루고자 하였다.
③ 진주에서 결성된 조선 형평사를 주축으로 전개되었다.
④ '한민족 1천만이 한 사람이 1원씩' 이라는 구호를 내걸었다.
⑤ 금주, 단연에 의한 모금 운동으로 나라 빚을 갚고자 하였다.

해설 》 제시된 자료의 '우리 손으로 맨든 갑싸고 모양 조코...' 하는 부분에서 알 수 있듯이 토산품 애용을 기치로 내건 1923년 물산 장려 운동에 대한 자료이다.
② 물산 장려 운동은 조선 민족 자본의 활성화와 민족 산업의 육성을 목표로 하였다.
① 1907년의 국채 보상 운동은 일진회의 탄압을 받은 운동이다.
③ 1923년에 시작된 형평 운동에 대한 설명이다.
④ 1907년의 국채 보상 운동에 대한 설명이다.
⑤ 1907년의 국채 보상 운동에 대한 설명이다.

자료쏙쏙!

》》》 조선 물산 장려 운동 신문기사

'조선 사람 조선 것'이라는 표어 아래 평양의 조선 물산 장려 운동이 대성황을 이루고 있음을 보도

→ 정답 ②

자료쏙쏙!

>>>> 대한제국 시기 독립협회의 해산 이후 국권 회복 운동을 전개하였던 단체들은 크게 보안회-헌정 연구회-대한 자강회-신민회로 볼 수 있다. 각 단체의 주요 활동들을 파악하는 것은 중요하다.

예상문제

다음 자료와 관련된 단체의 활동으로 옳지 <u>않은</u> 것은? [2점]

105인 사건은 일제가 안중근의 사촌 동생 안명근이 황해도 일원에서 독립 자금을 모금하다가 적발되자 이를 빌미로 일제는 항일 기독교 세력과 <u>단체</u>를 탄압하기 위해 총독 암살 미수 사건을 조작하여 수백 명의 민족 지도자를 검거한 일이다.

① 만주 지역에 독립 운동 기지를 건설하였다.
② 공화정체의 근대국민국가 건설을 주장하였다.
③ 대성학교와 오산학교를 설립하였다.
④ 사회 각계각층 인사들이 조직한 비밀결사 단체였다.
⑤ 고종의 강제 퇴위 반대 운동을 전개하였다.

해설» 제시된 자료는 '105인 사건'과 '신민회 조직원들'의 사진자료이다. 이를 통해 1907년 결성된 비밀 결사 계몽 단체인 '신민회'임을 알 수 있다.
⑤ 대한자강회는 고종의 강제퇴위 반대운동을 전개하다 해산 당하였다.
① 신민회는 무장 투쟁도 활동의 목표로 삼았으며, 만주 지역에 독립군 기지 건설운동을 주도하였다.
② 신민회는 국권회복과 공화정체의 근대국민국가 건설을 목표로 하였다.
③ 신민회는 교육구국운동으로 오산학교, 대성학교 등을 설립하였다.
④ 신민회는 사회 각계각층의 인사들을 망라하여 조직한 비밀결사단체이다.

→ **정답** ⑤

예상문제

다음 자료와 관련된 신문에 대한 설명으로 옳은 것을 〈보기〉에서 고른 것은? [3점]

편집실 - 중앙에 앉은 마른 사람은 양기탁

사장 시절 베델

| 보기 |

㉠ 의병 활동에 대해 호의적인 기사를 실었다.
㉡ 장지연의 '시일야방성대곡'을 게재하였다.
㉢ 국채 보상 운동에 적극적으로 지원하였다.
㉣ 구독대상이 주로 지식층, 유생들이었다.

① ㉠, ㉡
② ㉠, ㉢
③ ㉡, ㉢
④ ㉡, ㉣
⑤ ㉢, ㉣

해설 >> 제시된 사진 속 인물 '베델', '양기탁'을 통해 둘이 창간한 신문인 '대한매일신보'에 대해 묻는 문제임을 알 수 있다.
㉠ 대한매일신보는 의병 활동에 대해서도 호의적인 기사를 실었다.
㉢ 대한매일신보는 일제의 침략상을 적극적으로 고발하였으며 국채보상운동을 대대적으로 홍보하고 참여하였다.
㉡ 장지연의 '시일야방성대곡'을 게재한 신문은 황성신문이다.
㉣ 대한매일신보의 구독대상은 다양하였으며, 최다 독자를 보유하고 있었다.

자료쏙쏙!

>>>> 신문지법

일제는 1907년 7월 24일에 애국적인 언론기관을 통제하기 위해 제정한 것이다. 이를 통해 정기간행물 발행의 허가제와 보증금제로 발행허가를 억제, 허가받은 정기간행물의 발매·반포금지, 발행정지, 발행금지 등이 있다.

→ 정답 ②

22일차

49회 출제

일제의 식민통치에 의한 우리 민족의 수난을 살펴볼까요?

자료쏙쏙!

출제핵심포인트

- 일제강점기를 시기별로 구분할 수 있어야 합니다.
- 각 시기별 전개된 일제의 식민통치 방식이나 식민지 경제수탈의 방식을 정확하게 알고 있어야 합니다.
- 일제의 식민통치와 관련된 사료나 사진자료를 보고 일제강점기 시기를 알 수 있어야 합니다.

49회 출제

30회 중급 42번	29회 중급 45번	29회 중급 41번	28회 중급 38번	27회 중급 44번
27회 중급 39번	26회 중급 44번	25회 중급 43번	24회 중급 44번	24회 중급 38번
24회 중급 35번	23회 중급 39번	22회 중급 41번	22회 중급 34번	21회 중급 45번
20회 중급 45번	20회 중급 35번	19회 중급 38번	18회 중급 42번	17회 중급 38번
17회 중급 39번	16회 중급 40번	15회 중급 36번	15회 중급 38번	14회 중급 20번
13회 중급 33번	12회 중급 36번	11회 중급 35번	10회 3급 39번	10회 4급 44번
9회 3급 39번	9회 4급 42번	8회 3급 25번	8회 3급 28번	8회 4급 48번
8회 4급 13번	7회 3급 32번	7회 3급 34번	7회 4급 42번	7회 4급 49번
6회 3급 37번	6회 4급 34번	5회 3급 36번	5회 4급 34번	5회 4급 40번
4회 3급 44번	3회 3급 39번	2회 4급 37번	1회 4급 37번	

>>>> 조선 총독부

>>>> 일본 헌병

01 무단통치(헌병경찰통치, 1910~1919)

① 의미 ··· 헌병과 경찰을 동원하여 우리 민족을 무력으로 탄압하는 공포 정치

② 내용
- ㉠ 총독부 체제
  - 일제 식민통치의 중추기구로 **조선 총독부 설치(1910)**
  - 총독은 한국에서 입법·사법·행정·군통수권 장악(무관 출신만 임명)
- ㉡ 중추원 : 총독부의 자문기구로 조선인 회유 목적(형식적인 기구)
- ㉢ 헌병 경찰제도
  - 헌병경찰은 **태형령**(지시불이행 및 잘못할 경우 매로 때림)·**즉결 처분권**(즉시 법절차 없이 처벌)행사
  - 교사 및 관리까지도 제복 착용과 대검 휴대

>>> 머릿속에 **콕콕!**

조선태형령

제1조 3월 이하의 징역 또는 구류에 처할 자는 그 정상에 의하여 태형에 처할 수 있다.
제7조 태 30대 이하이면 이를 1회에 집행하고, 매 30대를 초과할 때마다 1회씩 가한다. 태형의 집행은 1일에 1회를 초과할 수 없다.
제13조 본령은 조선인에 한하여 이를 적용한다.

태형 시행 규칙

제1조 태형은 수형자를 형판 위에 엎드리게 하고 그 자의 양팔을 좌우로 벌리게 하여 형판에 묶고 양다리도 같이 묶은 후 볼기 부분을 노출시켜 태로 친다.
제12조 집행중에 수형자가 비명을 지를 우려가 있을 때에는 물에 적신 천으로 입을 막는다.

* 조선 총독부는 합법적으로 조선의 독립운동가에서 일반 백성들까지 통제하기 위해 태형준칙을 제정 공포하였다. 일제의 헌병, 경찰, 군인 등은 온갖 고문과 악형을 자행하였다.

㉣ 기본권 박탈
- 구한말 제정한 보안법, 출판법, 신문지법, 사립학교령 등 4대 악법 존속
- 언론, 출판, 집회, 결사의 자유 허용하지 않음

㉤ 토지조사사업 시행(1912~1918)

목적	• 근대적 토지 소유제도 확립 및 정리를 명분으로 시작 • **실제로는 토지의 약탈 및 안정적인 토지세 확보를 위해 실시**
과정	기한부 신고제와 복잡한 절차를 통해 토지 소유권 인정 → 미신고 토지, 국유지, 공동 소유 토지, 마을·문중의 토지 약탈
결과	• 소작농의 관습적인 경작권·개간권 등을 부정하고 기한부 계약제로 전환 • 지주 권한이 강화되고, 농민의 권리 약화 • 탈취한 토지를 동양척식주식회사 등 토지회사나 일본인에게 헐값 불하 • 소작쟁의 발생의 배경이 됨 • 몰락한 농민들 만주, 연해주 등 국외로 이주

자료쏙쏙!

>>>> **토지조사사업의 토지측량 모습**

자료쏙쏙!

ⓑ 회사령(1910) : 회사 설립을 허가제로 함(한국인 회사 설립 억제 + 민족자본 성장 억제)

ⓢ 광업령(1915) : 광산 개발을 허가제로 함(일본인이 광산 독점)

ⓞ 전매사업실시 : 소금, 담배, 아편, 인삼 등을 독점

ⓩ 각종 시설 설치 : 대륙 침략 위해 철도(경원선, 호남선)·통신·항만 시설 설치

02 문화통치(보통경찰통치, 민족분열통치 1919~1931)

① 의미
  ㉠ 조선을 문화민족으로 대우한다는 기만적 회유정책(3·1운동 이후)
  ㉡ **민족의 분열 및 이간 유도(친일파 양성)** → 일제의 지도하에 자치권을 얻자는 자치론을 주장하는 타협적민족주의자들 등장(이광수, 최린 등)

> ≫ 머릿속에 **쏙쏙!**
>
> 1. 핵심적 인물을 골라 그 인물로 하여금 귀족, 양반, 유생, 부호, 교육가, 종교가에 침투하여 계급과 사정을 참작하여 각종 친일 단체를 조직하게 한다.
> 2. 일본에게 절대 충성하는 자로서 관리를 강화한다.
> 3. 조선 문제 해결의 성공 여부는 친일 인물을 많이 얻는 데에 있으므로 친일 민간인에게 편의와 원조를 주어 수재 교육의 이름 아래 많은 친일 지식인을 긴 안목으로 키운다.
>
>   - 조선 민족 운동에 대한 대책 -
>
> *3·1 운동 이후 부임한 사이토 마코토 3대 총독이 1920년경에 발표한 〈조선 민족 운동에 대한 대책〉으로 민족분열통치에 대한 의도를 알 수 있다.

② 내용
  ㉠ **총독 임용체제 변경** : 총독에 문관도 임명 가능(실제로 문관 임명 사례 없음)

ⓛ 보통 경찰제도
- 교사 및 관리의 제복 착용과 대검휴대 폐지
- 보통경찰로 바뀌나 경찰의 인원·장비·유지비는 3배 이상 증가

ⓒ 언론 및 교육 정책
- **조선일보와 동아일보 창간**→ 검열 강화를 통해 정간·폐지 반복 → 정상적 발행 못함
- 조선학제를 일본학제와 동등하게 함(교육열 무마)

ⓔ 치안유지법 제정(1925) : 사회주의 세력 탄압을 위한 조치(실제론 민족해방·독립운동을 억압하기 위한 수단)

ⓜ 회사령 폐지(1920) : 기존의 허가제를 폐지하고 **신고제로 전환**(일본 자본의 조선 침입을 쉽게 하기 위해)

ⓗ 지방정책 : **도평회의·부면협의회를 설치**하여 지방자치 일부 허용 (일부지역만, 일부 상층 자산가만 선거권 지님)

ⓢ 산미증식계획(1920~1934)

배경	일본의 산업 자본주의 발달에 따른 식량 부족 해결(쌀 수요 증가→쌀값 폭등)
과정	• 산미증식을 위해 종자 개선, 비료, 수리시설 개선 시도→모든 비용 농민 부담 • 목표 증산량에 미치지 못했으나 계획대로 수탈
결과	• 각종 비용 부담으로 농민층 몰락→도시 빈민, 화전민, 국외 이주민 증가 • 소작쟁의 전개 • 국내 쌀 부족으로 만주에서 잡곡 수입 • 쌀 상품화 현상→쌀 중심의 단작화 현상이 심화

ⓞ 각종 시설 설치 : 함경선 설치로 한반도에 철도선 X축 완성(수탈라인 완성)

자료쏙쏙!

>>>> 치안유지법에 의해 송치되는 민족 운동가

>>>> 산미증식계획에 의한 미곡 수탈

자료쏙쏙!

>>>> 강제 공출된 금속류

>>>> 황국 신민 서사를 외우는 학생들

>>>> 조선 신궁에 강제로 참배하는 한국 학생들

03 민족말살통치(1931~1945)

① 의미 … 병참기지화 정책 + 무력탄압 강화→조선인을 일본인으로 동화시키려고 함

② 내용

㉠ 병참기지화 정책
- 만주 사변(1931), 중·일 전쟁(1937), 태평양 전쟁(1941)이 배경
- 북부지역에 많은 군수 관련 중공업 공장 설치

㉡ 남면북양 정책 : 남쪽에 면제품, 북쪽에 양을 키움(방직 제품 원료를 저렴하게 확보)

㉢ 국가총동원령(1937)
- **학도병·징병·징용** 등으로 노동력 착취
- 여성노동자를 정신대로, 일부는 전쟁터로 **위안부**로 끌고감
- **군량미 공출, 식량미 배급제도**, 가축증식계획, **금속제 물품 강제 공출**

㉣ 황국신민화정책
- **내선일체**(일본과 조선은 한 몸), **일선동조론**(일본인과 조선인 조상이 같음)주장
- **신사참배, 황국 신민 서사 암송 강요**, 궁성요배(일왕 궁성을 향해 절)강요
- **우리말 사용 금지, 우리역사 교육 금지**, 학술·언론단체 해산(조선일보, 동아일보 폐간)
- 일본식 성과 이름의 사용 강요(창씨 개명)

㉤ 농촌진흥운동(1932~1940)
- 주로 생활 개선 사업(실제론 농촌 독립운동 탄압)
- 고율 소작료, 수리 조합비, 비료 비용 부담에 의한 농민 반발 줄이고 농촌 통제 강화를 위한 미봉책에 불과(국가총동원령 이전의 사업으로 실제로 1935년까지 시행)

기출문제 16회 중급 40번

다음 상황이 나타난 시기에 있었던 일제의 식민 정책으로 옳은 것은? [2점]

> 일본인 감독이 어느 마을을 지정하여 몇 월 며칠까지 신작로를 닦으라고 명령하면 반드시 기일 안에 닦아야 했다. 만일 그렇지 못하거나 작업에 늦게 나오면 태형령에 의한 처벌을 면치 못하였다. 매는 80대가 보통이었는데, 도중에 기절하면 회생시켰다가 3일 후에 다시 불러내서 때렸다
>
> 문정창, 「군국일본조선강점36년사」

① 치안 유지법을 제정하였다.
② 남면북양 정책을 추진하였다.
③ 헌병 경찰 제도를 실시하였다.
④ 조선일보, 동아일보를 폐간하였다.
⑤ 미곡을 공출하고 식량을 배급하였다.

해설》 제시된 사료에서 '태형령'이라는 단어에서 헌병경찰제가 시행되었던 1910년대의 상황임을 알 수 있다.
① 치안 유지법은 1925년 사회주의 세력을 탄압하기 위해 제정되었다.
② 남면북양 정책은 1930년대 일제가 자국의 공업원료로 이용하기 위해 한반도의 남쪽에서는 목화재배를, 북쪽에서는 양 사육을 강요한 식민정책이다.
③ 헌병 경찰 제도는 1910년대에 무단 정치를 실시하기 위해 시행되었다.
④ 조선일보, 동아일보는 1940년 8월 10일 일제에 의해 신문 발행이 강제로 중단되었다.
⑤ 일제가 중·일 전쟁(1937) 이후 실시한 농산물 수탈정책인 공출제도를 시행하여 미곡을 공출하고 식량을 배급하였다.

자료쏙쏙!

〉〉〉〉 태형에 사용된 도구

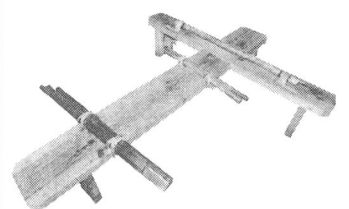

→ 정답 ③

자료 쏙쏙!

>>>> 화폐정리사업

제1차 한·일 협약으로 부임한 일본인 재정 고문 메가다는 우리나라 화폐제도를 일본과 같게 하려고 화폐정리사업을 실시하여 우리나라 상공업자들에게 큰 타격을 주었다. 일제의 화폐 정리 사업에 의해 화폐 교환이 이루어지던 1905년 당시, 한국인은 상평통보(엽전)와 백동화를 사용하였다. 백동화는 갑오개혁 이후에 사용되던 화폐였다. 그런데 일제는 백동화의 화폐 가치가 일정하지 않다는 이유를 들어, 교환에 불이익을 크게 주었다.

예상문제

밑줄 친 '위안부'와 관련된 시기의 사실이 아닌 것은? [2점]

전쟁터로 강제로 끌려 간 일본군 '위안부'들

iCOOP생협은 서울 종로구 일본대사관 앞에서 열린 1020번째 수요시위에서 '<u>위안부</u>' 문제를 통해 평화와 인권의 소중함을 배우자는 취지로 특별성명도 발표했다.
이들은 "유엔(UN) 등 국제기구에서도 반인도적 범죄, 전쟁범죄로 규정하고 일본정부의 책임이행을 권고했다."며 "각국 의회에서도 결의안을 내었지만 일본 정부는 여전히 책임을 회피하고 있다."고 비판했다.
이들은 "할머니들은 진심어린 사과를 받고 하루라도 평안한 마음으로 살아보지 못한 채 한 분 두 분이 고인이 돼 이제 61명만 남았다."며 "일본정부는 일본군 위안부 범죄의 진상을 철저히 규명하고 피해자들에게 공식 사죄해야 한다."고 강조했다.

① 일본식으로 성과 이름을 바꾸게 하였다.
② 신사 참배를 강요하였다.
③ 국가 총동원령이 실시되었다.
④ 화폐 정리 사업이 실시되었다.
⑤ 학도 지원병 제도가 실시되었다.

해설》 '위안부'라는 단어를 통해 국가 총동원법이 시행되고 위안부와 징병, 징용 등이 시행된 1940년대의 일임을 알 수 있다.
④ 화폐정리사업은 1905년에 시행된 사업이다.
① 창씨개명의 시행은 1939년이다.
② 신사 참배의 강화는 1936년이다.
③ 국가 총동원령의 실시는 1938년이다.
⑤ 학도 지원병제의 실시는 1943년이다.

→ 정답 ④

예상문제

일제가 다음의 목표 달성을 위해 실시한 정책의 결과로 옳은 것을 〈보기〉에서 고른 것은? [2점]

> 토지 소유에 필요한 복잡한 서류를 구비하여 기한부 신고제의 번잡한 수속을 밟아야만 소유권을 인정받게 되었다. 따라서 신고를 기피하거나 기회를 놓친 한국인의 농토나 공공 기관에 속해 있던 토지는 거의 조선 총독부의 소유가 되고 말았다. 이는 전국 농토의 약 40%나 되었는데, 조선 총독부는 이 토지를 동양 척식주식회사 등에 넘겨서 한국에 이주해 온 일본인에게 헐값으로 불하하였다.

| 보기 |

㉠ 소작농민은 경작권을 상실하고 기한부 계약농이 되었다.
㉡ 몰락한 농민들은 만주, 연해주 등 국외로 이주하였다.
㉢ 한반도 전체의 농지 면적이 증가하였다.
㉣ 대한제국이 대지주가 되었다.

① ㉠, ㉡
② ㉠, ㉢
③ ㉡, ㉢
④ ㉡, ㉣
⑤ ㉢, ㉣

해설 》 제시된 자료는 일제시대 토지 조사사업에 대한 내용의 일부이다. 따라서 토지조사사업의 과정과 그 결과에 대한 이해를 묻는 문제이다.
㉠ 토지조사사업은 지주의 소유권만 인정하고 농민의 관습적 경작권을 부정하여 소작농이 증가하고 지주의 권한이 강화되었다.
㉡ 토지조사사업으로 식민지 지주제화가 확대되자 몰락한 농민들은 만주, 연해주 국외로 이주하였다.
㉢ 토지조사사업은 토지의 소유권에 대한 법령일 뿐, 농지 면적과는 관련이 없다.
㉣ 토지조사사업의 결과 미신고 농토, 공공기관 토지, 문중의 토지의 상당 부분을 총독부가 차지했고 토지회사나 일본인에 헐값으로 불하하였다.

자료쏙쏙!

〉〉〉〉 기한부 신고제

일제는 토지 조사 사업 때 신고서를 작성해서 제출한 경우에만 토지의 소유권을 인정해 주었다. 제출 기한이 짧고, 서류 작성이 어려워 농민들은 불이익을 받을 수밖에 없었다.

→ 정답 ①

23일차

59회 출제

독립을 향한 불타오르는 투쟁을 살펴볼까요?

출제핵심포인트
• 무장 독립 전쟁의 시기별 특징과 그 내용을 지도와 함께 이해할 수 있어야 합니다.
• 노동 운동, 농민 운동, 교육 활동의 성격과 그 변화 모습을 이해할 수 있어야 합니다.

33회 출제

30회 중급 40번	29회 중급 43번	28회 중급 43번	28회 중급 41번	26회 중급 45번
25회 중급 44번	23회 중급 46번	23회 중급 43번	23회 중급 41번	22회 중급 37번
20회 중급 44번	20회 중급 39번	19회 중급 46번	18회 중급 49번	18회 중급 35번
17회 중급 40번	17회 중급 43번	16회 중급 44번	15회 중급 40번	15회 중급 42번
13회 중급 49번	11회 중급 37번	10회 3급 43번	9회 3급 43번	9회 4급 39번
8회 3급 11번	8회 3급 29번	8회 3급 49번	6회 4급 36번	5회 3급 31번
5회 3급 34번	3회 3급 40번	2회 3급 41번		

자료 쏙쏙!

>>>> 3·1 운동 직후 전개된 국내 무장 항일 투쟁

1. 천마산대(1919) : 평안북도 의주 천마산을 근거로 유격전 전개(최시흥)
2. 구월산대(1920) : 황해도 구월산을 중심으로 활약(이명서)
3. 보합단(1919), 의용단(1919)

01 3·1운동 이전의 민족운동(1910년대)

① 국내 항일 비밀 결사의 활동

독립의군부 (1912)	• 유생 의병장 출신의 **임병찬**이 고종의 밀지를 받아 결성(**복벽주의**) • 일본 총독부와 일본 정부에 국권 반환 요구서를 보냄
송죽회(1913)	평양 숭의여학교 교사와 학생이 결성한 비밀 결사단체
대한광복회 (1915)	• **박상진(대구)** + 김좌진 등이 주도하여 결성 • 군대식 조직을 갖추고 독립전쟁을 통한 국권 회복을 최종목표로 삼음(**공화주의**)

② 국외 독립운동기지 건설

지역	주요 기지	단체 및 학교
북간도	용정촌, 명동촌을 중심	• 독립 운동 단체 : 중광단, 북로군정서 • 학교 : 서전서숙(이상설), 명동학교
남만주	삼원보(서간도)	• 독립 운동 단체 : 경학사 → 부민단 → 한족회 • 학교 : 신흥학교 → 신흥무관학교
연해주	신한촌 (블라디보스토크)	독립 운동 단체 : 성명회, 권업회, 대한국민의회(1919)
기타	밀산부의 한흥동(이상설), 상하이의 신한청년당(김규식), 미주의 대한인국민회(이승만)	

02 1920년대 독립전쟁

① 무장독립투쟁

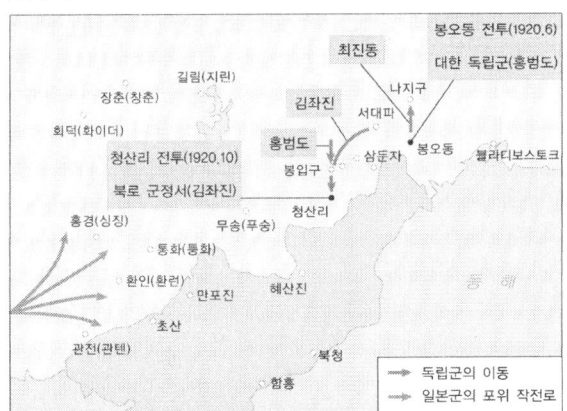

봉오동 전투(1920.06)	VS	청산리 대첩(1920.10)
• 독립군의 국내 진입 작전과 활발한 활동(국경일대 식민통치 마비) • 독립군에게 일본 정규군이 연패하자 독립군 섬멸을 위한 작전 추진	배경	• 독립군의 국내 진입 작전과 봉오동 전투에서 일제의 참패 • 일제는 훈춘 사건(1920)을 조작 → 일본군 만주에 투입
대한독립군(홍범도), 국민회군(안무), 군무도독부군(최진동) 등의 연합부대	참가부대	북로 군정서군(김좌진), 대한 독립군(홍범도), 국민회군(안무)등의 연합부대

자료쏙쏙!

>>>> 성명회의 선언문(1910.8.17.)

아! 해외 재류 우리 동포여! 한 번 목을 들어 조국 한반도를 바라보라. 저 아름다운 사천리 강산은 우리 시조 단군께서 물려주신 것이며 신성한 우리 이천만 동포는 단군의 자손이 아니냐 …… 뜻을 같이하는 분을 같이하는 동포들이 궐기하여 성명회를 조직하고 이에 러시아와 청국에 사는 동포에게 공포하는 바이다.
「노령・연해주 성명회의 선언문」

>>>> 청산리 전투 직후 기념사진

>>>> 청산리 대첩 승리 후 북로군정서에서 임시 정부에 보고한 승리 요인

1. 생명을 돌보지 않고 용전 분투하는 독립에 대한 군인 정신이 먼저 적의 심리를 압도한 것
2. 양호한 진지를 미리 점거하고 완전한 준비를 하여 사격 성능을 극도로 발휘한 것
3. 임기응변의 전술과 예민 신속한 활동이 모두 적의 의표에서 벗어나서 뛰어난 것

자료쏙쏙!

>>>> 간도 참변으로 폐허가 된 한국인 농가

>>>> 미쓰야 협정(1925)의 주요 내용

- 한국인이 무기를 가지고 다니거나 한국으로 침입하는 것을 엄금하며, 위반자는 검거하여 일본 경찰에 인도한다.
- 만주의 한인단체를 해산시키고 무장을 해제하며, 무기와 탄약을 몰수한다.
- 일본이 지명하는 독립운동 지도자를 체포하여 일본 경찰에 인도한다.

※ 미쓰야 협정은 일제가 독립군 탄압을 위해 만주 군벌과 맺은 협정으로 독립군에 대한 현상금을 걸었다.

봉오동 전투(1920.06)	VS	청산리 대첩(1920.10)
① 독립군의 국내 진입 작전 활발 ② 독립군의 활동이 식민 통치에 지장 + 일본 정규군이 패배 → 섬멸 작전 추진 ③ 독립군은 연합 부대를 결성하고 일본군 추격에 대비 ④ 매복작전을 통해 봉오동에서 일본군 수백명 살상	전개 과정	① 일본군 공격을 피해 독립군의 연합부대는 근거지를 떠나 화룡현 이도구와 삼도구에 집결 ② 김좌진이 인솔하는 북로군정서를 포함한 여러 독립군 부대는 청산리 일대에서 일본군과 6일간 10차례 전투 ＊ 백운평 전투 → 완루구 전투 → 천수평 전투 → 어랑촌 전투 → 천보산 전투 → 고동하 전투 ③ 일본군 1,200여 명을 사살하는 대승

② 독립군의 시련

간도 참변 (경신 참변, 1920)	VS	자유시 참변 (자유시 사변, 흑하 사변, 1921)
봉오동 전투와 청산리 대첩 대패 이후 간도지방 한인촌을 일본군이 무차별 습격 및 보복 살해	배경	간도참변 → 독립군은 자유시로 이동(소련 영내)
일본군의 초토화 작전으로 독립군의 기반인 한인촌이 폐허가 됨	전개과정 및 결과	① 독립군의 주력부대가 밀산부에 집결하여 서일을 총재로 대한독립군단 조직 후 소련 영내로 이동 ② 적색군(소련군)의 한국 독립운동 지원에 속아 자유시로 이동하여 적색군을 도와 백군(러시아군)과의 내전에 참여 ③ 적색군은 승리 후 독립군의 무장을 강제 해제하려 하였으며, 이에 저항하는 독립군 공격을 공격하여 많은 사상자 발생
미쓰야 협정(1925)		일제가 독립군 탄압을 위해 만주 군벌과 맺은 협정으로 독립군에 대한 현상금 걸었음

③ 독립군 재정비와 통합 운동

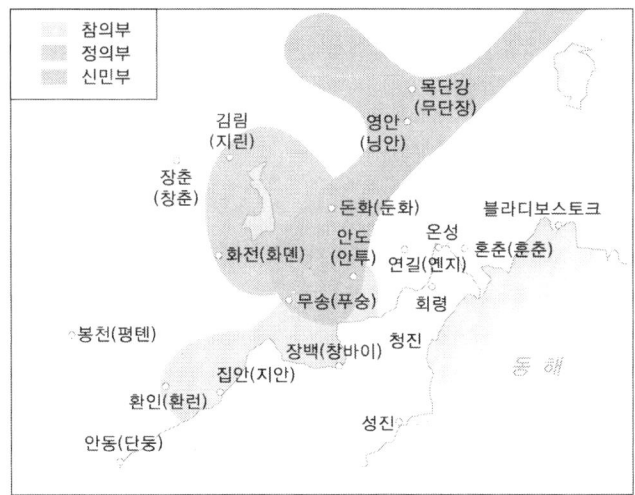

㉠ 3부의 성립
- 만주 지역의 독립 단체들의 활발한 통합운동→3개의 군정부 성립 (1923~1925)
- 참의부: 임시 정부의 직할 부대를 표방
- 정의부: 봉천 일대를 중심으로 활동
- 신민부: 자유시 참변을 겪고 돌아온 독립군을 중심으로 결성

㉡ **민주적 민정기관 + 군정기관을 갖추고 무장 독립군을 편성하여 독립 전쟁 전개(3개의 자치정부)**

㉢ 3부 통합 운동 전개: 민족 유일당 운동의 전개로 1920년대 후반 국민부와 혁신 의회로 통합

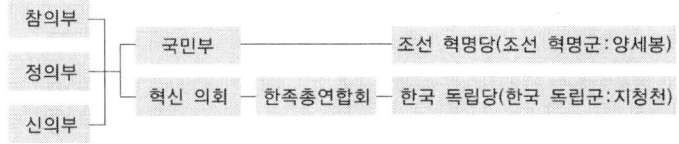

>>>> **자유시 참변과 3부의 성립**

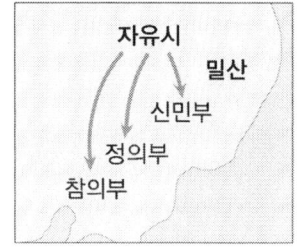

📂 자료쏙쏙!

>>>> **만보산 사건(1931)**
- 1931년 7월 2일 중국 길림성 장춘현 만보산 지역에서 일제의 공작으로 한인 농민과 중국 농민 사이에 일어났던 유혈 충돌 사건임
- 그 결과 중국인의 반한 감정이 확산되어 만주 지역 독립군과 동포들이 큰 어려움을 겪게 됨

>>>> **만주사변(1931)**
- 1931년 9월 18일 일본 관동군은 봉천 교외의 류탸오거우에서 만주철도를 고의적으로 폭파하고 이를 중국의 군벌인 장학량 군대의 행위라는 구실로 군사행동을 일으킴
- 만주를 침략 전쟁의 병참기지로 만들기 위한 속셈

03 1930~1940년대 독립 전쟁

① 한·중 연합 작전(1930년대 전반)

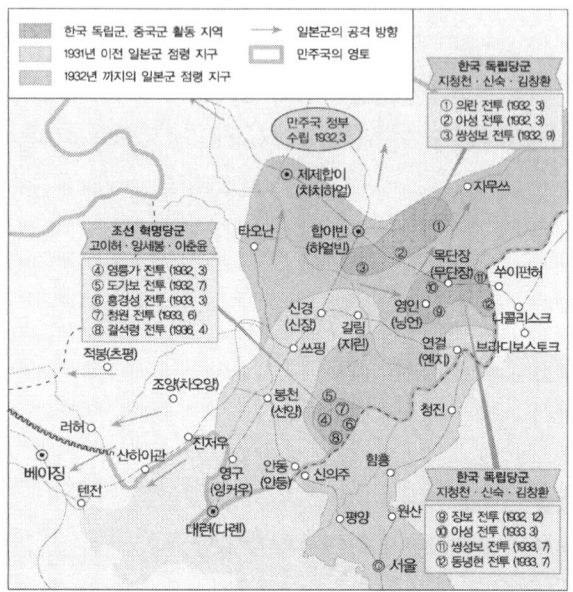

㉠ 배경
- 일제가 만보산 사건(1931)을 배후 조정하고 만주사변(1931)과 만주국 수립(1932)으로 인해 중국 내 항일 감정 고조
- 조선 독립군의 독립 운동의 새로운 방향과 활로 개척의 움직임

㉡ 전개
- 일제는 만주 침략 이후 본격적인 군사 진출→만주의 대부분의 독립 운동 단체는 중국 관내로 이주
- 민족주의적 독립 운동 단체의 일부는 1930년대 중반까지 중국 공산당의 지도 아래 한·중 연합 작전 전개

구분	활동	주요 전투
조선 혁명군 (총사령 양세봉)	남만주 일대에서 중국 의용군과 연합하여 일본군 격파	영릉가 전투, 흥경성 전투 등
한국 독립군 (총사령 지청천)	북만주 일대에서 중국 호로군과 연합하여 일본군 격파	쌍성보 전투, 대전자령 전투, 사도하자 전투 등

만주 독립군의 쇠퇴	• 중·일 전쟁(1937)이 발생한 이후, 독립군의 대부분은 임시정부의 요청으로 중국 본토로 이동하여 한국 광복군 창설에 참여 • 일부는 만주에 잔류하여 중국 항일군과 같이 항일 연군을 편성하여 항전 계속

② 만주지역 항일 유격대 및 중국 관내의 무장 투쟁(1930년대 후반)

구분	활동
항일 유격대의 활동 • 동북인민혁명군(1983) • 동북항일연군(1936)	• 만주사변 이후 공산주의자들 주도로 항일무장 투쟁으로 발전(소작료 인하, 생존권과 자치권의 확보 요구) • 동북항일연군 내의 항일 유격대의 보천보 전투(1937. 6. 4.)
조국 광복회(1936)	항일연군의 보천보 전투 및 국내 진공 작전 지원
민족 혁명당(1935)	• 중국 난징에서 의열단 + 한국 독립당 등 5개 단체 참여 • 민족주의 진영 + 사회주의 진영의 통일전선 정당으로 결성
조선 의용대(1938)	• **김원봉을 중심으로 조선 민족 혁명당이 중·일 전쟁(1937)직후 중국 국민당 정부의 협조를 얻어 편성** • 중국 국민당의 정부군과 합세하여 양쯔강 중류 일대에서 일본군의 진격을 막음 • 중국 각 지역에서 항일 투쟁을 전개 • **충칭에 남은 조선 의용대의 일부와 그 지도부는 임시 정부 한국 광복군에 합류(1942)**

③ 1940년대 독립 전쟁

㉠ 조선 의용군(1942) : 조선독립동맹을 중심으로 편성(김두봉 중심), 화북 각지의 중국 공산당 팔로군과 함께 항일 무장 투쟁 전개

㉡ 한국 광복군(1940) : 총사령관 지청천을 중심으로 중국 충칭에서 창설, 임시 정부의 직속 무장 부대

자료쏙쏙!

》》》 한국 독립군과 중국 호로군의 합의 내용(1931)

> 1. 한·중 양군은 최악의 상황이 오는 경우에도 장기간 항전할 것을 맹서한다.
> 2. 중동 철도를 경계선으로 서부 전선은 중국이 맡고, 동부 전선은 한국이 맡는다.
> 3. 전시의 후방 전투 훈련은 한국 장교가 맡고, 한국군에 필요한 군수품 등은 중국군이 공급한다.
> 「광복 제2권, 한국 광복군 사령부」

》》》 조선 혁명군과 중국 의용군의 합의 내용(1932)

> 중국과 한국 양국의 국민은 한마음 한뜻으로 일제에 대항하여 싸우고, 인력과 물자는 서로 나누어 쓰며, 합작의 원칙하에 국적에 관계없이 그 능력에 따라 항일 공작을 나누어 맡는다.
> 「광복, 한국 광복군 사령부」

》》》 조선 의용대의 이동경로

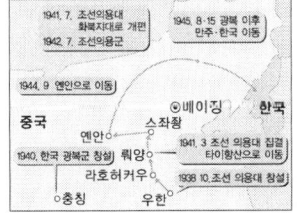

자료쏙쏙!

>>>> 의열단 단원들

>>>> 의열단과 김원봉 단장을 다룬 신문기사

04 의열 투쟁의 전개

① 의열단

- ㉠ 배경 : **김원봉·윤세주 등이 중심**이 되어 1919년 만주 길림에서 **비밀 결사**를 조직
- ㉡ 목적 : 동포들 애국심 고취 + 민중 봉기 유발 → 민중의 직접 혁명을 통한 일제 타도 추구

구분	활동
김익상(1921)	조선 총독부에 폭탄 던짐
김상옥(1923)	종로 경찰서에 폭탄을 던지고, 일본 경찰과 교전하여 여러 명 사살
나석주(1926)	동양 척식 주식회사와 조선 식산 은행에 폭탄을 던지고 일본인 사살

조선 총독부, 경찰서, 동양 척식 주식회사 등 일제 식민 통치 기관의 파괴, 조선 총독부 고위 관리와 친일파 우두머리 등을 처단

- ㉢ 활동
  - **무정부주의의 영향**으로 본부를 일정한 곳에 두지 않고 옮김
  - '**조선 혁명 선언**'을 **활동 지침**으로 삼아 활발한 투쟁 벌임

    >> 머릿속에 **콕콕**!

    민중은 우리 혁명의 대본영이다. 폭력은 우리 혁명의 유일한 대무기이다. 우리는 민중 속에 가서 민중과 제휴하여 끊임없이 폭력·암살·파괴·폭동으로 강도 국가 일본의 통치를 타도하고 우리 생활에 불합리한 일체 제도를 개조하여 인류가 인류를 압박하고 사회가 사회를 수탈하지 않는 이상적인 나라를 건설할 것이다!
    -신채호, 조선 혁명 선언-

    * 다음 제시문은 김원봉의 요청에 따라 **신채호(1923)가 의열단의 행동 강령과 투쟁 목표를 문서로 작성한 것이다.** 이 글에서 일제와 타협하는 자치 운동과 문화 운동과 외교론, 준비론 등의 독립 운동의 노선에 대해 비판하고 있다.

05 사회 경제적 민족 운동

26회 출제

30회 중급 45번	30회 중급 44번	29회 중급 40번	27회 중급 37번	24회 중급 43번
23회 중급 40번	21회 중급 44번	20회 중급 41번	18회 중급 40번	17회 중급 35번
16회 중급 43번	15회 중급 41번	15회 중급 43번	13회 중급 32번	10회 3급 40번
10회 3급 41번	9회 3급 40번	9회 4급 40번	9회 4급 45번	8회 3급 28번
8회 3급 50번	7회 3급 33번	5회 3급 46번	4회 3급 45번	3회 4급 30번
2회 3급 40번				

① 청년 운동

단체	조선 청년 연합회(1920), 조선 청년 총동맹(1924)
활동	• 지식 향상을 위해 강연회, 토론회 등의 개최 및 학교, 야학 등 설치 • 심신의 단련 도모 및 사회 교화와 생활 개선

② 국어 연구와 한글 보급

단체	주요 활동
조선어 연구회 (1921)	• 한글의 연구와 강연회 등을 통해 한글 보급 및 「한글」 잡지 간행 • 한글 기념일 '가갸날'을 정하여 한글 대중화에 기여
조선어 학회 (1931)	• 조선어 연구회가 조선어 학회로 개편 • 1932년 한글 맞춤법 통일안의 제정, 한글날 제정, 표준어 제정 • 1929년부터 「우리말 큰 사전」 편찬 추진(일제 탄압으로 중지)

③ 소년운동

- 어린이를 어른과 동등한 인격체로 대우하려는 운동
- 천도교 소년회(1921.5.1.)가 **어린이날을 선포(1922.5.1)**
- **방정환, 조철호 등이 주도**
- 소년 운동 선언문(1923.5.1.)
  - 어린이를 재래의 윤리적 압박으로부터 해방하여 그들에 대한 완전한 인격적 예우를 허하게 하라.
  - 어린이를 재래의 경제적 압박으로부터 해방하여 만 14세 이하의 그들에 대한 무상 또는 유상의 노동을 폐하게 해라
  - 어린이 그들이 고요히 배우고 즐겁게 놀기에 족한 가양의 가정 또한 사회적 시설을 행하게 하라.

자료쏙쏙!

>>>> 조선어 연구회 기관지 「한글」

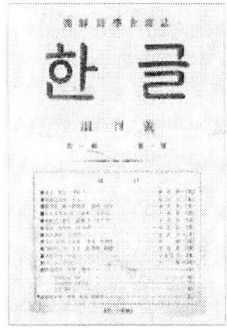

- 조선어 연구회는 국어학자 주시경 선생의 제자인 최두선, 권덕규, 장지영, 이승규 등이 조직
- 한글의 우수성을 알릴 수 있는 기관지였던 '한글'(1927년 2월 10일)을 창간

자료쏙쏙!

〉〉〉〉 민족사학의 전개
(1회 출제 / 17회 중급 50번)

① 목표 : 우리 문화의 우수성과 한 국사의 주체적 발전을 강조

㉠ 민족주의 사학 : 민족사의 자주성과 주체성 강조(역사 연구를 독립 운동의 한 방법으로 인식)

- 신채호 : 화랑도의 낭가 사상을 강조하고, 「조선상고사」, 「조선사연구초」 등의 저술을 통해 민족주의 역사학의 기반을 확립
- 박은식 : 유교구신론을 주장하고, '혼의 발견이 곧 역사의 연구라고 주장하며 혼이 담긴 민족사의 중요성을 강조
- 정인보 : 신채호의 민족주의 사관을 계승하고 '조선 얼'을 강조

㉡ 사회경제사학 : 식민지 현실인식에 기초하여 일제의 식민사학에 저항하면서 유물사관을 통해 한국사가 세계사의 보편 법칙에 따라 발전하였음을 강조

- 백남운 : 「조선사회경제사」, 「조선봉건사회경제사」 등을 저술하고, 식민사관의 정체성론을 비판

㉢ 실증 사학 : 개별적인 역사적 사실의 정확하고 충실한 이해를 바탕으로 객관적인 역사상황의 정확한 인식을 해야 한다고 주장

- 활동 : 이병도, 이상백 등은 진단학회를 조직하여 청구학회(친일단체)의 식민사관을 배격하고 민족사관의 편협과 국수주의 성격을 극복

④ 형평 운동

- 갑오개혁 때 신분제 폐지되었지만, 사회적 불평등이 계속 지속
- 초기에는 백정의 지위 향상 운동 → 민족 운동·계급 운동으로 발전
- 백정 이학찬이 경남 진주에서 **조선 형평사를 조직**(1923. 4) → 1925년 본부를 서울로 옮김 → 1927년 전국 조직으로 발전
- 백정에 대한 사회적 차별과 백정 자녀의 교육 문제 등의 인권 운동 전개
- 여러 사회 운동 단체들과 협력하면서 각종 파업이나 소작쟁의에 참가
- **'백정도 똑같은 인간이다'** 라는 구호 사용

⑤ 농민 운동(소작쟁의)

- 원인 : 토지조사사업 + 산미증식계획 + 사회주의 운동
- 1920년대는 소작권 이전 및 고율 소작료 반대 투쟁 등 생존권 투쟁
- 1930년대는 일제의 식민 지배를 부정하는 항일 민족 운동으로 변모('토지를 농민에게로'라는 구호)
- 황해도 흑교 농장 소작쟁의(1919, 최초의 소작쟁의), **암태도 소작쟁의(1923~1924)** 등
- 일제 대륙 침략 이후 농민 운동 탄압 → 비합법적, 혁명적 조합이 주도

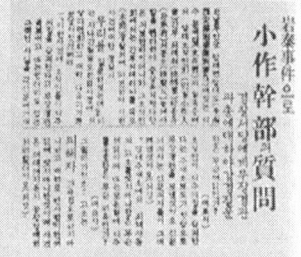
〈암태도 소작쟁의를 보도한 동아일보〉

* 소작쟁의의 초기 원인은 소작료 인하 문제였지만, 시간이 흐를수록 소작권 이전 반대가 중심 원인이 됨

⑥ 노동운동

- 원인 : 일제의 식민지 공업화 정책(일본 기업 진출과 노동자 수 증가)
- **사회주의 운동의 대두로 노동자 각성과 단결 강화**
- 1920년대는 노동자의 생존권 투쟁(임금 인상 및 근로 조건 개선 등)
- 1930년대는 반제국주의 항일 민족 운동 전개(일본 제국주의 타도)
- **원산 노동자 총파업(1928~1929)**, 서울 고무여공들의 파업(1922) 등
- 일제 대륙 침략 이후 노동 운동 탄압 → 비합법적, 혁명적 조합이 주도

〈원산 노동자 총파업〉

⑦ 교육 활동

㉠ 민립 대학 설립 운동(1920년대 초)

- 조선 교육회는 조선 총독부에 고등 교육 기관 설립 촉구
- 이상재, 조만식, 이승훈 등이 중심이 되어 민립대학기성회 조직하여 **1천 만원 기금 조성 운동 전개**
- 일제는 민립 대학 설립 운동에 대항하여 **경성제국대학(1924)설립**
- 구호 : 한민족 1천만이 한 사람이 1원씩!!!
- 민립대학 설립 기성회 발기 취지서
  우리들의 운명을 어떻게 개척할 것인가? 정치냐, 외교냐, 산업이냐? 물론 이러한 사람들이 모두 다 필요하도다. 그러나 그 기초가 되고 요건이 되며 가장 급무가 되고, 가장 선결의 필요가 있으며 가장 힘 있고 가장 필요한 수단은 교육이 아니면 아니된다. ……

〈조선민립대학 기성회 창립총회 기념 사진〉

㉡ 문맹 퇴치 운동

〈브나로드 운동〉

- 배경 : 일제의 우민화 정책으로 문맹 문제가 심각
- 1920년대 전국 각지에서 야학이 설립되고, 조선일보, 동아일보가 적극적으로 지원
- 조선일보는 '**아는 것이 힘, 배워야 한다**'라는 표어로 전국 각지에서 문자 보급 운동을 전개
- 동아일보는 **브나로드 운동(1931~1934)을 전개**하여 우리 글을 가르치고 근검절약, 미신타파 등의 생활 개선에 노력

자료쏙쏙!

〉〉〉〉 민족별 노동 임금 비율
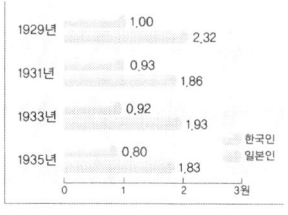

〉〉〉〉 경성제국대학

〉〉〉〉 문자 보급 운동
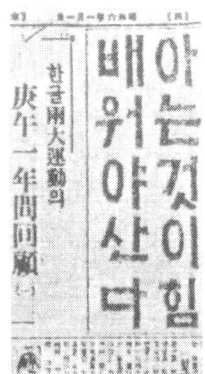

자료쏙쏙!

>>>> 신흥 무관 학교가 있었던 터

기출문제

10회 3급 43번

(가)~(마)에 대한 설명으로 옳은 것은? [2점]

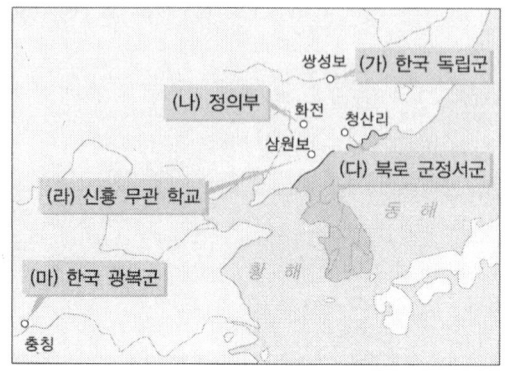

① (가) - 양세봉의 지휘 아래 중국 의용군과 연합하여 일본군과 싸웠다.
② (나) - 임시 정부 직할 부대로 편성되어 군사와 민정을 통할하였다.
③ (다) - 중국 국민당 정부의 대일 전선에 배치되어 활약하였다.
④ (라) - 의열단 단원들이 입학하여 군사 교육 및 간부 훈련을 받았다.
⑤ (마) - 미군 전략 정보처(OSS)의 특수 훈련을 받으며 국내 진공을 준비하였다.

해설 》 제시된 자료는 일제 시기에 전개되었던 만주 및 중국 관내의 무장 활동에 대한 지도이다.
- (가) 한국 독립군은 지청천 등이 중심되어 조직하였으며, 1930년대 쌍성보 전투, 대전자령 전투에서 일본군 격파하였다.
- (나) 정의부는 지청천 등이 주축이 되어 결성되었으며, 군사 조직이면서 자치 기관이었다.
- (다) 북로 군정서군은 신흥 무관 학교 출신이 주축이 되어, 청산리 대첩에서 크게 활약하였다.
- (라) 신흥 무관 학교는 서로 군정서군과 북로 군정서군의 주축을 양성한 교육기관이었다.
- (마) 한국 광복군은 중경 임시 정부와 중국 국민당과의 협조 과정에서 탄생한 독립군이었다.
① 양세봉의 지휘 아래 중국 의용군과 연합하여 대일전을 전개한 조직은 '조선 혁명군'이다.
② 임시 정부 직할 부대로 편성되어 군사와 민정을 통합한 것은 '참의부'이다.
③ 중국 국민당 정부의 대일 전선에 배치되어 활약한 무장 조직은 '조선 의용대'이다.
④ 의열단 단원들이 입학하여 군사교육을 진행한 조직은 '황푸군관학교'이다.
⑤ 미군 전략 정보처의 특수 훈련을 받아 버마 전선의 정보전 및 국내 진공을 준비하였다.

→ 정답 ⑤

예상문제

(가), (나) 자료와 관련된 독립 전쟁으로 옳은 것을 〈보기〉에서 고른 것은? [2점]

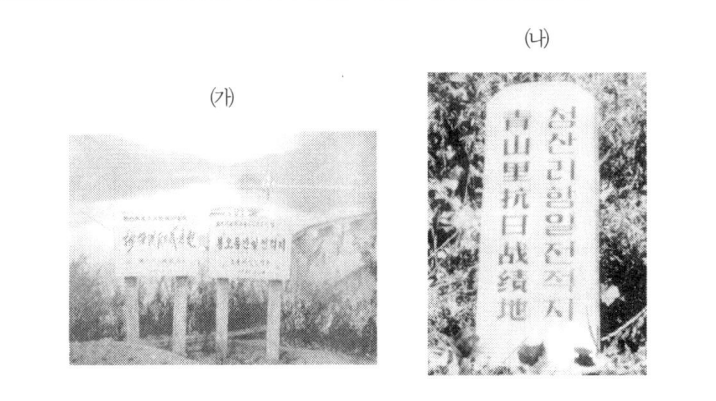

| 보기 |

㉠ (가)는 신민회의 전폭적인 지원을 받았다.
㉡ (가)는 홍범도의 대한독립군이 큰 위세를 떨쳤다.
㉢ (나)에서 김좌진이 인솔하는 북로군정서군이 대승을 거두었다.
㉣ (가), (나)의 대승으로 인해 자유시참변이 일어나게 되었다.

① ㉠, ㉡   ② ㉠, ㉢
③ ㉡, ㉢   ④ ㉡, ㉣
⑤ ㉢, ㉣

해설 » 제시된 사진을 통해 (가)는 봉오동 전투, (나)는 청산리 대첩을 임을 알 수 있다. 1920년대 대표적인 독립 전쟁인 봉오동 전투, 청산리 대첩에 대해 알고 있는지를 묻는 문제이다.
㉡ 봉오동 전투에 홍범도의 대한독립군, 최진동의 군무도독부군 등의 연합 부대가 참여하였다.
㉢ 김좌진이 인솔하는 북로 군정서군을 비롯한 여러 독립군 부대는 일본군 대부대를 맞아 청산리 일대에서 대승을 거둔다.
㉠ 신민회는 1911년 일제가 조작한 105인 사건을 계기로 신민회 조직이 드러나고 국내에 남아 있던 세력이 탄압을 받으면서 조직이 해산되었다.
㉣ 일본군은 봉오동과 청산리 일대에서 대패한 후 간도 지방의 한인촌을 습격하여 무차별 한인을 보복 살해한 간도 참변을 일으킨다.

→ 정답 ③

자료쏙쏙!

>>>> 간도 참변

간도 지방에서 일본군에 의해 학살된 조선인은 훈춘현에서 242명, 연길현에서 1,124명, 화룡현에서 572명, 왕청현에서 347명, 영안현에서 17명, 그 밖의 현에서 804명이나 희생되었고 2,5000여 채의 민가와 30여 채의 학교가 불에 탔다.

24일차

대한민국 임시 정부와 독립을 위한 노력을 살펴볼까요?

27회 출제

출제핵심포인트

- 대한민국 임시 정부의 활동과 침체를 극복하기 위한 노력을 알고 있어야 합니다.
- 한인 애국단의 활동이 민족 운동에 끼친 영향과 관련한 사건을 알고 있어야 합니다.
- 한국 광복군의 창설 배경과 활동을 알고 있어야 합니다.

27회 출제

29회 중급 44번	29회 중급 42번	27회 중급 43번	26회 중급 42번	23회 중급 47번
19회 중급 40번	18회 중급 47번	17회 중급 36번	16회 중급 41번	15회 중급 44번
14회 중급 40번	13회 중급 37번	9회 3급 42번	9회 3급 43번	7회 3급 36번
7회 4급 45번	6회 4급 14번	6회 4급 24번	5회 3급 32번	5회 3급 33번
5회 4급 42번	5회 4급 48번	4회 4급 28번	3회 3급 37번	3회 4급 14번
2회 4급 34번	1회 4급 36번			

자료쏙쏙!

>>>> 상하이 대한민국 임시 정부

>>>> 대한민국 임시 정부 및 의정원 조직

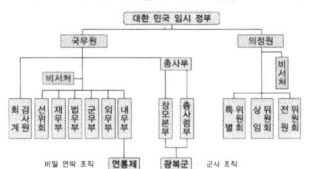

01 대한민국 임시 정부의 수립과 활동

① 3.1 운동 이후 정부 수립 운동
  ㉠ 한성 정부(서울, 1919.4.23)
  ㉡ 대한국민의회(연해주, 1919.3.17) : 무장 투쟁에 중점(한반도 접경지역에 위치→국내 진공작전 고려)
  ㉢ 대한민국 임시 정부(상하이, 1919.4.13) : 외교 독립론 주장(상하이에 외교공사관 많음)

② 통합 임시 정부 수립
  ㉠ 한성정부 법통성 계승 + 대한 국민 의회 흡수 + **상하이에 위치** = 대한민국 임시 정부 수립(대통령 이승만, 부통령 이동휘)

  >> 머릿속에 **콕콕!**

  > 제1조 대한민국은 민주 공화제로 한다.
  > 제2조 대한민국은 임시 정부가 임시 의정원의 결의에 의하여 이를 통치한다.
  > 제3조 대한민국의 인민은 남녀 귀천 및 빈부의 계급이 없고, 일체 평등하다.
  > 제5조 대한민국의 인민으로 공민 자격이 있는 자는 선거권과 피선거권을 가진다.
  >
  > *제시된 자료는 대한민국 임시 정부의 헌장 중 일부이다. 통합된 임시 정부의 위치가 상하이에 있었던 것은 외교 독립론의 비중이 컸음을 보여준다.

③ 정부의 체제
  ㉠ **3권 분립에 입각한 최초의 민주공화정제 정부** : 국무원(행정), 임시의정원(입법), 법원(사법)
  ㉡ 다양한 노선(무장 투쟁론·외교 독립론·실력 양성론 등) + 민족주의·사회주의 이념 결합

④ 정부의 활동
  ㉠ 연통제 조직 및 교통국 설치 (임시 정부~국내외를 연결하는 비밀 조직)

연통제(행정 조직)	교통국(정보 조직)
• 정부 명령을 기획 및 집행의 역할 담당 • 각 도·군·면 단위별로 설치	• 정보의 수집 및 분석 연락의 업무 담당 • 각 군에 교통국, 각 면에 교통소 설치

  ㉡ 애국공채(독립공채) 발행, 국민의연금을 통해 군자금 마련

  >> 머릿속에 **콕콕!**

  대한민국 원년 독립 공채 발행 조례

  제1조 기채 정액은 4천만 원으로 하며, 대한민국 원년 독립 공채로 함.
  제4조 상환 기간은 대한민국이 완전히 독립한 후 만 5개년부터 30개년 이내에 수시로 상환하는 것으로 하며, 그 방법은 재무 총장이 이를 정함.
  제7조 공채의 응모 청약 기한은 대한민국 원년 8월 1일부터 동 11월 말일까지로 함.
  제17조 본 공채는 외국인도 응모할 수 있는 것으로 함.

  * 제시된 자료는 애국공채 발행의 조례이다. 임시 정부는 애국공채 발행이나 국민의 의연금으로 군자금을 모았는데, 이는 비밀 행정 조직망과 만주의 이륙 양행, 부산의 백산 상회에 의해 임시 정부로 전달되었으며, 전국각지의 독립 운동가에게 주어졌다.

  ㉢ 이륭양행(만주)과 백산상회(부산) : 각종 정보 전달 경로 및 임시 정부의 자금줄 역할
  ㉣ 독립신문 발행 : 임시정부 기관지(독립협회의 독립신문과는 다른 신문)
  ㉤ 사료편찬소 설립 : 독립운동 관련 역사 및 자랑스러운 역사와 관련된 자료 정리

자료쏙쏙!

>>>> 애국공채(독립공채)

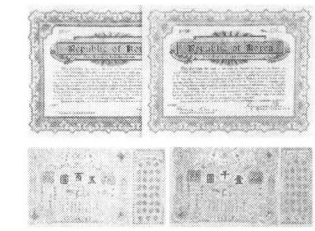

>>>> 백산상회 모습과 관련 신문기사

>>> 자료쏙쏙!

>>> 김구 선생

>>> 국민 대표 회의 개회 및 규정
(「독립신문」 1923.1.24)

ⓑ 외교 활동
- 미주 지역 외교를 위해 구미위원부 설치(이승만 활동)
- 파리 강화 회의에 참석(김규식), 워싱턴 회의 등 각종 국제 회의 참여 → 성과 미비

⑤ 정부의 위기
ⓐ 연통제 · 지부국들이 거의 다 발각
ⓑ 이승만의 국제 연맹 청원 사건
- 이승만이 독단적으로 국제 연맹에 우리나라를 맡아달라고 청원
- 무장 투쟁을 주장하던 신채호 등의 격렬한 비판 및 이승만 탄핵 주장

02 대한민국 임시 정부 재정비

① 국민 대표 회의(1923)의 소집과 결렬
ⓐ 배경
- 임시 정부의 침체
- 사상적 대립(민족주의 계열 vs 사회주의 계열 / 무장투쟁론 vs 외교 독립론)

ⓑ 전개
- 국내, 연해주, 만주, 미주 등의 독립 운동 단체 대표 상하이에 소집
- 임시 정부 활동 및 독립운동 방법을 놓고 토의
- 개조파 · 창조파 · 현상유지파 분열 → 성과 미비

개조파	임시 정부 조직만 개조 주장(실력 양성 + 외교 활동 강조, 안창호 등)
창조파	완전 해체 후 새로운 정부 구성 주장 (무장투쟁 강조, 신채호 등)
현상유지파	임시 정부 유지 주장(김구 · 이동녕 등)

ⓒ 결과 : 임시 정부 활동 침체 → 김구 등에 의해 명맥만 유지

03 대한민국 임시 정부 활기

① 한인 애국단의 활동(1926)
　㉠ 배경 : **임시 정부 침체를 극복하기 위해 조직(김구가 조직)**
　㉡ 활동

이봉창 의거 (1932)	• 도쿄에서 일본 천황의 마차에 폭탄 던짐 → 폭탄 불발 • 상하이사변 계기(중·일 감정 악화)
윤봉길 의거 (1932)	• 상하이 홍커우 공원 승전기념식에 폭탄 투척 → 성공 • 장제스(장개석) 중국국민당의 임시정부 지원 계기(중국 영토 내 무장독립투쟁 승인)

② 충칭 시기의 임시 정부(1940)
　㉠ 배경 : 중국 정부의 주선 → 중국 충칭에 임시 정부가 자리 잡음
　㉡ 활동
　　• 집행력 강화를 위해 김구가 단일 지도자로 임시 정부 이끔
　　• 한국 광복군 창설
　　• 대한민국 건국 강령 발표(1941)
　　　→ **조소앙의 삼균주의**(정치, 경제, 교육 균등) 바탕

〈대한민국 임시 정부의 수립과 이동〉

③ 한국 광복군의 창설(1940)
　㉠ 배경
　　• 중국 정부의 지원으로 충칭에서 창설(1940)
　　• **총사령관 지청천, 참모장 이범석**
　　• **김원봉의 조선 의용대 일부 병력이 편입(1942)** → 전투력 증강

자료쏙쏙!

>>>> 윤봉길 열사

>>>> 이봉창 열사

>>>> 한국 광복군

자료쏙쏙!

>>>> 인도 방면으로 파견된 한국 광복군

>>>> 한국 광복군 증명서

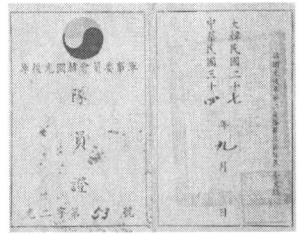

>>>> 한국 광복군 배지

ⓒ 활동

대일 선전 포고 (1941)	태평양전쟁 발발에 대일선전포고 후 연합군 일원으로 참전
연합 작전 전개 (1943)	• 연합군 일원으로 미얀마·인도 전선에 광복군 파견 • 직접 전투 외에 정보 수집, 포로 심문, 대적 방송 등에 종사
국내진공작전계획 (OSS, 1945)	미국 OSS의 도움으로 국내 정진군 구성→일본 패망으로 무산

>> 머릿속에 **콕콕**!

1. 한국 전인민은 현재 이미 반침략전선에 참가하였으니 한 개의 전투단위로서 추축국에 선전한다.
2. 1910년의 합방조약 및 일체 불평등조약의 무효를 거듭 선포하여 아울러 반침략국가의 한국에 있어서의 합리적 기득권익을 존중한다.
3. 한국 중국 및 서태평양으로부터 왜구를 완전히 구축하기 위하여 최후의 승리를 얻을 때까지 혈전한다.
4. 일본세력 하에 조성된 장춘(長春) 및 남경(南京)정권을 절대 인정치 않는다.
5. 루스벨트 처칠 선언의 각 조를 견결(堅決)히 주장하며 한국독립을 현실키 위하여 이것을 적용하며 민주진영의 최후승리를 원축(願祝)한다.

대한민국 23년 12월 10일 대한민국 임시정부

*제시된 자료는 대한민국 임시 정부는 1942년 12월 제2차 세계대전 발발에 때맞춰 발표한 대일선전포고문이다.

>> 머릿속에 **콕콕**!

1차개헌(1919)	초대 임시 대통령에 이승만, 국무총리에 이동휘(대통령지도제)
2차개헌(1925)	국무령에 김구 선임 및 법원에 관한 조항 삭제(내각책임지도제)
3차개헌(1927)	국무위원회 중심의 장기 존속 체제(국무위원 중심 집단지도체제)
4차개헌(1940)	김구가 주석으로 선임→강력한 지도력 발휘(주석지도제)
5차개헌(1944)	주석에 김구, 부주석에 김규식, 사법권에 관한 조항 부활(주석·부주석 중심제)

기출문제

3회 4급 14번

다음은 퀴즈 프로그램 사회자의 진행 카드이다. (가)에 들어갈 단체의 활동으로 옳은 것은? [2점]

자료 쏙쏙!

>>>> 한인 애국단 선서문

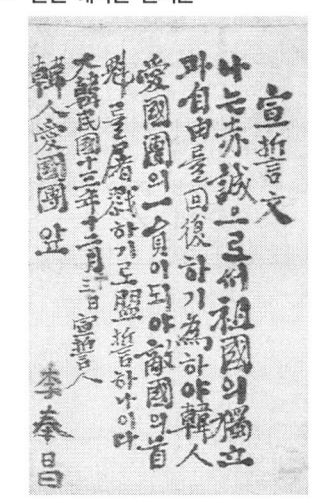

㉠ 김익상은 조선 총독부에 폭탄을 던졌다.
㉡ 이봉창은 일본 국왕의 마차에 폭탄을 던졌다.
㉢ 나석주는 동양 척식 주식회사에 들어가 폭탄을 던졌다.
㉣ 윤봉길은 일본군의 상하이 점령 축하 기념식상에 폭탄을 던졌다.

① ㉠, ㉡
② ㉠, ㉢
③ ㉡, ㉢
④ ㉡, ㉣
⑤ ㉢, ㉣

해설>> 제시문의 (가)는 김구가 만든 한인 애국단이다. 김구가 임시 정부의 활성화와 새로운 활로를 개척하기 위해 조직하였다. 특히 윤봉길의 홍커우 공원 폭탄 투척 의거(1932)는 중국 장제스 정부와 중국인의 여론을 임시 정부에 우호적으로 바꾸는 계기가 되었다.
㉡ 한인 애국단의 이봉창은 일본 국왕 폭살 기도(1932)를 하였다.
㉣ 한인 애국단의 윤봉길은 홍커우 공원에 폭탄을 투하하였다.
㉠ 김익상의 폭탄 투하는 의열단의 활동이다.
㉢ 나석주의 폭탄 투하는 의열단의 활동이다.

→ 정답 ④

자료쏙쏙!

>>>> **국민 대표 회의**
국민 대표 회의가 소집되지만 각 종파들은 서로의 입장을 좁히지 못한 채 2개로 분열되었다.
- 개조파: 실력 양성을 우선으로 하면서 자치 활동과 외교 활동 강조
- 창조파: 무력 항쟁을 강조하면서 조선 공화국 수립을 의도

예상문제

다음과 같은 대립이 나타났던 시기를 연표에서 옳게 고른 것은? [2점]

사회주의 사상의 유입으로 민족주의 계열과 사회주의 계열간의 갈등이 증폭되어 갔으며, 독립 운동의 방략을 둘러싸고 임시정부의 주요인사들 사이에서 무장독립투쟁론·외교독립론·실력양성론 등의 대립이 나타났다. 특히 대통령인 이승만은 미국에 머물면서 미국의 윌슨 대통령에게 국제연맹에 의한 위임통치를 요구하며 사회주의 계열은 이승만의 사임을 요구하였다.

1919	1923	1932	1935	1940	1946
	(가)	(나)	(다)	(라)	(마)
임시정부 수립	국민 대표의	윤봉길 의거	한국 국민당 창당	한국광복군 창설	8·15 광복

① (가) ② (나)
③ (다) ④ (라)
⑤ (마)

해설 >> 제시된 자료를 통해 임시정부가 '외교론'과 '무장 투쟁론'의 활동 방향을 두고 치열하게 논의되고 있음을 알 수 있다. 이승만의 '위임 통치 청원서' 제출이 알려지면서 임시 정부의 격렬한 논쟁이 일어나게 된다. 대통령 중심제를 집단 지도 체제로 바꾸고자 시도되었던 '국민대표회의'는 독립 운동의 노선의 차이만 남기고 끝났다. 이후 김구, 이동녕 등이 임시 정부를 재건하여 활동하지만, 독립 운동 단체의 대표성은 상실하였다.
① (가)시기에는 외교론, 독립 전쟁론, 실력 양성론 등의 대립이 격화되었다.
② (나)시기에는 제시문과 같은 외교 독립론과 무장 투쟁론의 갈등으로 인해 국민대표회의가 소집되게 된다. 이승만의 탄핵은 국민대표회의를 거치며 가결되었다.
③ (다)시기에는 김구를 중심으로 임시정부는 한인 애국단을 조직하여 활동하였다.
④ (라)시기에는 한국 국민당을 창당해 우파 계열의 독립 단체들을 통일하고자 하였다.
⑤ (마)시기에는 충칭에서 한국 광복군을 창설하고 독립 준비를 위한 활동들을 전개하였다.

→ 정답 ①

예상문제

다음 선언문에 밑줄 친 (가)에 해당하는 독립군의 설명으로 옳은 것은? [2점]

> 대한민국 임시 정부는 대한민국 원년에 정부가 공포한 군사조직법에 의거하여 중화민국 영토 내에 광복군을 조직하고 대한민국 22년 9월 17일에 __(가)__ 를 창설함을 선언한다. __(가)__ 는 중화민국 국민과 합작하여 우리 두 나라의 독립을 회복하고자 공동의 적인 일본 제국주의자들을 타도하기 위해 연합군의 일원으로 항전을 계속한다. …… 우리 민족의 확고한 독립정신은 불명예스러운 노예 생활에서 벗어나기 위하여 무자비한 압박자에 대한 영웅적 항쟁을 계속하여 왔다. …… 이 때 우리는 큰 희망을 갖고 우리 조국의 독립을 위해 우리의 전투력을 강화할 시기가 왔다고 확신한다.

① 일본군을 상대로 정부 수집, 포로 심문, 대적 방송 등에 종사하였다.
② 국내 진공 작전 계획을 성공하였다.
③ 안창호 의거로 중국 국민당 정부의 지원을 얻게 되었다.
④ 중국 공산당의 팔로군과 함께 화북 각지의 항일전에 참전하였다.
⑤ 무정부주의의 영향을 받았으며, 일정한 곳에 본부를 두지 않았다.

해설 >> 제시된 자료는 한국 광복군 선언문이다. 1940년 대한민국 임시 정부가 창설한 한국 광복군과 관련된 내용을 묻는 문제이다.
① 한국 광복군은 1943년 영국군의 요청으로 인도, 미얀마 전선에 한국 광복군 공작대를 파견하여 일본군을 상대로 한 대적 방송, 정보 수집, 포로 심문 등에 종사하였다.
② 한국 광복군은 중국에 주둔하고 있는 미군의 지원으로 미군 전략 정보처(OSS)의 특수 훈련을 받은 한국 광복군을 국내에 침투시킬 계획이었으나 일제의 패망으로 무산되었다.
③ 한인 애국단의 윤봉길은 상하이 사변 전승 기념식장에 폭탄을 던져 일본군 장성과 고관들을 처단하였다. 이를 계기로 중국 국민당 정부가 중국 영토 내의 무장 독립 투쟁을 승인하고 후에 한국 광복군이 창설된다.
④ 중국 팔로군과 함께 화북 각지에서 항일전에 참여한 것은 옌안에 본부를 둔 조선 의용군이었다.
⑤ 의열단은 무정부주의의 영향을 받았으며 본부를 일정한 곳에 두지 않고 옮겨 다니면서 '조선 혁명 선언'을 활동지침으로 삼아 활발한 투쟁을 벌였다.

자료쏙쏙!

>>>> **한국 광복군이 설립될 당시, 1940년 충칭 시기의 임시 정부**
- 한국 독립당 조직: 김구의 한국 국민당, 조소앙의 한국 독립당, 지청천의 조선혁명당 통합
- 주석 중심제로 헌법 개정(1940): 임시 의정원에서 김구를 주석으로 선임
- 대한민국 건국 강령 발표: 조소앙의 삼균주의에 바탕을 둠
- 김원봉의 조선 민족 혁명당 통합: 민족 전선의 통일 이룩

→ 정답 ①

25일차

79회 출제

한국사의 판도를 바꿔 놓은 결정적 전쟁을 살펴볼까요?

🎤 자료쏙쏙!

출제핵심포인트

- 고구려가 외세의 침입을 막은 중국 수·당과의 대결과 신라가 자주적인 민족통일을 위해 전개한 당과의 대결을 이해해야 합니다.
- 고려의 북방 민족에 대한 항쟁은 어떻게 전개되었는지 알아야 합니다.
- 임진왜란·병자호란·정묘호란의 전개과정과 사회적·경제적·문화적 영향을 파악해야 합니다.
- 6·25전쟁의 원인과 영향을 파악해야 합니다.

06회 출제

30회 중급 4번 | 21회 중급 4번 | 16회 중급 6번 | 13회 중급 44번 | 10회 4급 6번 | 2회 4급 17번

》》》 고구려 vs 수나라

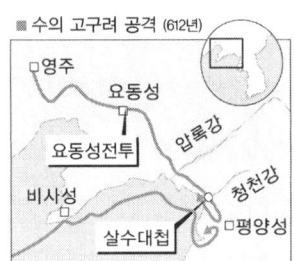

》》》 대한제국 교과서 초등한국역사에 삽화로 실린 을지문덕 초상화

01 고구려와 수·당의 전쟁

① 고구려 VS 수나라

ㄱ. 원인 : 수나라의 고구려 압박에 고구려 영양왕의 요서지방 선제공격(598)

ㄴ. 경과 : 수나라 문제(1차) + 양제(2차~4차) 침입 실패

ㄷ. 을지문덕의 살수 대첩(612, 2차 침입)
  - 수나라 수군은 대동강(패수)에서 궤멸
  - 수나라 육군은 113만 요동성 공략 실패
  - 수나라 30만 별동대 평양성 공격 → 을지문덕에게 살수(청천강)에서 대패(**살수 대첩**)

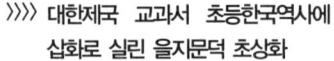

〈고구려와 수의 전쟁〉

> 머릿속에 **콕콕!**

신묘한 계책은 천문을 꿰뚫어 볼 만하고
오묘한 전술은 땅의 이치를 모조리 알도다.
전쟁에 이겨서 공이 이미 높아졌으니
만족을 알거든 그만 돌아가시구려.

「삼국사기」

* 을지문덕이 살수대첩 작전 실행 전에 수나라의 우중문 장군에게 보낸 시이다.

㉣ 결과
- 수나라는 국력 소모와 내란으로 멸망(618)
- 수나라를 계승하여 중화 세계를 통일한 당나라 건국

② 고구려 VS 당나라

㉠ 원인 : 고구려의 대당 강경책(연개소문, 천리장성 축조 등) + 당 태종 팽창 정책

㉡ 경과
- 당나라 1차~3차 침입
- 안시성 전투 승리(645, 1차 침입) → 이후에도 수차례 침입했으나 실패

㉢ 결과
- 중국의 한반도 침략 저지
- 이후 나·당 연합군의 공격으로 평양성이 함락되면서 멸망(668)

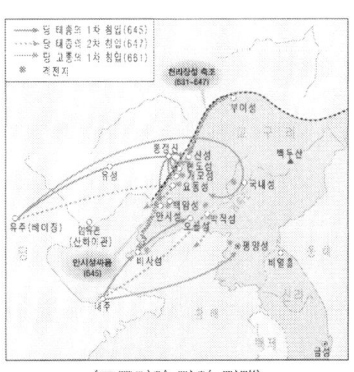
〈고구려와 당의 전쟁〉

자료쏙쏙!

>>>> **천리장성**

자료쏙쏙!
>>>> 백제와 고구려 부흥 운동

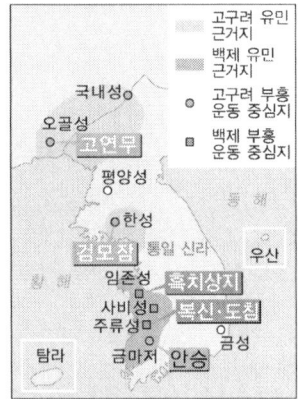

※ 백제의 부흥 운동
- 복신·도침(주류성), 흑치상지(임존성), 왕자 부여 풍이 주도
- 결과: 지도층의 내분으로 실패

※ 고구려의 부흥 운동
- 검모잠(한성), 안승(금마저), 고연무 (국내성·오골성)가 주도
- 신라의 지원을 받음

02 신라와 당나라의 전쟁

03회 출제
26회 중급 2번 | 29회 중급 6번 | 18회 중급 5번

① 신라 VS 당나라
㉠ 원인
- 당나라의 한반도 전체 지배 욕심
- 웅진도독부(백제) + 안동도호부(고구려) + 계림도독부(경주) 설치

㉡ 경과
- 매소성 전투 승리: 당의 20만 병력 격파
- 기벌포 전투 승리: 당의 해군을 금강하구(기벌포)에서 격파

㉢ 결과
- 대동강 이남에서 당군 몰아내고 삼국통일 완성(676)
- 통일에 외세(당)의 도움과 대동강 이남으로 영토가 축소되는 한계를 가짐
- 자주적 통일(당을 축출)과 최초의 민족통일이라는 의의를 가짐

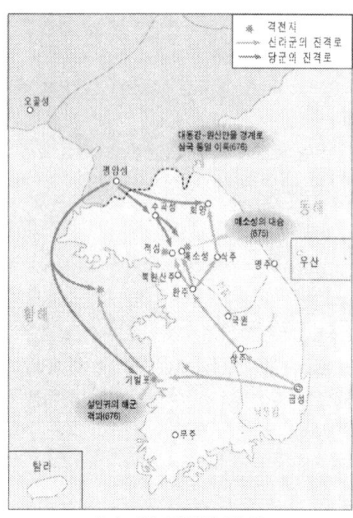

〈나·당 전쟁의 전개〉

03 고려와 거란·여진·몽고·왜구와의 전쟁

28회 출제

28회 중급 13번	27회 중급 13번	26회 중급 17번	25회 중급 14번	21회 중급 13번	
20회 중급 20번	19회 중급 14번	18회 중급 17번	17회 중급 18번	16회 중급 15번	
14회 중급 7번	14회 중급 15번	13회 중급 44번	11회 중급 44번	10회 3급 11번	
10회 3급 17번	10회 4급 26번	9회 4급 13번	8회 3급 39번	8회 4급 24번	
6회 4급 43번	3회 3급 15번	3회 4급 23번	3회 4급 44번	1회 3급 19번	
1회 3급 39번	1회 4급 10번	1회 4급 17번			

① 고려 VS 거란

㉠ 원인 및 경과

	원인	경과
1차 침입 (993)	• 고려의 거란 강경책 • 친송정책	• **소손녕**의 80만 대군 침입 • **서희의 외교 담판 → 강동 6주 획득** (압록강 하류까지 영토 확장)
2차 침입 (1010)	• 강조의 정변 • 친송정책의 지속 • 강동 6주 반환 거부	• 40만 대군 침입 → 개경 함락 • 현종 입조 조건으로 퇴군하는 거란군을 **양규가 귀주에서 격퇴**
3차 침입 (1019)	• 현종 입조 거부 • 강동 6주 반환 거부	• 소배압의 10만 대군 침입 • **강감찬의 귀주대첩 승리**

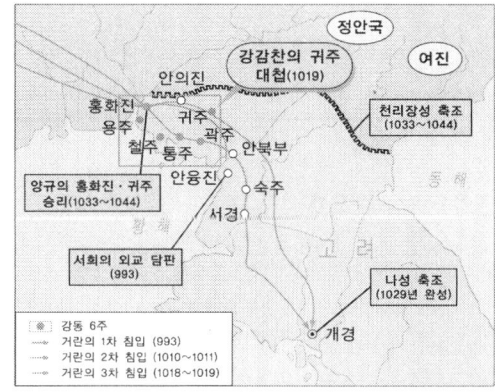
〈거란의 침입과 격퇴〉

〈강동 6주와 천리장성〉

㉡ 결과
- 개경에 나성 축조(1029, 강감찬 건의) : 도성 수비 강화
- **천리장성 축조**(1033~1044, 강감찬 건의) : 압록강 입구~동해안 도련포(거란·여진 대비)
- 초조대장경 조판(1011~1087) : 거란의 침입을 막고자 조판, 몽골 2차 침입(1232)때 소실

자료쏙쏙!

》》》 서희의 외교 담판

소손녕이 서희에게 말하기를, "그대 나라가 신라 땅에서 일어났고, 땅은 우리의 소유인데 고려가 침식하였고, 또 우리와 국경을 접하였는데도 바다를 넘어 송나라를 섬기므로 오늘의 출병이 있게 된 것이다. ……"라고 하자, 서희가 말하기를 "아니다. 우리나라가 곧 의 옛 땅이다. 그러므로 국호를 고려라 하고 평양에 도읍하였으니, 만일 국경으로 논한다면 그대 나라의 동경은 다 우리 경내에 있거늘 어찌 침식이라 하리오?"

「고려사」

※ 제시된 사료는 거란의 1차 침입 때 있었던 서희와 소손녕의 담판 내용으로, 고려는 고구려를 계승한 국가임을 거란에 확인시킨 후 강동 6주를 고려의 영토로 편입시켰다.

》》》 척경입비도

윤관이 9성을 개척하고 비석을 세우는 장면을 조선 후기에 그린 것

자료쏙쏙!

>>>> 몽고의 침입과 삼별초의 항쟁

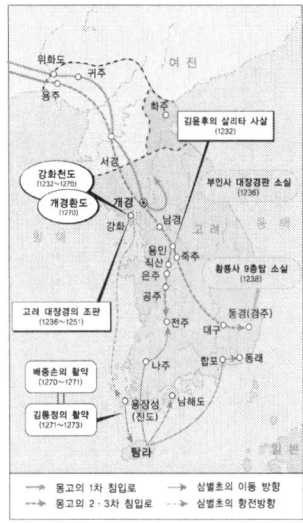

>>>> 이성계의 황산대첩

이성계가 이끄는 토벌군이 남원에 도착하니 왜구는 인월역에 있다고 하였다. 운봉을 넘어온 이성계는 적장 가운데 나이가 어리고 용맹한 아지발도를 사살하는 등 선두에 나서서 독전하여 아군보다 10배나 많은 적군을 섬멸케 했다. 이 싸움에서 아군은 1,600여 필의 군마와 여러 병기를 노획하였다고 하며 살아 도망간 왜구는 70여 명밖에 없었다고 한다.
「고려사」

※ 고려 말기에 왜구의 잦은 노략질로 전국의 해안지방이 황폐하게 되었다. 이에 고려는 적극적인 토벌작전을 전개하는데, 최영의 홍산대첩, 최무선의 진포대첩, 이성계의 황산대첩이 대표적이다.

② 고려 VS 여진
  ㉠ 관계
    • 고려 초 : 여진은 고려를 부모국으로 여김, 고려는 회유·군대 통해 정벌
    • 12세기 초 : 완옌부 여진족 통일→고려와 충돌
  ㉡ 여진 정벌과 동북 9성 축조(12세기 초) : 윤관의 별무반 편성→별무반 17만 여진족 토벌→동북 9성 축조(1107)
  ㉢ 여진 세력 확대 : 금 건국(1115)후 거란 멸망시킴(1125)→고려에 군신 관계 요구→금 요구 수용(이자겸)→북진 정책 좌절

③ 고려 VS 몽고
  ㉠ 원인 : 몽고의 정복정책 + 몽고 사신 저고여 피살 사건
  ㉡ 경과 및 결과

제1차 침입 (1231)	귀주성에서 박서의 저항→몽고는 내정간섭기구인 다루가치 설치 후 철수→최우의 강화도 천도
제2차 침입 (1232)	**처인성(용인) 전투에서 김윤후가 몽고 장수 살리타 사살**
제4차~6차 침입 (1254)	• 황룡사 9층 목탑·부인사 대장경 등 문화재 소실 • **팔만대장경 조판 : 부처의 힘으로 몽고 침입 극복** • 몽고와 강화로 최씨정권 붕괴→개경환도(1270)
삼별초 항쟁 (1270~1273)	• **몽고와 강화 및 개경환도에 반대(배중손 등)** • 강화도→진도(용장산성)→제주에서 저항→여·몽 연합군에 진압 • 고려의 자주정신 + 배몽사상 표현

④ 여·원 연합군 VS 일본
  ㉠ 경과 : 1차 원정(1274)~2차 원정(1281)
    • **일본 원정을 위해 정동행성 설치**
    • 1차·2차 원정은 태풍 및 질병으로 실패
  ㉡ 결과
    • 원정 실패 후에도 정동행성 유지→내정간섭
    • 몽고의 강력한 요구로 출정함→**자주적 성격 아님**

⑤ 고려 vs 홍건적·왜구
  ㉠ 홍건적의 침입
    • 1차 침입(1359) : 홍건적 서경 점령→이승경·이방실 등이 격퇴
    • 2차 침입(1361) : 개경 함락→공민왕 안동(복주)로 피난→이성계·최영·정세운 등이 격퇴
  ㉡ 왜구의 침입
    • 홍산대첩(1376) : 최영의 왜구 섬멸
    • **진포대첩(1380) : 최무선이 화포를 이용해 격퇴**
    • 황산대첩(1380) : 이성계의 왜구 격퇴
    • 대마도정벌(1389) : 박위의 대마도 정벌

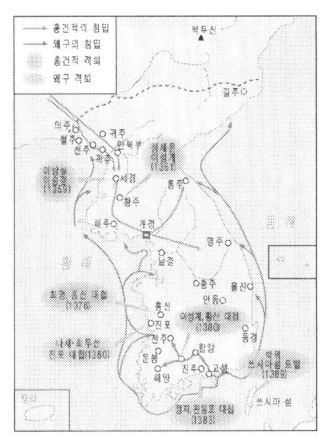

04 조선의 일본·청과의 전쟁

① 조선 vs 일본(임진왜란)

24회 출제

30회 중급 20번	29회 중급 21번	28회 중급 23번	28회 중급 20번	27회 중급 27번
27회 중급 23번	26회 중급 29번	24회 중급 42번	23회 중급 22번	22회 중급 21번
21회 중급 21번	20회 중급 22번	20회 중급 19번	19회 중급 20번	18회 중급 19번
15회 중급 22번	14회 중급 8번	13회 중급 44번	8회 4급 46번	6회 3급 22번
6회 4급 21번	3회 4급 42번	2회 3급 49번	1회 4급 23번	

  ㉠ 임진왜란(1592)·정유재란(1597) 전개과정
    • 일본의 침략
    • 부산진(정발)·동래성(송상현) 패전
    • 왜군 북상→충주성(신립) 패전
    • 선조 의주 피난 및 명에 원군 요청
    • 왜군의 한양 점령 및 평양·함경도 진출
    • **이순신 활약(옥포해전, 한산도대첩 등)**
  ㉡ 의병의 활약(곽재우, 정인홍 등)
    • 수군·의병 활약과 명 원군으로 전황 역전

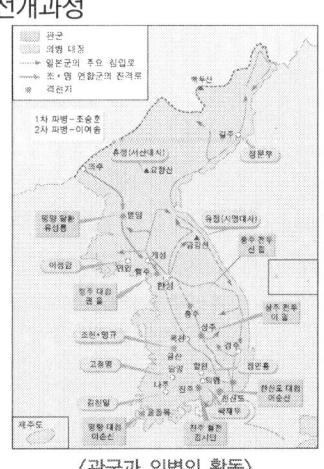

〈관군과 의병의 활동〉

자료쏙쏙!

〉〉〉〉 임진왜란의 영향

• 이삼평은 때 일본으로 끌려가 사가(佐賀) 현 다이묘로부터 '가나가에 산페이'라는 이름을 얻고 도자기를 생산하였다. 이삼평은 일본의 대표적인 아리타 도자기의 원조로 추앙받는 우리나라 출신의 도공이다. 일본에 끌려가 아리타(有田)의 이즈미야마(泉山)에서 도자기 원료를 발견해 백자를 만들어 냄으로써 일본 도자기의 효시가 되었다. 이삼평이 생산한 '아리타(有田) 자기'는 유럽에 팔려 나가 큰 인기를 끌었다.

• 도요토미 히데요시는 부하들에게 전공을 세운 표시로 죽은 사람의 목 대신 보관과 운송이 편리한 조선인들의 귀와 코를 잘라오게 하였다. 그의 부하들은 그것들을 일본으로 가지고 와서 묻었으며, 귀무덤이라 한다.

※ 이삼평을 비롯한 도자기 기술자들은 일본에 끌려가 일본 도자기의 발달에 결정적으로 기여하였으며 임진왜란을 '도자기 전쟁'이라고도 한다. 귀무덤은 일본 교토시 히가시야마구에 있는 무덤으로, 임진왜란과 정유재란 때 왜군이 전리품으로 베어간 조선 군사와 백성의 코와 귀를 묻은 곳으로 이총(耳塚)이라고도 한다.

- 평양성 탈환(조·명 연합군) + **행주대첩(권율, 관민 합심)**→왜군 퇴각
- 휴전 결렬로 재침입(정유재란, 1597)→이순신의 명량·노량해전 승리→왜군 철수

ⓒ 결과 및 영향
- 조선 국가 재정 궁핍(인명·토지·호적 소실)
- 신분제 동요(공명첩 발급)
- **문화재 소실(불국사, 실록 등)**
- 비변사의 기능이 강화
- **성리학자 및 도공(이삼평) 등이 끌려감**→일본 문화 발전 토대 마련
- **명이 쇠퇴하고 여진족이 급속히 성장**
- 왜군에게 노비로 끌려가거나, 노예로 팔림(포르투갈 상인에 의해 유럽 등지로)

② 조선 vs 청

04 회 출제
9회 4급 29번 8회 4급 25번 5회 4급 50번 2회 4급 22번

㉠ 정묘호란(인조, 1627)
- 서인의 친명배금정책 + 이괄의 난
- 후금 자극→후금의 황주 침입
- 의병 활약(정봉수·이립 등)→강화 성립
- 결과 : 형제 관계, 후금·명 사이 중립유지

㉡ 병자호란(인조, 1636)
- 후금이 국호를 청으로 고친 후 조선에 군신 관계 요구
- **조선 내 주전론, 주화론의 대립**
- 주전론 대세→**남한산성**에서 45일간 항쟁→패배
- 결과 : **삼전도의 굴욕(군신관계 성립)**→두 왕자와 척화론자 청에 압송
- 청에 대한 반감 고조→**북벌론 대두**

정묘호란과 병자호란

자료쏙쏙!

>>>> 주화론 vs 척화론

"화친을 맺어 국가를 보존하는 것보다 차라리 의를 지켜 망하는 것이 옳다고 하였으나 이것은 신하가 절개를 지키는 데 쓰이는 말입니다. … 자기의 힘을 헤아리지 아니하고 경망하게 큰 소리를 쳐서 오랑캐들의 노여움을 도발, 마침내는 백성이 도탄에 빠지고 종묘와 사직에 제사를 지내지 못하게 된다면 그 허물이 이보다 클 수 있겠습니까."
「지천집, 최명길의 주화론」

"화의가 나라를 망친 것은 어제 오늘의 일이 아니고 옛날부터 그러하였으나 오늘날처럼 심한 적은 없습니다. 명나라는 부모의 나라이고 오랑캐(청)는 부모의 원수입니다. 신하된 자로서 부모의 원수와 형제의 의를 맺고 부모의 은혜를 저버릴 수 있겠습니까."
「인조실록, 윤집의 척화론」

※ 청의 압력에 대외 정책을 둘러싸고 주화론과 척화론으로 나뉘어졌다. 조선 조정은 척화론을 따르게 됐고 이에 청이 다시 한 번 침입하게 되었다.

>>>> 삼전도비

주화론자 vs 척화론자의 대립	
주화파(외교적 교섭으로 문제 해결)	척화파(전쟁 주장)
• 초기 양명학자로 현실론 • 친청외교(최명길)	• 전통적 성리학자로 화이론적 명분론 • 친명외교(윤집 · 김상헌 · 홍익한 · 오달제)

③ 조선 VS 러시아

01 회 출제
10회 3급 17번

구분	배경	경과
제1차 나선정벌 (효종, 1654)	• 러시아 세력의 시베리아 지방 남하가 청과 조선 자극	변급 외에 150여명 조총군 러시아군 격퇴
제2차 나선정벌 (효종, 1658)	• 청의 강력한 원병 요청 (자주적 성격 아님, 북벌계획과 무관)	신유 외에 200여명 조총군 러시아군 격퇴

06 6 · 25 전쟁

13 회 출제

30회 중급 47번	27회 중급 49번	21회 중급 48번	16회 중급 46번	11회 중급 42번
10회 3급 46번	10회 4급 46번	9회 3급 46번	9회 4급 47번	8회 4급 18번
6회 3급 46번	5회 3급 42번	1회 4급 43번		

① 6.25 전쟁
- ㉠ 배경: 주한미군 철수(1949) + 중국의 공산화(1949) + 미국의 애치슨 선언(1950)
- ㉡ 경과
  - **북한의 남침(1950.6.25)** → 한강대교 폭파(1950.6.28) → 서울 함락, 낙동강 전선까지 후퇴 → 유엔군 참전(1950.7)
  - **국군과 유엔군의 반격(인천 상륙 작전, 1950.9)** → 서울 탈환, 38도선 돌파, 평양 수복, 압록강까지 진출
  - **중공군 개입(1950.10.25)**
    → **1.4후퇴** → 서울 재수복
    → 38선 일대에서 전선 교착상태

>>>> 나선정벌

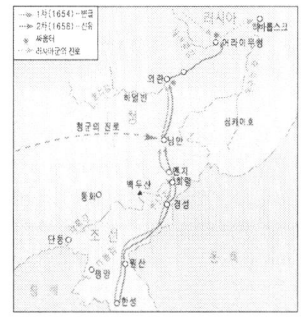

>>>> 애치슨 라인

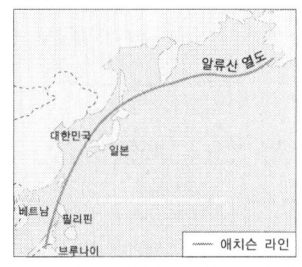

1950년 1월 10일 당시 미 국무 장관 애치슨은 태평양에서의 미국의 방위선을 알류산열도-일본-오키나와-필리핀을 연결하는 선으로 정한다고 발언하였다. 이는 6 · 25전쟁의 발발을 묵인하는 결과를 가져왔다는 비판을 받았다.(방위선 밖의 한국의 군사적 공격과 관련된 안보 보장을 할 수 없다는 내용 포함)

자료 쏙쏙!

>>>> 1·4 후퇴 피난민 대열

- 소련이 유엔에 휴전 제의(1951. 6)
  → 우리 정부·국민은 휴전에 반대
  → **이승만은 반공 포로를 석방 (1953. 6.18)**하여 휴전 협상 방해
  → 유엔, 북한, 중국 대표가 휴전 협정에 서명
  → 휴전 협정 체결(1953. 7. 27)
ⓒ 결과
- 휴전 협정 후 안보 보장을 위해 **한·미 상호방위조약 체결(1953.12)**
- 남한에서 반공 체제가 강화
- 남과 북에 많은 이산가족이 발생

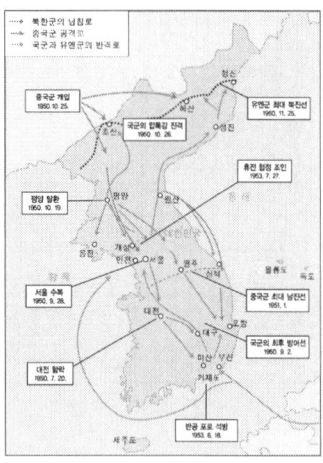

〈6·25 전쟁의 전황〉

기출문제

11회 중급 46번

(가)에 해당하는 민족과 관련된 사실로 옳은 것은? [2점]

> 윤관이 왕에게 아뢰기를, "제가 보기에는 __(가)__의 세력이 완강하여 무슨 변을 일으킬지 예측하기 어려우니 마땅히 병졸과 군관을 휴식시켜 후일에 대비해야 합니다. 또한 제가 전일에 패한 원은인 __(가)__은(는) 말을 탔고, 우리는 보행으로 전투한 까닭에 대적할 수가 없었던 것입니다." 이때부터 비로소 별무반을 만들기로 결정하였다.
>
> 「고려사」

① 강감찬이 귀주에서 크게 물리쳤다.
② 을지문덕이 살수에서 대승을 거두었다.
③ 김윤후가 처인성에서 살리타를 사살하였다.
④ 김종서, 최윤덕 등이 4군과 6진을 설치하였다.
⑤ 최무선이 화포를 이용하여 진포 싸움에서 승리하였다.

해설≫ 제시된 자료에서 '윤관', '별무반'이라는 단어로 추론해 볼 때 고려 중기에 전개되었던 함경도 지역의 '여진 정벌'임을 알 수 있다. 고려는 윤관 등의 노력으로 별무반이라는 특별 부대를 양성하여 여진족의 근거지인 동북 지역을 정벌하여 9개의 성을 쌓았다.
④ 김종서, 최윤덕 등은 세종의 명으로 4군 6진을 설치하고 여진족을 몰아냈다.
① 강감찬이 귀주에서 거란족을 크게 물리쳤다.
② 을지문덕은 살수에서 수나라를 크게 물리쳤다.
③ 김윤후는 처인성에서 몽고의 장수 살리타를 사살하였다.
⑤ 최무선은 화포를 이용하여 진포 싸움에서 왜구를 물리쳤다.

자료쏙쏙!

>>>> 윤관의 동북 9성 위치

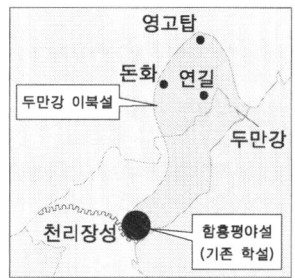

'동북 9성은 1107년 특수부대인 별무반을 창설한 윤관 장군이 여진족을 섬멸한 뒤 새로 개척한 땅에 쌓은 성이다. 하지만 그 위치에 대한 해석은 분분했다. 이러한 관계로 동북 9성의 위치를 묻는 문제는 출제가 되지 않고 있다.

→ 정답 ④

자료쏙쏙!

>>>> **인천 상륙 작전**

6·25 전쟁이 일어난 후 조선 인민군은 남진을 계속하다 국제 연합군의 참전으로 낙동강에서 교착상태를 맞게 되었다. 이에 국제 연합군은 조선 인민군의 허리를 절단하여 섬멸한다는 계획을 세워 첫 작전으로 인천 상륙 작전을 감행하게 되었다.

예상문제

지도와 관련된 전쟁에 대한 설명으로 옳지 않은 것은? [3점]

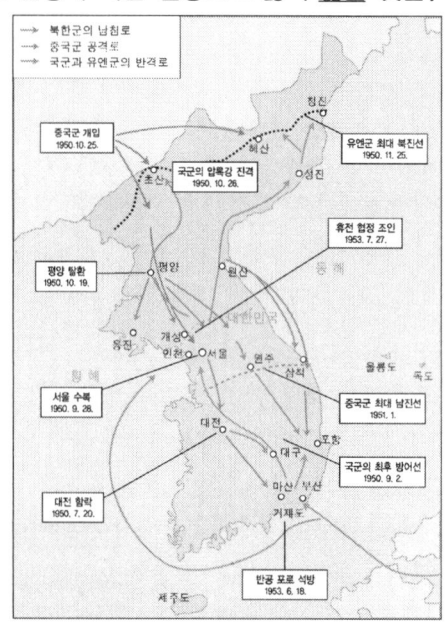

① 소련이 유엔에 휴전을 제의하면서 휴전 협상이 시작되었다.
② 전쟁 발발 3일 후 북한군 남진을 막기 위해 한강 대교를 폭파하였다.
③ 중국군의 참전으로 다시 남쪽으로 밀려났다.
④ 이승만은 반공 포로를 석방하여 휴전 협정을 찬성하였다.
⑤ 휴전 협상 이후 한·미 상호방위조약을 체결하였다.

해설 >> 제시된 지도는 6·25 전쟁과 관련된 것이다. 문제는 6·25 전쟁의 진행 경과에 대해 묻는 것이다.
④ 이승만 정부는 분단이 굳어질 것을 우려하여 휴전을 반대하였고, 1953년 6월 18일에 반공포로를 석방하여 휴전협정을 방해하였다.
① 소련이 유엔에서 휴전을 제의(1951.6)하면서 휴전협상에 들어가게 되었다.
② 한강대교가 폭파된 시점은 1960년 6월 28일로 전쟁발발 3일 후이다. 한강대교를 폭파함으로써 북한군이 내려오지 못하도록 하는 의도였지만, 아직 피난을 가지 못한 많은 남한 백성들이 피난을 하지 못하게 되어 많은 피해가 발생하였다.
③ 중공군의 참전은 1950년 10월 26일 이루어졌다. 이에 중국군과 북한군에 패하면서 국군은 다시 남쪽으로 밀려났다.
⑤ 휴전협상 이후 남한은 1953년 12월 미국으로부터 안보를 보장받기 위하여 한·미 상호방위조약을 체결하였다.

→ 정답 ④

예상문제

지도의 빗금 친 지역의 역사와 관련 있는 것을 〈보기〉에서 고른 것은? [2점]

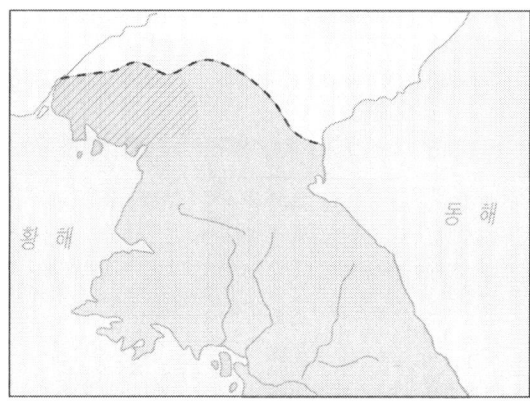

| 보기 |

㉠ 만적의 난이 일어난 곳을 살펴본다.
㉡ 서희가 외교를 통해 확보한 강동 6주를 살펴본다.
㉢ 세종 때 설치된 4군 6진을 살펴본다.
㉣ 강감찬 장군이 대승을 거둔 귀주대첩을 살펴본다.

① ㉠, ㉡   ② ㉠, ㉢
③ ㉡, ㉢   ④ ㉡, ㉣
⑤ ㉢, ㉣

해설》 제시된 지도의 표시된 부분은 고려 시대 거란의 1차 침입을 막아내면서 얻어낸 강동 6주의 지역이다. 따라서 강동 6주를 비롯한 고려 초기의 대외관계에 대하여 묻는 문제이다.
  ㉡ 서희는 거란의 1차 침입 당시, 고려는 고구려를 계승한 나라임을 강조하며 외교 교섭을 펼친 끝에 강동 6주 지역을 얻어냈다.
  ㉣ 거란의 3차 침입당시, 강감찬 장군의 귀주 대첩으로 거란군을 물리친 곳은 강동 6주 지역이다.
  ㉠ 만적은 당시의 집권자인 최충헌의 사노비로서 6명의 노예와 함께 당시의 서울인 개경 뒷산에 가서 나무를 하다가, 공사의 노예들을 모아놓고 난을 계획하였으나 한충유의 사노비가 밀고하여 거사 전에 발각되었다.
  ㉢ 세종 때 설치된 4군 6진은 여진족을 몰아내고 설치한 행정 구역으로, 압록강과 두만강 유역에 건설한 군사 시설이다.

자료쏙쏙!

》》》 만적의 난

고려 중기에 일어난 무신의 난은 당시의 신분계급에 큰 변동을 일으켜 하극상의 풍조가 유행하였다. 그리하여 중앙과 지방, 상층계급과 하층계급 사이에 충돌이 일어나 결국은 농민과 노예에 의한 반란까지 유발시켰는데, 그 중에서도 가장 대규모적이고 목적이 뚜렷하였던 것이 만적의 난이다.

→ 정답 ④

26일차

대한민국의 수립과 발전을 살펴볼까요?

37회 출제

출제핵심포인트

- 건국 준비 활동을 전개한 단체들과 미·소 점령 후의 한반도 정세를 이해해야 합니다.
- 대한민국 정부 수립이 되기까지의 과정을 정확하게 정리해야 합니다.
- 정부 수립 후에 실시된 반민특위의 활동과 농지 개혁법에 대해 이해해야 합니다.

37회 출제

30회 중급 46번	29회 중급 46번	28회 중급 47번	27회 중급 45번	26회 중급 47번
24회 중급 47번	23회 중급 48번	22회 중급 44번	21회 중급 47번	21회 중급 46번
20회 중급 46번	19회 중급 44번	18회 중급 43번	17회 중급 46번	15회 중급 45번
14회 중급 46번	13회 중급 40번	12회 중급 42번	12회 중급 45번	10회 4급 47번
9회 3급 45번	9회 3급 47번	9회 4급 46번	7회 3급 37번	7회 3급 38번
7회 3급 40번	7회 4급 48번	6회 3급 42번	5회 3급 38번	4회 3급 46번
3회 3급 41번	3회 3급 48번	2회 3급 42번	2회 3급 46번	1회 3급 9번
1회 4급 41번	1회 4급 서4번			

자료쏙쏙!

>>>> 여운형

>>>> 태평양 방면 미육군 총사령관 맥아더 포고령 1호

제1조 북위 38도선 이남의 조선 영토와 조선 인민에 대한 통치의 권한은 당분간 본관의 권한에 시행한다.

제2조 정부 등 모든 공공사업기관에 종사하는 유급, 무급 직원과 고용인, 그리고 기타 중요한 제반 사업에 종사하는 자는 별도의 명령이 있을 때까지 종래의 정상 기능과 업무를 수행할 것이며, 모든 기록 및 재산을 보호·보존하여야 한다.

제4조 민의재산권을 이를 존중한다. 주민은 본관의 별도 명령이 있을 때까지 일상적인 직무에 종사하라.

제5조 군정기간 동안 영어를 모든 목적을 위해 사용하는 공용어로 한다.

01 8·15 광복과 분단

① 광복 직전·후의 건국 준비 활동

㉠ 국외

대한민국 임시 정부 (중국 충칭)	• 민족주의 계열의 한국 독립당이 주도 • 조소앙의 삼균주의에 따른 건국 강령 제정
조선 독립 동맹	• 사회주의 계열 독립 운동가들이 결성 (김두봉 등) • 조선 의용군이 군사적 기반

㉡ 국내

조선 건국 동맹	• 여운형이 중심이 되어 국내에서 조직 • 광복 후 조선 건국 준비 위원회로 개편
조선 건국 준비 위원회 (1945.8.15.)	• 광복과 동시에 **여운형은 조선 건국 동맹을 확대 개편** • **치안 유지와 함께 건국 준비작업에 착수** • 미군의 남한 진주가 결정되자 좌익세력의 주도로 조선 인민 공화국을 선포하고 인민 위원회를 설치하나, 미군정은 인정하지 않음

② 38도선 합의와 미·소 점령군 주둔

38도선 합의 과정	미국의 원폭 투하(1945.8.6.)→소련군의 참전(1945. 8.9.)→미국의 38도선 분할 제의(소련 수용)→일본의 항복→남북에 미·소 점령군이 진주(1945.9.8.) * 위의 과정을 통해 국토가 분단
남한을 점령한 미 군정청 정책	• **임시 정부와 공산주의 활동을 인정하지 않음**(한국인의 자치 행정·치안 활동 불인정) • **일제하에 일했던 친일 관리와 경찰을 그대로 기용** (친일 세력 득세 기회 제공)
북한을 점령한 소련군 사령부정책	• 인민 위원회의 활동을 인정(행정권·치안권 인정) • 김일성의 공산주의 세력 지원(민족주의 세력 억압)

02 남북한 정부의 수립과 좌절

① 모스크바 3국 외상 회의(1945.12)
  ㉠ 모스크바에서 미국·영국·소련의 3개국이 제2차 세계대전 전후 문제처리를 위한 외상회의
  ㉡ 한국에 임시민주 정부 수립 및 미국·영국·중국·소련에 의한 **최고 5년간 한반도 신탁통치 규정**
  ㉢ **좌우 대립의 계기**(우익은 신탁 통치 반대, 좌익은 신탁 통치 지지)

>>> 머릿속에 콕콕!

1. 조선을 독립 국가로 재건설하며, 조선을 민주주의적 원칙하에 발전시키는 조건을 조성하고, …… 조선 인민의 민족 문화 발전에 필요한 모든 시설을 취할 임시 조선 민주주의 정부를 수립할 것이다.
2. 조선 임시 정부 구성을 원조할 목적으로 …… 남조선 미합중국 점령군과 북조선 소연방 점령군 대표자들로 공동위원회가 설치될 것이다.
3. 공동 위원회의 제안은 최고 5년 기한으로 4개국 신탁 통치의 협약을 작성하기 위하여 미·영·소·중 4국 정부가 공동 참작할 수 있도록 조선 임시 정부와 협의한 후에 제출되어야 한다.
4. 미·소 양국 조선 주둔 사령관 대표는 앞으로 2주일 이내에 회합하여 남북 조선에 공통된 긴급 문제와 행정·경제 방면의 영구적 조정 방침을 강구할 것이다.

* 다음은 모스크바 3국 외상회의 결정 내용이다. 특히 신탁통치 규정은 국내의 좌·우 대립이 격화시켰다.

>>>> 모스크바 회의

>>>> 신탁통치 반대 운동

자료쏙쏙!

>>>> 미·소 공동위원회

>>>> 정읍 발언 중 이승만의 모습

② 찬탁과 반탁의 대립

㉠ 찬탁 운동(좌익세력) VS 반탁 운동(우익세력)

㉡ 미·소 공동 위원회(1946~47)

1차 미·소 공동위원회 (1946.3)	• 임시정부 협의 대상범위를 놓고 대립→결렬 • 미국(반탁 운동을 펼치는 우익 세력 포함) VS 소련(반탁 운동을 펼치는 우익 세력 배제)
2차 미·소 공동위원회 (1947.5)	소련의 계속된 반탁 단체 배제 주장으로 결렬
결과	미·소간의 갈등과 냉전으로 결렬→미국은 UN에 한반도 문제 이관

③ 이승만의 정읍연설(1946.6) … **단독정부 수립 주장**

>> 머릿속에 쏙쏙!

이제 우리는 무기 휴회된 미·소 공동 위원회가 재개될 기색도 보이지 않으며, 통일 정부를 고대하나 여의치 않게 되었으니, 우리는 남쪽만이라도 임시 정부, 혹은 위원회 같은 것을 조직하여 38도선 이북에서 소련이 철퇴하도록 세계 공론에 호소하여야 될 것이니 여러분도 결심하여야 될 것이다.

이승만, 「정읍 발언」(1946. 6. 3.)

* **미·소 공동위원회가 결렬되자**, 이승만은 정읍발언에서 단독정부수립을 주장하였다. 이에 **미국과 한국 민주당은 지지**를 대다수의 단체들은 부정적인 반응을 보였다.

④ 좌·우 합작 운동(1946.10)

배경	1946년 5월에 1차 미·소 공동 위원회 결렬
전개 과정	① 좌·우 대립을 극복 및 통일 정부 수립을 위해 중도 우파(김규식) + 중도 좌파(여운형) 연합 ② 좌·우 합작 위원회 결성→좌·우 합작 7원칙 발표(1946.10) ③ 좌우합작 위원회가 제시한 7원칙에 좌·우익 핵심 정치 세력이 동의 안함(합작 조건의 차이)
	좌·우합작 7원칙(1946.10.07.) 1. 조선의 민주 독립을 보장한 3상 회의 결정에 의해 좌·우 합작으로 민주주의 임시 정부를 수립할 것 2. 미·소 공동위원회 속개를 요청하는 공동성명 발표

	3. 몰수·유조건 몰수 등으로 농민에게 토지 무상 분여 및 중요 산업 국유화
4. 친일파, 민족 반역자 처리 문제는 장차 구성될 입법기구에서 처리할 것
5. 남북을 통하여 현 정권하에 검거된 정치 운동자의 석방에 노력하고, 남북 좌우의 테러적 행동을 일체 제지하도록 노력할 것
6. 입법기구의 권능과 구성 방법 및 운영 등은 본 합작위원회에서 작성, 적극 실행할 것
7. 전국적으로 언론, 집회, 결사, 출판, 교통, 투표 등의 자유를 절대 보장할 것 노력할 것
결과	미군정청(단독 정부 수립 지지, 우익 지원), 여운형 암살(1947.7)

⑤ 제2차 미·소 공동위원회(1947.5) 결렬

03 대한민국 정부의 수립

① 유엔 총회의 결의

　㉠ 유엔의 남북한 총선거 결정(1947.11)

　㉡ 유엔의 한국 임시 위원단 내한(1948.1) → 소련의 거부

　㉢ 유엔의 남한만의 단독 선거 결의(1948.2)

② 남북 협상의 추진(1948.4)

배경	남·북한 총선거 무산으로 남한만의 단독 선거 실시 결정
전개 과정	김구, 김규식 등이 북한을 방문하여 남북 협상 개최하고, 공동성명 발표
결과	김구, 김규식 등은 5·10 총선거 불참 → 김구 암살(1949.6) → 통일 정부 수립 실패

>> 머릿속에 **콕콕!**

우리는 통일 정부가 가망 없다고 단독 정부를 주장할 수는 없는 것이다. …… 마음 속의 38도선이 무너지고야 땅 위의 38도선도 철폐될 수 있다. …… 나는 통일된 조국을 건설하려다 38도선을 베고 쓰러질지언정 일신의 구차한 안일을 취하여 단독 정부를 세우는 데는 협력하지 않겠다.

「삼천만 동포에게 읍고함」

>>> 좌·우 합작 위원회

>>> 북행길 38선 표지 앞의 김구(가운데)

자료쏙쏙!

>>>> 5·10총선거 포스터

>>>> 1948년 5월 30일 제헌 국회 총선 의석수

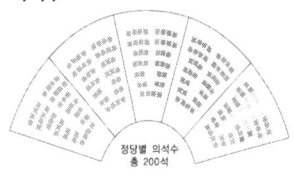

* 김구는 1948년 2월 10일 「삼천만 동포에게 읍고함」이라는 성명서를 발표하고 통일 정부 수립을 위한 마지막 몸부림으로 **남북 협상의 길**에 오른다. 1948년에 접어들며 남북 양쪽에 단독 정부가 들어설 준비가 진행되고 있어서 분단은 이미 기정사실화 되어가고 있었다.

③ 제주도 4·3사건(1948.4.3)

배경	단독 선거 반대 시위→경찰의 발포→주민들의 총파업 전개→미군정청 무력 탄압
전개 과정	좌익 세력 무장 봉기→제주도 일부 지역에서 5·10총선거 무산→좌익 세력 유격전 전개
결과	군대·경찰의 초토화 작전→많은 양민 희생

④ 대한민국 정부 수립(1948.8.15)
  ㉠ **우리나라 최초의 보통선거**(김구의 한국독립당, 김규식 등의 중도파, 공산주의자들 불참)
  ㉡ **제헌국회의 구성(임기2년, 제헌의원 선출)**하여 민주공화국체제의 헌법 제정·공포(1948.7.17)
  ㉢ 대통령에 이승만, 부통령에 이시영 선출하고 대한민국 수립 선포(1948.8.15.)

⑤ 반민족 행위 처벌법 제정(1948.9)

배경	민족 정기와 사회 정의를 바로 세우려는 목적으로 제정
내용	일제 강점기에 친일 행위를 한 사람들 처벌 및 공민권 제한
전개 과정	• 제헌 국회는 반민족 행위 처벌법 제정·공포→반민족 행위 특별 조사위원 구성 • 대다수 국민들이 지지
결과	• 박흥식, 최린, 이광수, 최남선 등에게 실형 선고→형집행 정지 등으로 전원 석방 • 이승만 정부는 특위 위원이 공산당과 내통했다는 구실로 반민특위 해체(1949.8.31)
한계	이승만 정부의 비협조+경찰 요직에 자리 잡은 친일파의 방해

>>> 머릿속에 쏙쏙!

제1조 일본 정부와 통모(通謀)하여 한·일 합병에 적극 협력한자, 한국의 주권을 침해하는 조약 또는 문서에 조인한 자와 모의한 자는 사형 또는 무기 징역에 처하고 그 재산과 유산의 전부 혹은 2분의 1 이상을 몰수한다.

제2조 일본 정부로부터 작위를 받은 자 또는 일본 제국 의회의 의원이 되었던 자는 무기 또는 5년 이상의 징역에 처하고, 그 재산과 유산의 전부 혹은 2분의 1 이상을 몰수한다.

* 제시된 자료는 반민법에서 정한 친일파 규정이다. 그러나 **이승만 정부의 방해 공작으로 친일파의 처벌과 처단이 제대로 이루어지지 못하였다.**

자료쏙쏙!

>>>> 반민특위 재판모습

⑥ 여수·순천 10·19사건(1948.10.19.)

배경	제주도 4·3사건 진압 위해 여수 주둔 군부대 출동 명령
전개 과정	좌익 세력이 제주도 출동 반대 → 통일 정부 수립 주장하며 봉기 → 여수·순천 점령
결과	이승만 정부의 진압으로 군대 내 좌익세력 숙청 및 군·민 막대한 인명 살상

⑦ 농지 개혁법(1950.3)

배경	국민의 개혁 요구 + 북한의 토지개혁 + 산업화 토대 마련
전개 과정	농지 개혁법 공포(1946.6) → 개정 시행(1950.3) → 완료(1957)
내용	• 1가구당 농지 소유 면적을 3정보로 제한(농지 소유의 상한선 설정) • 3정보 이상의 농지나 직접 경작하지 않는 사람의 농지 등을 정부가 **유상매수·유상분배(경자유전의 원칙 지향)** • 미 군정청은 귀속 농지를 유상으로 분배 • 북한과 달리 지주들은 자기 소유의 토지를 임의로 처분 가능
결과	• 지주중심의 토지 소유에서 **농민 중심의 토지 소유로 전환** • 남한의 공산화 방지 • 유상분배의 부담으로 일부 농민은 농지를 되팔고 다시 소작농이 되기도 함

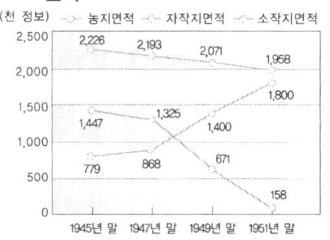
>>>> 농지개혁 실시 전후의 소작 면적 변화

자료쏙쏙!

>>>> 지가증권

농지개혁 당시 정부에 의해 농지를 매수당한 지주들에게 대가로 1.5년 생산량을 5년 분할로 지급하는 지가증권이 지급되었다.

>>> 머릿속에 **쏙쏙!**

제5조 정부는 다음에 의하여 농지를 취득한다.

1. 다음의 농지는 정부에 귀속한다.
   - (가) 법령 및 조약에 의하여 몰수 또는 국유로 된 농지
   - (나) 소유권의 명의가 분명치 않은 농지

2. 다음의 농지는 본법 규정에 의하여 정부가 매수한다.
   - (가) 농가 아닌 자의 농지
   - (나) 자경(自耕)하지 않는 자의 농지. 단, 질병, 공무, 취학, 기타 부득이한 사유로 인하여 일시 이농한 자의 농지는 소재지 위원회의 동의로써 시장, 군수가 일정 기한까지 보류를 인허한다.
   - (다) 본법 규정의 한도를 초과하는 부분의 농지
   - (라) 과수원, 종묘포, 상전(桑田) 등 다년성 식물 재배 토지를 3정보 이상 자영하는 자의 소유인 다년성 식물 재배 이외의 농지

「대한민국 관보」

* 남한에서는 북한과 달리 자본주의 경제 체제를 근간으로 **사유재산권 존중**이라는 원칙이 고려되어 '**유상매수·유상분배**'의 **방식**에 의해 농지 개혁이 실시되었다.

기출문제

12회 중급 45번

(가) 위원회에 대한 설명으로 옳은 것은? [3점]

제목 : (가) 위원회의 활동

(가) 위원회는 1949년 1월부터 활동하여 박흥식, 최린, 이광수, 최남선 등에게 실형을 선고하였으나, 이후 형집행 정지등으로 전원 석방되었다.

① 기한을 연장하여 활동하였다.
② 정부의 적극적인 지원을 받았다.
③ 미 군정청의 인준을 받아 활동하였다.
④ 제헌 국회에서 제정된 법에 근거하였다.
⑤ 신탁 통치 문제를 해결하기 위하여 조직되었다.

해설 ≫ 제시된 자료의 (가)위원회는 반민족 특별 조사위원회이다. 이와 관련된 내용을 알고 있는지를 묻는 문제이다.

④ 반민특위는 제헌 국회에서 제정된 법인 반민법에 근거하여 활동하였다.
① 반민특위는 반민법 2차 개정안이 국회를 통과하고 특위활동의 구심점 역할을 하던 위원들이 사퇴하면서 친일 비호세력으로 새롭게 구성되면서 활동이 사실상 무력화되었다.
② 반민특위 활동에 미군정은 지지를 하지 않았으며 이승만 정권은 여러 가지 방법을 통해 활동을 방해하였다.
③ 반민특위는 미군정의 인준을 받지 못했다.
⑤ 미·소 공동위원회는 신탁통치 문제를 해결하기 위해 조직되었다.

→ 정답 ④

자료 쏙쏙!

〉〉〉〉 국제 사회의 한국 독립 보장
- 열강의 한국 관련 회의: 카이로 선언(1943): 한국을 적당한 시기에 독립시키겠다고 최초로 약속
- 얄타 회담(1945.2): 극동에서의 소련 참전을 결정
- 포츠담 선언(1945.7): 카이로 선언의 원칙을 재확인
  미국의 38도선 분할 점령 제안(1945.8)
- 모스크바 3국 외상 회의(1945.12): 미영소중 4개국 정부의 신탁 통치 후 독립결정
- 미소공동위원회(1946.4, 1947.5): 3국 외상 회의의 내용을 구체화 하려 하였으나 결국 결렬

예상문제

다음 결정 사항이 국내에 알려진 후 나타난 사실로 옳은 것은? [2점]

> 1. 조선을 독립 국가로 재건설하며, 조선을 민주주의적 원칙하에 발전시키는 조건을 조성하고, …… 조선 인민의 민족 발전에 필요한 모든 시설을 취할 임시 조선 민주주의 정부를 수립할 것이다.
> 2. 조선 임시 정부 구성을 원조할 목적으로 …… 남조선 미합중국 점령군과 북조선 소연방 점령군 대표자들로 공동 위원회가 설치될 것이다.
> 3. 공동 위원회의 제안은 최고 5년 기한으로 4개국 신탁 통치의 협약을 작성하기 위하여 미·영·소·중 4국 정부가 공동 참작할 수 있도록 조선 임시 정부와 협의한 후에 제출되어야 한다.

① 김구와 대한민국 임시 정부 핵심 인사들은 찬탁 운동을 전개하였다.
② 신탁 통치 문제는 극심한 좌우대립을 초래하였다.
③ 자주 독립국가 건설을 위해 조선 건국 준비 위원회가 결성되었다.
④ 신탁 통치 문제로 얄타회담이 열리게 된다.
⑤ 미·소 공동위원회의 결성으로 신탁 통치 문제는 해결되었다.

해설 》 '최고 5년 기한으로 4개국 신탁 통치'라는 문구를 통해 모스크바 3국 외상 회의임을 알 수 있다. 모스크바 3상 회의의 신탁 통치 결정은 최초에는 좌·우익을 막론하고 모든 국내 정치 세력의 반발을 받았다. 그러나 좌익이 신탁 통치 찬성(찬탁)으로 선회하면서, 찬탁의 좌익과 반탁의 우익 사이의 대립이 치열해졌다.
② 신탁통치 문제는 우익세력의 반탁운동과 좌익세력의 찬탁운동으로 극심한 좌우대립을 초래하였다.
① 김구와 대한민국 임시정부 핵심인사들은 신탁통치 반대 국민총동원위원회를 결성하여 반탁운동을 전개하였다.
③ 조선 건국 준비 위원회는 8·15 광복과 동시에 결성하여 치안유지와 함께 건국 준비작업에 착수하였다.
④ 얄타회담은 미국 영국 소련 등 연합국 정상들이 제2차 세계대전 종전을 앞두고 독일의 관리 문제 등을 논의한 것으로 모스크바 3상 회의 전의 일이다.
⑤ 제1, 2차 미·소 공동위원회는 결렬되었고, 결국 UN에 한반도 문제를 이관하였다.

→ 정답 ②

예상문제

다음 자료와 관련된 개혁에 대한 설명으로 옳은 것은? [2점]

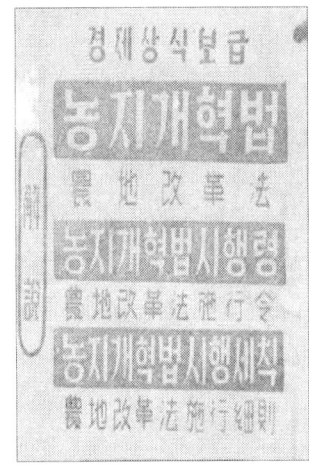

① 농지 개혁의 실시로 소작농은 전혀 볼 수 없었다.
② 농지 개혁에 반대하는 농민들이 많았다.
③ 지주 전호제가 소멸되고 농민 중심의 토지 소유가 실현되었다.
④ 경제 개발 5개년 계획에 필요한 자금 마련을 위해 시행하였다.
⑤ 남·북한이 동시에 토지 개혁을 실시하였다.

해설 》 제시된 사진 자료를 통해 1949년 6월에 공포된 농지 개혁법과 관련된 내용임을 알 수 있다. 광복 후 토지를 분배하는 과정에서 북한과 남한의 차이를 묻는 문제가 자주 출제되니 정리해두자.
③ 지주 전호제가 소멸되고 농민 중심의 토지 소유로의 전환을 실현하였다.
① 유상분배에 따른 농민의 부담이 커지면서 농민들은 농지를 되팔고 다시 소작농이 되기도 하였다.
② 농지개혁문제는 농민들에게 있어서 관심이 높았었다. 당시 경제구조에서 농업이 차지하는 비중이 절대적이었고, 농민 대다수가 소작농이었다. 이러한 만큼 농민들은 '농지', '토지'의 개혁을 지지 하였다.
④ 경제 개발 5개년 계획에 필요한 자금 마련과는 관련이 없다.
⑤ 북한의 농지개혁법은 1946년, 남한의 농지개혁법은 1949년에 시행되었다.

자료쏙쏙!

》》》 북한의 토지개혁 결과 지주가 사라졌으며, 빈농이 줄어들고 중농이 농민의 다수를 차지하게 되었다. 반면 토지를 빼앗긴 지주들은 북한 정권에 대하여 강한 거부감을 가지게 되었으며, 월남을 하는 경우도 늘어났다.

→ 정답 ③

27일차

50회 출제

이승만·박정희 정부의 빛과 그림자를 살펴볼까요?

출제핵심포인트

- 이승만 정부 때의 독재화로 인한 4·19 혁명까지의 주요 사건들을 체계적으로 정리해야 합니다.
- 5·16 군사 정변으로 등장한 박정희 정부의 정책과, 유신체제로 민주주의의 왜곡이 어떻게 되었는지 알아야 합니다.

24회 출제

30회 중급 48번	27회 중급 42번	25회 중급 48번	23회 중급 48번	21회 중급 47번
19회 중급 47번	18회 중급 46번	14회 중급 49번	13회 중급 42번	12회 중급 43번
12회 중급 47번	12회 중급 50번	11회 중급 38번	10회 3급 47번	10회 3급 49번
9회 3급 48번	9회 4급 48번	8회 3급 32번	7회 3급 39번	6회 4급 33번
5회 4급 45번	5회 4급 46번	4회 4급 30번	3회 3급 42번	

01 이승만 정부(1948~1960)

① 정책 … 반공, 독재 정치 → 국민의 기본권 제한

② 장기 집권 체제 확립 및 반민주적 개헌

㉠ 발췌개헌(1952.5.7)

배경	• 친일파 청산·부패 척결에 소극적 태도로 민중 지지도 하락 • 이승만은 재선 가능성이 희박함을 알고 국회를 통한 간접선거를 피하고 대통령 직선제로 개헌 추진
과정	① 대통령 계엄령 선포 → 국회 해산 요구 ② 국회의원 압박(반대파 의원 감금, 야당 국회의원을 국제 공산당 자금 받은 혐의로 연행 등) ③ 군경이 국회 의사당을 포위한 가운데 국회의원들 기립 방식으로 투표
결과	• 대통령 직선제와 내각 책임제를 발췌·절충하여 개헌안 통과 • 이승만 대통령 재선

>>>> 발췌개헌안 심의

자료쏙쏙!

ⓛ 사사오입 개헌(1954. 11. 29)

배경	이승만은 종신 집권을 도모
과정	① 초대 대통령에 대한 3선 금지 조항 폐지 개헌안을 통과 시키려고 함 ② 재적 203명에 202명이 표결에 참여→135명 찬성하나 2/3(136명)가 되지 않아 부결 ③ 203명의 2/3는 135.333…이나, 사사오입하면 135명이 된다하여 헌법 개정안 통과시킴
결과	제55조 제1항 : 대통령과 부통령의 임기는 4년으로 한다. 단, 재선에 의하여 1차 중임할 수 있다. …… 부칙 : 이 헌법 공포 당시의 대통령에 대하여는 제55조 제1항 단서의 제한을 적용하지 아니 한다. • **초대 대통령에 한하여 연임 제한 규정 철폐** • **대통령에 자유당의 이승만 당선, 부통령에 민주당의 장면 당선** • 당선 이후 국가보안법 개정과 대공사찰·언론통제(경향신문 폐간), 진보당 사건(진보당 해체) 등으로 독재정권 유지

자료쏙쏙!

>>>> 사사오입 개헌 모습

ⓒ 사사오입 개헌으로 통과된 새 헌법에 기초한 1956년 대선

정당	대통령	부통령	결과
자유당	이승만	이기붕	"갈아 봤자 별수 없다. 구관이 명관이다." 이승만 대통령 당선
민주당	신익희	장면	"못살겠다. 갈아 보자." 장면 부통령 당선
진보당	조봉암	박기출	"이것저것 다 보았다. 혁신 밖에 살 길 없다." 대통령 유효 득표 30% 차지

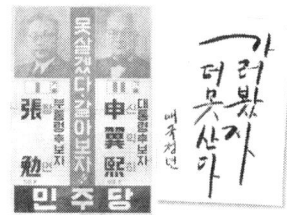

>>>> 1956년 대선 포스터

02 4·19 혁명(1960)

① 배경

ⓛ 이승만의 장기 독재, 미국의 경제 원조 축소로 경기 침체와 실업 증가

ⓒ **3·15 부정 선거(부통령에 이기붕을 당선시키기 위해)가 직접적인 원인**

자료쏙쏙!

》》》 3·15 부정선거

▲1960.3.15 제4대 대통령선거에서 투표를 하고 있는 모습

▲부정 선거표의 모습
전국적으로 유령유권자 조작, 4할 사전투표, 입후보 등록의 폭력적 방해, 관권 총동원에 의한 유권자 협박, 야당인사의 살상, 투표권 강탈, 3~5인조 공개투표, 야당 참관인 축출, 부정 개표 등이 자행되었다.

》》》 4·19혁명 구호

- 정·부통령 선거 다시 하라.
- 부정선거 책임자를 처벌하라.
- 죽은 학생 책임지고 대통령 물러나라.
- 우리의 누나와 형들에게 총을 쏘지 말라.

※ 제시된 자료는 4·19혁명 당시 외쳤던 구호들이다.

② 전개과정

㉠ 마산의 부정 선거 항의 시위

㉡ 김주열군 시신 발견 (4.11)

㉢ 전국으로 시위 확산
㉣ 시위 군중에 경찰 발포(4.19)

㉤ 대학 교수들의 시국 선언, 시위(4.25)

㉥ 이승만 사임(4.25)

㉦ 허정의 과도 정부가 성립

③ 의의

㉠ 학생과 시민이 중심이 되어 독재 정권을 무너뜨린 민주 혁명
㉡ 부정과 불의에 항거하는 민족 정기의 표현

03 이승만 정부의 전후 복구와 경제 정책

① 전쟁 전후의 상황

㉠ 제조업의 피해→생필품 부족 현상
㉡ 정부의 전쟁 비용 마련에 의한 재정 지출로 물가 상승 가속화
㉢ 전후 복구 사업
- 미국 등의 원조를 받아 사회 기간시설 보수
- **1950년대 후반부터 제분(밀가루), 제당(설탕), 섬유(면방직)산업인 삼백산업 발달**

ⓔ 미국의 경제 원조

배경	• 한국의 정치적 안정 추구 • 미국 내 과잉 생산 농산물 처리 목적
내용	• 주로 생활필수품과 면화, 밀가루, 설탕 등 소비재 산업 원료에 집중 • 1958년 미국의 경제 불황으로 무상원조에서 유상차관으로 전환
영향	• 식량 문제 해결에 크게 기여 • 밀가루, 면화 등의 대량 수입으로 농업 기반 붕괴

04 장면 내각(1960~1961)

① 성격

　㉠ 장면을 행정수반으로 민주당 내각 성립(대통령 윤보선, 국무총리 장면)

　㉡ 내각 책임제와 양원제를 채택

② 정책

　㉠ 경제 제일주의 정책 → 경제개발 5개년 계획 수립 → 5 · 16군사정변으로 실행 못함

　㉡ 민주화 운동 확산 : 언론의 활성화, 청년 운동

　㉢ 통일 정책

• 유엔 감시하의 남북한 총선거 실시 주장
• 통일운동의 확산(학생, 혁신 세력의 중립화)
• 4 · 19혁명 이후 일부 교수 및 학생들은 이승만 정권의 반공주의, 북진통일론 극복하고 "가자 북으로, 오라 남으로"라는 구호를 앞세우며 남북학생회담 열것을 주장하였으나 장면 내각은 북한과의 대화에 소극적 태도 보임
• '선 경제 건설 후 통일론' 강조(후에 박정희 정부에 계승)

자료쏙쏙!

>>>> 전후 복구

▲ 1960대 초 미국의 원조물품을 받기 위해 줄을 선 사람들

>>>> 장면 내각

자료쏙쏙!

>>>> 박정희를 중심으로 한 군인들

>>>> 6·3시위

③ 한계
  ㉠ 3·15 부정 선거 처벌 요구에 소극적 대응
  ㉡ 통일 운동에 대한 부정적 자세, 민주화 요구에 소극적인 태도로 사회 혼란 초래
  ㉢ 5·16군사 정변으로 붕괴

05 5·16군사 정변과 박정희 정부 출범

26 회 출제

30회 중급 48번	29회 중급 47번	27회 중급 46번	26회 중급 49번	25회 중급 49번
19회 중급 45번	17회 중급 47번	17회 중급 48번	17회 중급 49번	15회 중급 46번
14회 중급 50번	13회 중급 41번	12회 중급 48번	8회 3급 42번	8회 4급 22번
7회 3급 42번	6회 3급 47번	6회 3급 48번	6회 3급 50번	6회 4급 35번
6회 4급 50번	5회 3급 40번	5회 3급 44번	5회 4급 47번	4회 3급 47번
3회 3급 43번				

① 5·16 군사 정변(1961)
  ㉠ 박정희 중심의 일부 군부세력이 쿠데타를 통해 권력 장악
  ㉡ 국가재건최고회의를 구성하고 군정 실시
  ㉢ 민정이양(헌법 개정으로 대통령 중심제, 국회 단원제)
  ㉣ 박정희 대통령 당선(1963)

② 박정희 정부의 출범(1963~1972)
  ㉠ 성격 : 대통령 직선제, 국회 단원제
  ㉡ 정책

경제·성장 제일주의 정책 (정부 주도)	• 제1·2차 경제 개발 5개년 계획 추진(1962~1971) • 경공업 육성 + 수출 주도형 성장 전략(섬유산업, 가발 등) • 낮은 임금(저임금 정책)을 이용한 노동 집약적 산업 발달 • 경부고속도로 건설(1970), 포항제철 건설 시작
한일국교 정상화 (1965.6)	• 미국의 수교 요구 + 경제 개발에 필요한 자본 확보 위해 추진 • 학생을 중심으로 6·3시위 발생 → 계엄령 선포 • 한·일 협정 체결(1965.6.22)

베트남 파병 (1965~1973)	• 국군의 베트남 파견 대가로 미국은 한국군 현대화를 위한 장비와 경제원조 제공 • 베트남 특수로 경제 발달, 고엽제와 인명 피해 발생
새마을 운동 (1970)	• **정부 주도로 진행 (근면·자조·협동을 바탕)** • 농어촌 근대화 운동 + 소득 증대 사업을 중심으로 진행 • 초기는 단순한 농가의 소득배가운동→도시·직장·공장에 확산→근면·자조·협동을 생활화하는 의식개혁 운동으로 발전
3선 개헌(1969)	• 경제성장을 바탕으로 제6대 대통령 선거에 재선 • **대통령의 3선 연임을 허용하는 개헌안을 통과시켜 장기 집권 기반 마련** • 제7대 대통령 선거에서 신민당 김대중 후보를 누르고 당선
통일 정책	• 반공을 국시로 강력한 반공정책 시행 • **7·4남북공동성명(1972) → 남북 모두 독재 권력 계기로 삼음** • 6·23평화통일선언(1973) → 남·북한 UN동시가입 제의, 호혜평등의 원칙하에 모든 국가에 문호 개방

자료쏙쏙!

>>>> 당시 3선개헌 통과를 보도하는 한 일간지

>> 머릿속에 **콕콕**!

베트남 파병

제1조 추가 파병에 따른 비용은 미국이 부담한다.

제2조 한국 육군 17개 사단과 해병대 1개 사단의 장비를 현대화한다.

제3조 베트남 주둔 한국군을 위한 물자와 용역은 가급적 한국에서 조달한다.

제4조 베트남에서 실시되는 각종 건설·구호 등 제반 사업에 한국인 기업이 참여한다.

제5조 미국은 한국에 추가로 차관과 군사원조를 제공하고, 베트남과 동남아시아로의 수출증대를 가능하게 할 차관을 추가로 제공한다.

「브라운 각서」

* 제시된 자료는 1966년 3월 7일 미국 정부가 한국군 월남 증파의 선행조건에 대한 보상조치를 당시의 주한 미국대사 브라운을 통하여 한국 정부에 전달한 공식 통고서이다. **베트남 전쟁의 특수는 빠른 경제성장과 수출증대에 기여**를 하였다.

>>>> 베트남에 도착한 한국 군인

자료쏙쏙!

>>>> 새마을 운동

>>>> 7·4남북공동성명

▲ 7·4공동성명을 발표하는 이후락 중앙정보부장

>>> 머릿속에 **콕콕!**

새마을 운동

1. 새벽종이 울렸네 새 아침이 밝았네. 너도 나도 일어나 새 마을을 가꾸세. 살기 좋은 내마을 우리 힘으로 만드세.
2. 초가집도 없애고 마을길도 넓히고 푸른 동산 만들어 알뜰살뜰 다 듬세.
3. 서로서로 도와서 땀흘려서 일하고 소득 증대 힘써서 부자 마을 만드세.
4. 우리 모두 굳세게 싸우면서 일하고 일하면서 싸워서 새 조국을 만드세.

(후렴) 살기 좋은 내 마을 우리 힘으로 만드세.

* 제시된 자료는 70년대의 '새마을운동'에 의하여, 아침이면 시골 마을마다 울려 퍼진 노래말이다. 박정희 대통령이 새마을운동을 위한 노래말을 직접 썼다고 알려져 있다.

>>> 머릿속에 **콕콕!**

7·4남북 공동성명
첫째, 통일은 외세에 의존하거나 외세에 간섭을 받음이 없이 자주적으로 해결하여야 한다.
둘째, 통일은 서로 상대방을 반대하는 무력행사에 의거하지 않고 평화적 방법으로 실현하여야 한다.
셋째, 사상과 이념, 제도의 차이를 초월하여 우선 하나의 민족으로서 민족 대단결을 도모하여야 한다.

* 제시문은 7·4남북공동성명이다. **통일에 관한 최초의 남북 합의로써 서울과 평양에서 동시에 발표되었다. 자주, 평화, 민족대단결을 통일 3대 원칙으로** 삼고, 남북조절위원회 설치를 결의하였다. 발표 이후 남한은 10월 유신을 단행하였고, 북한은 사회주의 헌법 제정을 통해 남북 모두 정치적으로 이용하여 독재 권력을 강화하는 계기로 삼았다.

06 박정희 정부의 유신체제(1972~1979)

① 유신체제의 성립

㉠ 배경
- 독재 기반 강화 및 영구 집권 도모
- 냉전체제 완화(닉슨독트린, 1969. 7) + 경제 불황으로 인한 국민 불만 증가

ⓛ 성립 : 국가 비상사태 선언(1971) → 국회 해산, 정당 및 정치 활동 금지 → **유신헌법 공포(1972.10)**

ⓒ 내용

> 제39조 대통령은 통일주체국민회의에서 토론 없이 무기명 투표로 선거한다.
> 제40조 통일 주체 국민회의는 국회의원 정수의 3분의 1에 해당하는 수의 국회의원을 선거한다.
> 제53조 대통령은 천재지변 또는 중대한 재정 경제상의 위기에 처하거나, 국가의 안전 보장 또는 공공의 안녕 질서가 중대한 위협을 받거나 받을 우려가 있어, 신속한 조치를 할 필요가 있다고 판단할 때에는 내정, 외교, 국방, 경제, 사법 등 국정 전반에 걸쳐 필요한 조치를 할 수 있다.
> 제59조 대통령은 국회를 해산할 수 있다.
>
> 「유신헌법」

ⓔ 유신체제의 성격 및 내용
- 한국적 민주주의 표방
- 대통령의 권한을 비정상적으로 강화
- 의회주의와 삼권분립 무시(의회, 사법부 장악)
- 대통령 통제 **통일주체국민회의 설립(1972.12)**
- **대통령을 간접선거에 의하여 선출**(대통령 간선제, 임기 6년, 대통령 연임 철폐)
- **대통령에게 초법적 긴급조치권 + 국회의원의 1/3을 임명 권한 + 국회해산권 + 법관인사권 부여**

ⓜ 유신체제 사회상
- 국가가 국민의 일상을 통제하고 억압(**장발과 미니스커트 단속**, 통금령)
- 정권에 대한 저항 문화가 확산

>> 머릿속에 **콕콕!**

긴급조치 1호의 내용(일부)

1. 대한민국 헌법을 부정, 반대, 왜곡 또는 비방하는 일체의 행위를 금한다.
2. 대한민국 헌법의 개정 또는 폐지를 주장, 발의, 제안 또는 청원하는 일체의 행위를 금한다.
3. 유언비어를 날조, 유포하는 일체의 행위를 금한다. …

자료쏙쏙!

>>>> 유신체제의 성립

▲ 통일 주체 국민회의에서 연설하는 박정희

▲ 유신 헌법 비방·개폐 선전 금지의 내용을 담은 긴급조치 9호 (1975.5)

>>>> 장발 단속

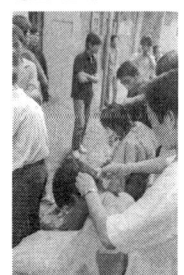

자료쏙쏙!

>>>> 미니스커트 단속

>>>> 전태일의 어머니 이소선

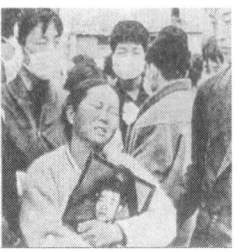

>>>> YH 여공의 시위 모습

6. 이 조치에 위반한 자와 이 조치를 비방한 자는 비상 군법회의에서 심판, 처단한다.

* 제시된 자료는 긴급조치 1호로, **대통령에게 각 종법의 효력을 정지시킬 수 있는 초법적인 권한을 부여**하였다. 1974년(1호)~1979년(9호)까지 만 5년 11개월 간 존속하였다.

② 경제 정책
　㉠ 제3·4차 경제개발 5개년 계획(1972~1981)
　　• **중화학 공업 육성**(재벌 중심의 수출주도형) → 산업구조의 고도화가 이루어짐
　　• 1차 석유파동(1973년)으로 경제위기 → 건설업의 중동 진출 등으로 극복
　　• 2차 석유파동(1978년)으로 경제 불황에 빠져 큰 어려움을 겪음

07 유신체제의 몰락

① 붕괴
　㉠ 독재체제에 대한 국민적 저항 + 국제 사회의 비판 여론
　㉡ 석유파동에 의한 경제위기(1978) + 장기집권에 대한 국민적 비판

전태일 분신자살사건 (1970.11.13.)	1970년 11월 13일 서울 동대문 평화시장 재단사로 일하던 **전태일이 열악한 노동환경 개선**을 외치며 온 몸에 휘발유를 붓고 분신자살한 사건(근로기준법 준수, 작업환경 개선, 임금인상, 건강진단 실시 등 주장)
YH무역사건 (1979.8.9.)	가발제조업체인 **YH무역이 부당한 폐업**을 공고하자, 이 회사 노동조합원들이 회사 정상화와 생존권 보장을 요구하며 농성하던 중 강제 진압과정에서 여성 노동자가 사망하게 된 사건
부·마 민주화 운동 (1979.10.16.~20)	경상남도 **부산 및 마산 지역을 중심으로 일어난 반정부 항쟁사건**으로, 박정희의 유신독재에 반대한 시위사건이다.

　㉢ 노동운동 전개 + 반독재운동
　㉣ 10·26사태(김재규의 박정희 살해)로 붕괴

기출문제

8회 3급 32번

다음 밑줄 그은 '혁명'과 관련된 구호로 적절하지 않은 것은? [2점]

50년 만에 새긴 '열사'

혁명 50주년을 맞아 남원시 옹정리 김주열 열사의 묘역에서 추모식과 함께 새 묘비석을 제막하였다. 묘비석에는 한글로 '열사 김주열의 묘'라고 새겨졌다. 나머지 3면에는 열사의 이력, 열사의 시신 수습 이후 혁명의 내용이 새겨졌다.

① 대통령 직선제 실시하라.
② 정·부통령 선거 다시 하라.
③ 부정선거 책임자를 처벌하라.
④ 죽은 학생 책임지고 대통령 물러나라.
⑤ 우리의 누나와 형들에게 총을 쏘지 말라.

해설 》 제시된 자료는 4·19혁명이 일어나는 계기 중 하나였던 김주열 열사의 추모식과 관련된 내용이다. 4·19혁명과 관련된 내용을 묻고 있는 문제이다.
① 6월 민주 항쟁에서 대통령직선제를 요구하였다.
② 3·15 부정선거가 원인이 되어 4·19혁명이 일어났다.
③ 4·19혁명의 원인이 되었던 3·15부정 선거에 대한 책임을 묻는 구호이다.
④ 김주열 열사는 1960년 3·15 부정 선거에 항의하다 최후를 맞고 마산 앞바다에서 발견되었다.
⑤ 3·15 부정 선거에 항의하는 시위대에 진압대는 총을 쏘기도 하였는데, 당시 초등학생들이 참여했던 시위에서 나왔던 구호이다.

자료쏙쏙!

》》》 이승만의 하와이 망명

1960년 5월 29일 4·19로 하야했던 이승만 대통령이 하와이 망명길에 올랐다.

→ 정답 ①

자료쏙쏙!

>>>> 유신체제는 국가안보를 강화하고, 지속적인 경제성장과 평화통일을 위해 정치 안정이 중요하다는 명분하에 성립이 되었다. 이에 비상계엄을 선포하고 국회를 해산하였으며 정당 및 정치활동을 금지하였다. 10월 유신을 선포하여 12월 17일 국민투표로 대통령의 중임 제한을 없애고 권한을 대폭 강화한 유신헌법을 제정하였다.

예상문제

다음과 같은 헌법 체제가 시행되었던 시기를 연표에서 옳게 고른 것은? [2점]

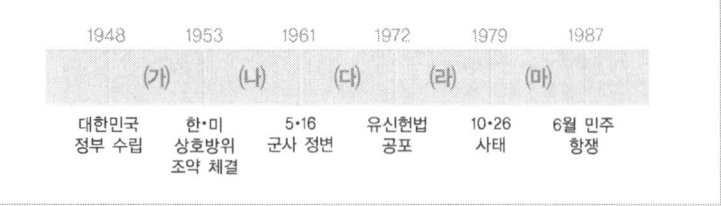

- 대통령은 통일 주체 국민회의에서 토론 없이 무기명 투표로 선명한다.
- 통일 주체 국민회의는 국회의원 정수의 3분의 1에 해당하는 수의 국회의원을 선거한다.
- 대통령은 천재지변 또는 중대한 재정 경제상의 위기에 처하거나, 국가의 안전 보장 또는 공공의 안녕 질서가 중대한 위협을 받거나 받을 우려가 있어, 신속한 조치를 할 필요가 있다고 판단할 때에는 내정, 외교, 국방, 경제, 사법 등 국정 전반에 걸쳐 필요한 조치를 할 수 있다.
- 대통령은 국회를 해산할 수 있다.

① (가) ② (나)
③ (다) ④ (라)
⑤ (마)

해설>> 자료는 박정희 대통령 시절 유신 헌법의 내용이다. 유신 헌법은 한국식 민주주의를 내세우고, 대통령의 임기를 6년으로 하고, 통일 주체 국민회의에서 대통령을 선출하며, 대통령 중임 제한을 철폐하는 내용을 담고 있다.
④ (라)는 유신 체제 기간으로 이 기간에는 대통령이 거의 절대적인 권한을 부여받았다.
① (가)는 대한민국 정부 수립 이후 6·25 전쟁이 한창 이루어진 시기이다.
② (나)는 1953년 휴전협정 체결 이후 합의된 한미상호방위조약은 한반도의 군사적 긴장 상태에 효과적으로 대처하기 위해서였다.
③ (다)는 5·16 군사정변으로 대통령이 된 박정희는 월남전 파병을 단행하였다.
⑤ (마)는 신군부가 정권을 잡은 기간으로 결국 6월 민주항쟁으로 인해 5년 단임의 대통령 직선제 개헌이 선포되었다.

→ 정답 ④

예상문제

다음 우표에 나타나는 '계획'을 실시한 시기의 경제 상황으로 옳은 것은? [2점]

① 기업이 주도하여 수출 주도형 성장 전략을 시행하였다.
② 낮은 임금을 이용한 노동 집약적 산업이 발달하였다.
③ 공업 구조가 경공업 중심에 중화학 공업 중심으로 바뀌었다.
④ 미국의 경제 원조를 바탕으로 한 삼백 산업이 발달하였다.
⑤ 저유가, 저금리, 저달러의 3저 호황을 누렸다.

해설 》 제시된 우표를 통해 '제1차 경제개발계획'임을 알 수 있다. 제1·2차 경제개발 5개년 계획은 1962년부터 1971년까지 정부가 주도하여 성장 위주의 경제정책과 수출 주도형 성장 전략을 실행한 것으로 필요한 자금은 외자도입으로 충당하였다.
② 제1차 경제개발계획이 시행되면서 경공업을 육성하고 낮은 임금을 이용한 노동 집약적 산업이 발달하였다.
① 제3·4차 경제개발계획은 정부가 주도하여 수출 주도형 성장 전략을 시행하였다.
③ 제1·2차 경제개발 5개년 계획은 공업 구조가 경공업 중심이었으며, 제3·4차 경제개발 5개년 계획은 중화학 공업 중심으로 바뀌었다.
④ 삼백 산업은 1950년대 당시 대한민국 공업의 3대 성장 부문인 제분, 제당, 면방직 공업을 이르는 말이다.
⑤ 1986~1988년에 걸쳐 저달러·저유가·저금리의 3저현상으로 인해 우리나라 경제가 유례없는 호황을 누렸다.

자료쏙쏙!

>>>> 삼백산업은 1948년 대한민국 정부 수립 이후 정부로부터 불하 받은 귀속재산(일제시대 시설)을 기반으로 하였다. 당시, 전쟁을 겪은 한국의 산업은 기간산업에 해당하면서도 외국의 힘에 의존하는 수 밖에 없었기 때문에, 원료 구입 자금은 대부분 미국의 경제원조와 융자에 의존하였고, 원료 또한 해외에서 구입하였다. 그리하여 국내에서 가공한 생산품은 대부분 국내에서 소비하는 내수성 산업 구조였다.

→ 정답 ②

28일차

민주주의를 향한 열망과 평화 통일을 위한 노력을 살펴볼까요?

출제핵심포인트

- 5·18광주민주화운동, 6월 민주항쟁의 배경과 전개과정 결과 등을 알아야 합니다.
- 각 정부가 실시한 정책이나 주요 사건들의 성격과 내용을 이해하고 구별할 수 있어야 합니다.

53회 출제

30회 중급 49번	29회 중급 49번	29회 중급 48번	28회 중급 50번	28회 중급 49번
28회 중급 46번	27회 중급 50번	26회 중급 48번	25회 중급 50번	24회 중급 50번
24회 중급 49번	23회 중급 50번	23회 중급 49번	22회 중급 50번	22회 중급 49번
22회 중급 47번	21회 중급 50번	21회 중급 49번	20회 중급 49번	20회 중급 48번
19회 중급 49번	19회 중급 48번	18회 중급 50번	18회 중급 48번	18회 중급 44번
17회 중급 48번	17회 중급 49번	16회 중급 47번	16회 중급 50번	15회 중급 47번
14회 중급 19번	13회 중급 38번	13회 중급 39번	12회 중급 46번	12회 중급 49번
11회 중급 40번	11회 중급 41번	10회 3급 48번	10회 3급 49번	10회 4급 45번
9회 3급 49번	9회 3급 50번	9회 4급 49번	8회 3급 46번	7회 3급 35번
7회 3급 50번	7회 4급 50번	6회 4급 48번	4회 4급 45번	3회 4급 16번
3회 4급 46번	2회 3급 43번	2회 4급 4번		

자료쏙쏙!

>>> 5·18 민주화 운동

01 5·18 민주화 운동

① 5·18 민주화 운동(1980)

㉠ 12·12사태(1979년 12월 12일)
→ 신군부 등장(전두환, 노태우 등의 권력 장악)

〈12·12 사태의 주역들〉

㉡ 서울의 봄(1980.5)
- 계엄령 해제 요구
- 민주화를 요구하는 대규모 시위 전개(유신 헌법 폐지, 전두환 퇴진, 민간 정부 수립 등 요구)

〈서울의 봄〉

㉢ 신군부의 비상계엄 전국 확대 (1980.5.17.)
- 국회 폐쇄 + 대학 폐쇄 + 언론 검열 강화 등 포고
- 민주화 요구에 대한 무력 진압 시작

〈계엄령 전국 확대 실시〉

ㄹ 5·18 민주화 운동(1980.5.18.)
    - 계엄군이 무력으로 시민군 진압
  ㅁ 의의
    - 1980년대 반독재 민주화 운동의 토대
    - 민중 의식의 성장과 반미운동의 계기

02 전두환 정부(1981~1987)

① 집권 과정
  ㄱ 5·18민주화 운동 무력 진압
  ㄴ 신군부가 **국가보위비상대책위원회(1980.5.31)**를 발족하여 권력 장악
  ㄷ **헌법 개정(대통령 7년 단임, 대통령 간선제)** + 민주 정의당 창당
  ㄹ 대통령 취임(1981)

② 정책

강압통치	민주화 운동 탄압 + 인권 유린 + 언론 통폐합
유화통치	• 민주화인사 복권, 야간 통행금지 해제 • 해외여행 자유화 및 중고생 교복 자율화 • **컬러텔레비전 방송 시작** • **프로야구, 프로축구 출범**
경제정책	• 1980년대 중반 이후 **3저 호황(저유가·저금리·저달러)**에 힘입어 빠른 경제성장 달성 • 반도체, 자동차, 산업용 전자 등 기술집약형 산업이 성장을 주도하기 시작
통일정책	• 비정치적 교류에 중점 • 북한의 수재물자 제공(1984) → 남북 경제회담, 적십자회담 등 개최, 남북한 이산가족 고향 방문 및 예술공연단 교환 방문(1985) → 정치·군사적 갈등은 여전히 지속 • **남북한의 이산가족이 각각 서울과 평양을 처음으로 방문(1985)**

>>>> 국가보위비상대책위원회 출범

>>>> 이산가족 상봉

자료쏙쏙!

>>>> 박종철군 고문치사 사건 규탄 시위

>>>> 고(故)이한열 열사의 장례식에 운집한 인파

>>>> 6월 항쟁

>>>> 노태우 민정당 대표의 6·29선언

③ 6월 민주항쟁(1987)
  ㉠ 배경
   • 5·18민주화운동의 진상 규명과 민주화 요구 활성화
   • 군부 독재 종식을 위한 대통령 직선제 쟁취 운동 본격화
  ㉡ 전개과정
   • 야당과 재야 세력 중심으로 대통령 직선제 개헌 추진
   • **박종철 고문치사 사건(1987.1.14)** → 국민 저항 고조 : 서울대학교 학생 박종철이 조사 받던 중 고문·폭행으로 숨진 사건
   • 4·13호헌조치(1987.4.13) : 전두환 대통령이 국민들의 민주화 요구를 거부하고, 일체의 개헌 논의를 중단시킨 조치
   • 박종철 고문치사 사건 규탄 대회(1987.5.18) → 고문정권 규탄 및 민주화투쟁
   • **이한열 사망 사건(1987.6.9)** : 연세대학교 정문 앞에서 1천여 명의 학생이 시위를 벌이던 중 이한열 학생이 경찰이 쏜 최루탄에 맞아 사망한 사건(국민들의 불신감이 커지고, 이에 분노한 국민들의 항쟁은 걷잡을 수 없게 됨)
   • 전국적 범국민적 반독재 민주화 투쟁(1987.6.10)

   > 6·10 국민 대회 선언문(일부)
   > 오늘 우리는 전 세계 이목이 주시하는 가운데 40년 독재 정치를 청산하고 희망찬 민주 국가를 건설하기 위한 거보를 전국민과 함께 내디딘다. 국가의 미래요 소망인 꽃다운 젊은이를 야만적인 고문으로 죽여 놓고, 그것도 모자라 뻔뻔스럽게 국민을 속이려 했던 현 정권에 국민의 분노가 무엇인지를 분명히 보여 주고, 국민적 여망인 개헌을 일방적으로 파기한 4·13 호헌 조치를 철회시키려는 민주 장정을 시작한다.

   • 호헌 철폐, 독재 타도 및 민주 헌법 쟁취
  ㉢ 결과
   6·29 민주화 선언(1987.6.29) : 당시 국민들의 민주화와 직선제 개헌요구를 받아들여 민주정의당(민정당)대표 노태우가 시국 수습을 위해 발표한 특별선언

> **6·29 선언(일부)**
> ① 여야 합의하에 조속히 대통령 직선제 개헌을 하고, 새 헌법에 의한 대통령 선거를 통해 1988년 2월 평화적으로 정권을 이양하며, ② 자유로운 출마와 공정한 경쟁이 보장되는 대통령 선거법의 개정, ③ 국민적 화해와 대단결을 도모하기 위해 김대중(金大中) 씨 등의 사면복권과 극소수를 제외한 시국사범 석방, ④ 인간존엄성을 존중하기 위해 개헌안에 기본권 강화조항 보완 등
> * 6·29 선언을 통해 5년 단임의 대통령 직선제 개헌(현행 헌법)과 민주개혁 조치 약속

　ㄹ 의의 : 4·19 혁명 이후 최대의 민주화 운동, 민주주의 발전에 기여

03 노태우 정부(1988~1993)

① 집권 과정
- ㉠ 야당 단일화 실패로 노태우 당선
- ㉡ 여소야대 국회(총선 결과 야당이 절반 이상의 의석 차지) 형성
- ㉢ 여소야대 국회 극복을 위해 3당 합당(1990)으로 정계 개편 → 거대 여당인 민주자유당 출현

② 정책
- ㉠ 서울 올림픽 대회 개최(1988)
- ㉡ **북방 외교 추진 → 소련(1990), 중국(1992)과 수교**
- ㉢ 자주·평화·민주의 통일 3원칙을 기반으로 하여 한민족공동체 통일방안 제시(1989)
- ㉣ 남·북한 정치적 교류의 활성화 : 남북한 총리회담(1990) → 남북 고위급회담 → **남북 유엔 동시 가입(1991.9) → 남북기본합의서 채택(1991.12)** → 한반도 비핵화에 관한 공동선언(1991.01)

자료쏙쏙!

>>>> 남북 동시 유엔가입(1991)

자료쏙쏙!

〉〉〉〉 금융실명제 실시를 알리는 은행 창구 안내문

〉〉〉〉 한국 정부 IMF 구제 금융 공식 요청(1997년 11월 21일)

>> 머릿속에 쏙쏙!

남과 북은 분단된 조국의 평화적 통일을 염원하는 온 겨레의 뜻에 따라 7·4남북공동 성명에서 천명된 조국 통일 3대 원칙을 재확인하고, …… 쌍방 사이의 관계가 나라와 나라 사이의 관계가 아닌 통일을 지향하는 과정에서 잠정적으로 형성되는 특수 관계라는 것을 인정하고, 평화 통일을 성취하기 위한 공동의 노력을 경주할 것을 다짐하면서, 다음과 같이 합의하였다.
- 제1조 남과 북은 서로 상대방의 체제를 인정하고 존중한다.(남북 화해)
- 제9조 남과 북은 상대방에 대하여 무력을 사용하지 않으며, 상대방을 무력으로 침략하지 아니한다.(남북 불가침)
- 제15조 남과 북은…… 자원의 공동 개발, 민족 내부 교류로서의 물자 교류, 합작 투자 등 경제 교류와 협력을 실시한다.(남북 교류협력)
— 남북기본합의서, 1991.12 —

* 이 합의서는 **남북한 유엔 동시 가입을** 배경으로 채택되었다. 남북한의 정치적·법적관계를 규명하는 기본 틀이자 **남북 사이의 화해와 불가침 및 교류협력에 관한 합의**를 담고 있으나, 이를 진전시키지 못하고 상호 비방의 냉전체제로 회귀하게 된다.

  ⑩ 지방자치제의 부분적 실시(1991.3)

04 김영삼 정부(1993~1998)

① 정책

ㄱ 문민정부 출범

ㄴ 개혁 정책 : **공직자 재산 등록, 금융실명제 실시(투명한 금융거래), 지방자치제 전면 실시**

ㄷ 역사 바로 세우기 : 12·12사태 + 5·18민주화 운동 진상 조사, 조선총독부 건물 철거

ㄹ **경제협력개발기구(OECD)에 가입(1996)**

ㅁ 한반도 에너지 개발 기구(KEDO) 구성

ㅂ **외환위기(1997)**로 국제통화기금(IMF)에 구제 금융 공식 요청(1997.12.3) : 무역적자의 지속 + 금융기관의 부실 + 재벌의 방만한 기업 운영 + 외국자본의 이탈 등으로 외환위기가 발생

ㅅ 선진 자본주의 국가들(보호 무역 강화, 후발 국가들에 개방 압력) → **우루과이라운드 선언(1993)** → 시장과 자본 개방 시작(농축산물 수입 자유화) → 농업 등 1차 산업 타격

05 김대중 정부(1998~2003)

① 정책
  ㉠ 최초의 여야 정권 교체
  ㉡ 사회 개혁과 민주화 추진
  ㉢ 외환위기 극복 노력
    • IMF체제 조기 극복 위해 **노사정위원회 설치(1998)**
    • 금융, 재벌, 공공, 노동 부분에 대한 구조 조정 단행
    • 금모으기 운동 등
  ㉣ 대북화해협력 정책(햇볕정책)
    • **제1차 남북정상회담→6·15 남북 공동 선언 발표**
    • 금강산 관광 시작(1998)
    • 끊어진 경의선 복구 사업과 동해선 연결 추진(2002)
    • 남북 경제협력 위해 개성 공단 조성
  ㉤ 한·일 월드컵 개최(2002)

>>> 머릿속에 쏙쏙!

1. 남과 북은 나라의 통일문제를 그 주인인 우리 민족끼리 서로 힘을 합쳐 자주적으로 해결해 나가기로 하였다.
2. 남과 북은 나라의 통일을 위한 남측의 연합 제안과 북측의 낮은 단계의 연방제안이 서로 공통성이 있다고 인정하고 앞으로 이 방향에서 통일을 지향시켜 나가기로 하였다.
3. 남과 북은 올해 8·15에 즈음하여 흩어진 가족, 친척 방문단을 교환하며 비전향 장기수 문제를 해결하는 등 인도적 문제를 조속히 풀어 나가기로 하였다.
4. 남과 북은 경제협력을 통하여 민족경제를 균형적으로 발전시키고 사회·문화·체육·보건·환경 등 제반 분야의 협력과 교류를 활성화하여 서로의 신뢰를 다져 나가기로 하였다.
5. 남과 북은 이상과 같은 합의사항을 조속히 실천에 옮기기 위하여 빠른 시일 안에 당국 사이의 대화를 개최하기로 하였다.
「6·15 남북 공동 선언, 2000」

* 2000년 6월 분단 55년 만에 처음으로 남북의 정상인 김대중 대통령과 김정일 국방위원장이 만나게 되었다. 6·15 남북 공동 선언은 대화와 협력·평화와 공존이라는 보편적 가치를 추구하였으며 남북 문제를 당사자끼리 해결하자는 의지를 확실히 하였다.

자료쏙쏙!

>>>> 1998년 금강산 관광 첫 출발 전야제 모습

>>>> 경의선 복구 사업 추진

>>>> 6·15 남북 공동 선언(2000)

📝 **자료쏙쏙!**

📝 **기출문제**　　　　　　　　　　　16회 중급 47번

밑줄 그은 '이 운동'에 대한 설명으로 옳은 것은? [2점]

2011년 유네스코는 이 운동이 대한민국의 민주화는 물론 필리핀, 타이, 베트남 등 아시아 여러 나라의 민주화 운동에 큰 영향을 주었다고 평가하였다. 그래서 이 운동과 관련된 정부 기록문서, 시민군의 성명서, 시민들의 5월 일기, 피해자들의 병원 치료 기록 등 총 4,200여 권, 필름 2,000여 컷, 사진 1,700여 점 등을 세계 기록 유산에 등재하였다.

① 한·일 국교 정상화에 반대하였다.
② 3·15 부정 선거가 직접적인 원인이었다.
③ 유신 철폐를 요구하며 부산과 마산에서 일어났다.
④ 신군부의 계엄령 확대에 반발하여 광주에서 시작되었다.
⑤ 대통령 직선제 개헌을 담은 6·29 민주화 선언을 이끌어 냈다.

해설 》 2011년 유네스코는 5·18민주화 운동의 기록물들을 세계 기록 유산에 등재하였는데, 이와 관련된 내용을 묻는 문제이다.
　　④ 5·18민주화운동은 신군부의 계엄령 확대에 반발하여 광주에서 시작되었다.
　　① 1964년 6월 박정희 정권의 한·일 협상 및 국교 정상화에 반대하여 6·3시위가 전개되었다.
　　② 3·15부정선거가 직접적인 원인이 된 것은 4·19혁명이다.
　　③ 유신 철폐를 요구하며 부산과 마산에서 부마항쟁이 전개되었다.
　　⑤ 6월 민주항쟁은 대통령 직선제 개헌을 담은 6·29 민주화 선언을 이끌어냈다.

→ 정답 ④

예상문제

다음 성명이 발표된 시기를 연표에서 옳게 고른 것은? [2점]

> 첫째, 통일은 외세에 의존하거나 외세의 간섭을 받음이 없이 자주적으로 해결하여야 한다.
> 둘째, 통일은 서로 상대방을 반대하는 무력행사에 의거하지 않고 평화적 방법으로 실현하여야 한다.
> 셋째, 사상과 이념, 제도의 차이를 초월하여 우선 하나의 민족으로서 민족적대단결을 도모하여야 한다.

1948	1953	1961	1972	1979	1987
	(가)	(나)	(다)	(라)	(마)
대한민국 정부 수립	한·미 상호방위 조약 체결	5·16 군사 정변	유신헌법 공포	10·26 사태	6월 민주항쟁

① (가) ② (나)
③ (다) ④ (라)
⑤ (마)

해설》 제시된 자료는 통일에 관한 최초의 남북 합의로 서울과 평양에서 동시에 발표한 7·4남북공동성명이다. 하지만 후에 남북 간의 대립으로 대화가 중단되고 남북 모두 정치적으로 이용하여 독재 권력을 강화하는 계기로 삼았다. 남한은 10월 유신을 단행하였고, 북한은 사회주의 헌법을 제정하였으며 김일성 주석체제를 확립하였다.
③ 5·16 군사정변으로 대통령이 된 박정희는 7·4 남북공동성명을 독재 권력 강화의 계기로 삼았다.
① 대한민국 정부 수립 이후 6·25 전쟁이 한창 이루어진 시기이다.
② 1953년 휴정협정 체결 이후 합의된 한미 상호 방위 조약은 한반도의 군사적 긴장 상태에 효과적으로 대처하기 위한 목적으로 체결되었다.
④ 유신 체제 기간으로 대통령이 거의 절대적이 권한을 부여받았다.
⑤ 신군부가 정권을 잡은 기간으로 결국 6월 민주항쟁으로 인해 5년 단임의 대통령 직선제 개헌이 선포되었다.

자료쏙쏙!

〉〉〉〉 7·4 남북공동성명
통일에 관한 남북 간의 최초의 합의로써 남북 당국자 간에 비밀리에 추진되어 서울과 평양에서 동시에 발표하였다. 하지만 그 후 남쪽의 유신체제 성립, 북쪽의 사회주의 헌법 제정으로 양측의 정치적 목적을 달성하는데 이용만 되고 남북 간의 의견 대립으로 대화가 단절되었다.

→ 정답 ③

29일차

우리 조상들의 지혜가 담긴 책들을 만나 볼까요?

출제핵심포인트

- 주요 역사서의 경우는 편찬사관이나, 대략적인 서술 내용에 대해 알고 있어야 합니다.
- 주요 지리지의 경우는 각각의 특징을, 주요 농서의 경우는 편찬시기를 통해 그 당시의 농업 기술 및 재배 작물 등을 함께 이해해야 합니다.
- 주요 의학서의 경우 편찬시기와 내용을 알고 있어야 합니다.

42회 출제

24회 중급 25번	24회 중급 19번	24회 중급 13번	23회 중급 25번	22회 중급 13번
21회 중급 19번	19회 중급 17번	18회 중급 21번	18회 중급 15번	18회 중급 12번
17회 중급 20번	16회 중급 20번	16회 중급 28번	15회 중급 18번	14회 중급 18번
14회 중급 27번	14회 중급 44번	13회 중급 16번	13회 중급 48번	12회 중급 17번
12회 중급 25번	11회 중급 48번	10회 3급 14번	10회 3급 23번	10회 3급 30번
10회 4급 24번	10회 4급 25번	10회 4급 29번	9회 3급 20번	9회 4급 15번
9회 4급 23번	8회 3급 8번	8회 3급 10번	8회 3급 21번	8회 4급 47번
7회 3급 24번	7회 4급 15번	7회 4급 18번	7회 4급 19번	7회 4급 23번
7회 4급 31번	6회 4급 1번	5회 3급 23번	2회 3급 44번	1회 3급 26번
1회 3급 35번	1회 4급 46번			

01 역사책

① 삼국시대 역사서

고구려	백제	신라
「신집」, 영양왕(600) 때 이문진이 편찬	「서기」, 근초고왕(346~375년)때 고흥이 편찬	「국사」, 진흥왕(545) 때 거칠부가 편찬

- 대외적으로 나라의 정통성 및 권위 과시, 대내적으로는 충성심을 고취시키기 위해 편찬
- 현재까지 3가지 책 모두 현재 남아있지 않음

② 고려시대 역사서

㉠ 삼국사기 & 삼국유사

삼국사기(인종 23, 1145년)	VS	삼국유사(충렬왕 7, 1281)
1145년경에 김부식과 관리들이 저술(관찬)	저자	1281년경에 고려 후기의 승려 일연과 제자들이 서술(사찬)

자료쏙쏙!

〉〉〉〉 역사 서술방식

기전체	• 정사체로 역사를 본기, 세가, 연표, 지, 열전 등으로 나누어 서술 • 삼국사기, 고려사, 동사, 해동역사 등
편년체	• 왕의 업적을 연도별로 종합하여 서술 • 조선왕조실록, 고려사절요, 동국통감 등
기사본말체	• 사건을 원인과 결과로 나누어 종합적으로 서술(화제, 결말 중심) • 삼국유사, 연려실기술 등
통사체	• 역사의 줄거리를 중심으로 서술 • 동국통감, 동사찬요, 해동역사 등
강목체	• 주제별로 강(대의)와 목(세목)으로 서술 • 동국사략, 여사제강, 동사강목 등

	사회적 배경	무신정변과 몽고의 침공 및 압제
금의 고려에 압력으로 인한 북진 운동과 묘청의 난으로 인한 민심의 분열		
• 민심의 재수습 • 국왕 중심의 중앙집권체제의 강화 • 유교 정치의 재확립 목표	저술 목적	• 무신정변 이후의 혼란한 사회에 대한 자각과 반성 • 정신적 기준을 찾기 위한 과거의 전통 재인식
• 기전체(정사) • 본기·지·연표·열전으로 구성	서술 양식	• 기사본말체(야사체) • 왕력·기이·흥법·탑상·의해·신주·감통·피은·효선의 9편 구성
유교적 사관	사관	자주적 사관
• 신라 정치사 중심 • 신라 계승의식 반영 • 지배층 중심의 기록(백성들 삶의 모습은 별로 다루지 않음)	특징	• 단군 건국 이야기 수록(최초 언급) • 불교사를 중심으로 고대의 민간 설화와 야사를 풍부하게 수록 • 우리 고유의 문화·전통을 소중히 다룸(발해와 가야의 기록이 있음)

> **자료쏙쏙!**
>
> 〉〉〉 **조선왕조실록**
> (2회 출제, 8회 3급 23번 8회 4급 28번)
> • 태종 때 태조실록이 편찬된 이래 25대 철종까지 빠짐없이 편찬
> • 왕의 사후에 실록청이 설치되어 실록청에서 편찬
> • 사관이 기록한 사초와 춘추관에서 만든 시정기가 편찬에 가장 중요한 자료
> • 개인의 기록, 승정원일기, 비변사등록 등도 이용
> • 연, 월, 일별로 중요사건을 낱낱이 기록한 대표적인 편년체 사서
> • 사실의 서술과 함께 사관의 비판도 수록
> • 실록과 사초의 기록은 원칙적으로 왕이라도 볼 수 없음
> • 임진왜란 이후 전주사고본만이 남음(춘추관, 충주·성주 사고 소실)
> • 유네스코 세계기록문화유산으로 등재

ⓒ 고려 후기

동명왕편 (1192, 이규보)	• 고려 문신 이규보의 시문집인 「동국이상국집」에 실려 있음 • 고구려 동명왕에 관한 전설을 오언시체로 쓴 장편 서사시(영웅 서사시) • 고려가 고구려의 위대한 전통을 계승했다고 자부(자주적 민족의식 반영)
해동고승전 (1215, 각훈)	• 우리나라 고승들의 전기를 정리하여 편찬한 역사서 • 우리 불교를 중국 불교와 대등하게 서술
제왕운기 (1287, 이승휴)	• 중국과 한국의 역사를 운율시 형식으로 씀 • 발해를 최초로 한국사에 편입

③ 조선시대 역사서

㉠ 조선 전기(15세기) : 관찬 위주로 제작
• 건국 초기 사서의 경향 : 왕조의 정통성에 대한 명분 및 성리학적 통치 규범 정착

고려국사 (1395, 정도전)	정도전·정총 등에 의해 편찬된 고려시대사	• 성리학적 역사관에 의한 편년체 형식으로 서술
동국사략 (1403, 권근)	단군 조선부터 삼국 시대까지의 역사를 서술	• 새 왕조 개창의 정당화 강조

• 15세기 중엽 이후 사서의 경향 : 성리학적 대의명분 보다는 왕실, 국가 위신을 높이고 민족적 자각을 깨우려는 시도

고려사 (1451, 세종)	• 김종서·정인지 등이 세종의 교지를 받아 편찬 • 정도전의 고려국사를 수정하여 국왕 중심으로 고려사 재정리 • 자주적 역사관에 의한 기전체 형식으로 서술
고려사절요 (1452, 문종)	• 김종서 등이 편찬(군주에게 교훈을 주려는 내용) • 정도전의 고려국사를 보완하고 재상 중심적으로 고려사 재정리 • 자주적 역사관에 의한 편년체 형식으로 서술
동국통감 (1485, 성종)	• 서거정 등이 왕명을 받고 신라 초부터 고려 말까지의 역사 편찬 • 국왕 + 훈구 + 사림이 합의하여 통사체계 구성(최초의 통사) • 자주적 사관에 의한 편년체 형식으로 서술

ⓒ 조선 중기(16세기)
• 사찬 위주로 제작
• 16세기 사서의 경향 : **존화사상과 소중화 의식을 바탕으로 기자에 대한 연구가 심화(사림의 존화·왕도주의 반영)**

동국사략 (16세기 초반으로 추정, 박상)	• 단군조선부터 고려시대까지의 역사 저술 • 유교적 인물을 중심으로 서술 • 조선 중기 사림파의 역사인식을 보임(15세기 동국통감 비판)
기자실기 (1580, 이이)	• 이이가 편찬한 기자에 관한 책 • 기자로부터 왕도정치가 시작되었다고 평가(사림의 존화주의적 역사인식)

ⓒ 조선 후기(17세기 역사서의 경향) : 붕당에 따라 역사를 보는 관점이 다름

📝 **자료쏙쏙!**

>>>> 조선 윤리·의례서
• 조선 전기(15세기) : 유교적 질서 확립
  - 삼강행실도(1434, 세종) : 우리나라, 중국의 서적에서 군신, 부자, 부부의 모범이 될 만한 충신, 효자, 열녀들을 뽑아 그 행적을 그림과 함께 기록

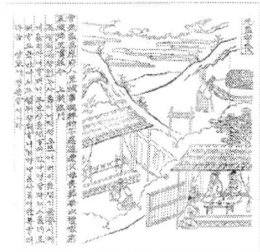
▲ 삼강행실도

  - 국조오례의(1474, 성종) : 국가의 례 정비
• 조선중기(16세기) : 성리학적 유교 질서 보급
  - 소학 : 8세 안팎의 아동을 위한 유학 수신서
  - 주자가례 : 가정에서 지켜야할 예의범절
  - 동몽수지 : 아동 교육용 유학 수신서
  - 이륜행실도 ; 장유유서, 붕우유신을 민간에 널리 보급

지봉유설 (1614, 이수광)	• 중국을 사실 이상의 큰 나라로 보는 잘못을 지적 • 우리 역사와 문화를 중국과 대등하게 보며, 세계 50여 국의 풍속, 지리 등을 소개 • 실학적 사서이며, 백과사전의 효시
동사 (1667, 허목)	• 남인의 입장에서 자연환경, 풍속, 인성의 독자성을 강조 • 북벌운동과 붕당정치 비판
여사제강 (1667년, 유계)	• 고려의 편년사로 고려가 북방 민족에 항전한 것과 재상들이 정치적 주도권을 잡은 사실을 강목체 형식으로 서술 • 서인의 북벌 운동을 합리화 함

② 조선 후기(18~19세기 역사서의 경향) : 실학의 발달과 함께 우리 민족의 전통과 현실에 대한 관심으로 민족지향적인 국학 발달

동사강목 (1778, 안정복)	• 고조선부터 고려 말까지의 역사를 강목체 형식으로 저술 • 고증학의 영향을 받아 신화·설화의 기록에서 믿을 수 없는 내용을 비판(고증사학 토대 마련) • 종래 중국 중심의 역사관을 탈피하여 독자적 정통론 체계화(삼한정통론) (단군 조선 – 기자 조선 – 마한 – 통일 신라 – 고려 – 조선) • 고구려, 발해 역사를 배제한 한계를 가짐	
발해고 (1784, 유득공)	• 한국·중국·일본의 사서 24종을 참고하여 발해 역사 기록 • 발해와 신라를 남북국 시대라고 부를 것을 처음 제안	고대사 연구의 시야를 만주 지방까지 확대시켜 한반도 중심의 협소한 사관 극복 노력
동사 (1803, 이종휘)	• 고대부터 고려까지 역사를 기전체 형식으로 서술 • 고구려는 단군의 혈통, 세력과 기자의 문화를 동시 계승 주장(고구려사 연구) • 부여와 발해를 우리 역사로 인식	
연려실기술 (1776, 이긍익)	실증적, 객관적 입장에서 정치·문화사를 기사본말체 형식으로 서술	
해동역사 (조선후기, 한치윤)	• 단군조선으로부터 고려시대까지의 역사를 기전체 형식으로 서술 • 500여 종의 중국 및 일본서적 참고→민족사 인식의 폭을 확대	

자료쏙쏙!

>>>> 기타 시험에 잘 나오는 서적

- 불씨잡변(1398, 정도전) : 주자학적 입장에서 불교의 교리를 비판
- 동문선(1478, 서거정)
  - 우리나라 역대 시문선집(삼국시대~조선 초)
  - 우리 글에 대한 자주의식 나타냄
- 칠정산(1442, 세종) : 우리나라 역사상 최초로 서울을 기준으로 7개 별의 운행과 위치를 살펴 천체 운동을 정확하게 계산한 천문 역법서
- 용비어천가(1455, 세종)
  - 조선 왕조 건국의 정당성 강조
  - 한글로 만든 최초의 역사문학 작품
- 악학궤범(1493, 성현) : 음악의 원리와 역사·악기·무용 등이 정리
- 동국병감(문종 때, 편자미상) : 한무제의 고조선 침략~고려 말까지, 이민족과의 전쟁·전란사 개관
- 동국문헌비고(1770, 홍봉한) : 조선의 정치·경제·문화 등 각종 제도와 문물을 분류, 정리한 백과전서적인 책

📝 자료쏙쏙!

>>>> 세종실록지리지

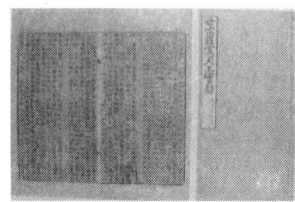

>>>> 신증동국여지승람

- 〈신증동국여지승람〉의 조선팔도총도
- 독도가 우산도로 명확히 표기됨

02 지리지

① 조선 전기: 중앙집권과 국방 강화의 목적

신찬팔도지리지 (1432, 세종)	• 왕명으로 맹사성, 권진, 윤회 등이 편찬한 인문지리서 • 조선왕조 최초의 지리지(조선시대 모든 지리지의 실질적 바탕이 됨) • 전국 8도의 지리, 역사, 정치, 사회, 경제, 교통 등을 기술 • 세종실록지리지에 수록
세종실록지리지 (1454, 단종)	• 왕명으로 변계량, 맹사성, 권진, 윤회 등이 편찬(세종~단종) • 조선왕조실록에 수록된 최초의 지리지 • 각 지역의 연혁, 산물, 인물, 성씨, 호구, 단군신화 내용 등 기록 • 울릉도와 독도를 분리하여 기록
동국여지승람 (1481, 성종)	• 성종의 명에 따라 양성지, 노사신, 강희맹, 서거정 등이 편찬 • 성종 때 편찬된 팔도지리지에 서거정의 동문선 시문을 합하여 간행 • 군현의 연혁, 지세, 인물, 풍속, 성씨, 고적, 산물, 교통 등의 내용이 자세히 수록(수령이 참고 가능) → 당시 국토에 대한 인문지리적 지식수준 크게 높여줌 * 동국여지승람 (1481,1486,성종) → 신증동국여지승람(1530, 중종)

② 조선 중기

신증동국여지 승람(중종)	• 성종 때 동국여지승람을 이행, 홍언필이 증보하여 편찬 • 동국여지승람(1481,1486,성종) → 신증동국여지승람 (1530, 중종) • **동국여지승람과 같은 인문종합지리서(군현의 연혁, 지세, 인물, 풍속, 성씨, 고적, 산물, 교통 등)**

③ 조선 후기 : 문화적, 상인 이용(경제적)의 목적

동국지리지 (1640, 한백겸)	• 한국 지리에 관한 사항을 여러 고서에서 뽑아 엮은 역사지리지 • 삼한의 위치와 고대 지형을 고증(고구려 발상지가 만주지역이라는 것을 최초 고증)
택리지 (1751, 이중환)	• 사람이 살기 좋은 곳과 가거지(산수·지리·생리·인심)를 서술한 인문지리지 • 실생활에 참고와 이익을 주도록 저술→근대 한국 지리학과 사회학에 큰 영향 끼침
아방강역고 (1811, 정약용)	• 한국의 역대 강역에 관한 역사지리서 • 강역의 고증과 잘못된 기록을 고치는데 중점 • 백제의 첫 도읍지가 서울, 발해의 중심지가 백두산 동쪽임을 입증

03 농업 기술 및 농서

① 고려시대 농업 기술 및 농서

㉠ 전기
- 우경에 의한 깊이갈이(심경법)의 일반화
- 밭농사의 2년 3작(윤작법) 시행
- 직파법(마른 논에 직접 씨를 뿌림)

㉡ 후기
- 남부지방의 일부에 모내기법 처음 도입
- 시비법의 발달→휴경지 감소
- 문익점에 의해 목화재배 시작
- 해안지역의 저습지 개척

㉢ 농상집요(원에서 수입)
- **중국 원나라의 농서를 고려 말 이암이 수입하여 소개**
- 중국 화북지방에 관한 농서로 특히 양잠에 많은 영향 끼침

자료쏙쏙!

〉〉〉〉 곤여만국전도

- 천주교의 전도를 위해 중국에 온 마테오 리치가 1602년에 제작
- 우리나라에 전래된 최초의 세계지도
- 영향 : 지리 범위의 확대 + 지리적 중화관의 해체

〉〉〉〉 동국지도

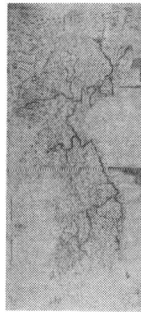

- 조선 영조 때 정상기가 제작한 지도
- 100리를 1자, 10리를 1치로 표시하는 등 축척의 개념을 확실히 한 우리나라 최초의 축척지도

〉〉〉〉 대동여지도
(1회 출제 / 17회 중급 29번)

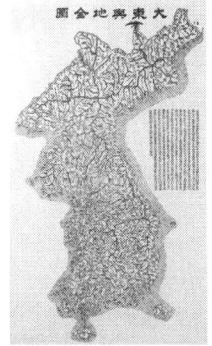

- 1861년(철종 12) 김정호가 제작
- 병풍처럼 접고 펼 수 있는 분첩절첩식 지도로 제작
- 산맥, 하천, 도로망 등이 정밀하게 표시

자료쏙쏙!

>>>> 농사직설

>>>> 농가집성

>>>> 산림경제

② 조선 시대 농업기술 및 농서

㉠ 전기
- 본격적인 시비법의 발달로 휴경지가 거의 없어짐
- 고려 말에 도입된 모내기법이 남부지방에 확대 실시
- 목화 재배가 거의 전국적으로 확대

㉡ 후기
- 모내기법의 전국적인 확산
- 견종법의 전국적인 확산

* 임진왜란 이후 외래 작물인 고구마, 담배, 고추, 후추, 감자 등이 들어오게 됨

농사직설 (1429, 세종)	• 우리나라에서 편찬한 최초의 농서 • 우리의 풍토에 맞는 독자적인 농법(농민의 실제 경험을 듣고 종합) • 모내기법, 곡식의 종자 선택과 저장법, 다양한 거름 사용법, 지역과 토질에 따른 농법 등 다양한 농업 기술이 소개	
금양잡록 (1492, 강희맹)	금양(시흥)지방을 중심으로 한 경기지방의 농사법을 정리	
농가집성 (1655, 신속)	• 벼농사 중심의 농법 소개→이앙법 보급에 기여 • 농사직설+금양잡록+사시찬요+주자의 권농문을 하나로 집대성(성리학적 농서) • 부록으로 구황 작물의 재배 방법을 수록	
색경 (1676, 박세당)	• 밭농사 중심의 농법 소개 • 채소, 과수, 화초 재배법, 목축, 양잠 기술 등을 소개	• 조선 후기 실학적 농서 • 성리학적 농법에서 탈피하여 여러 분야 농법 서술
산림경제 (1715, 홍만선)	• 농업과 일상생활에 관한 광범위한 사항을 기술한 소백과사전적인 책 • 과수, 원예, 양잠 등의 농업 기술을 자세히 소개	
해동농서 (18세기 후반, 서유수)	우리나라 농학과 자연 조건 + 중국 농업 기술 수용 = 새로운 농학의 체계화를 편 실학적 농서	
임원경제지 (1966, 서유구)	농업과 농촌생활에 필요한 것을 종합한 방대한 농촌생활 백과사전	

04 의학서

① 고려시대

향약구급방 (1236, 편자미상)	• 몽고 침입으로 고려가 강화도로 천도했을 때 대장도감에서 간행 • 우리나라에 전해져 오는 가장 오래된 의학서 • 민간에서 활용할 수 있는 처방 모음집 • 종래 많이 써오던 외국 수입 약재를 우리나라 약재로 대체하기 위해 편찬

② 조선시대

향약집성방 (1433, 노중례)	• 태조 때 편찬된 「향약제생집성방」을 기초 • 우리나라 풍토에 맞는 약재와 치료법을 개발 및 정리
의방유취 (1445, 세종)	• 집현전·승문원 교리들 및 의관들이 편찬 • 조선의 최초이자 최대의 의학 백과사전(의학의 자주적 발전의 큰 토대 마련) • 중국 의학의 총집결판인 동양 최대의 의학사전(당, 송, 원, 명의 의서를 종합, 분류별로 수록)
침구경험방 (1544, 허임)	• 허임이 스스로 경험한 요혈을 질병명, 증상 등에 따라 분류하여 기록 • 침구에 관한 전문의서
동의보감 (1613, 허준)	• 허준이 왕명을 받아 사업에 종사(선조, 1596 ~ 광해군, 1610) • 각 병증에 대한 고금의 처방을 일목요연하게 정리 + 속방이나 자신의 경험방(체계적이고 실용적인 의술을 구체화) • 세계 최초의 공중보건안내서임이 높이 평가되어 유네스코 세계기록유산으로 지정
마과회통 (1798, 정약용)	마진(홍역) 치료에 관한 책
동의수세보원 (1894, 이제마)	• 질병치료에 있어 사람체질을 4구분하여 사상의학을 주장하였다.(소음인, 소양인, 태양인, 태음인) • 환자의 체질에 중점을 둔 것으로 한의학의 전통을 벗어난 획기적인 것

자료쏙쏙!

>>>> 향약구급방

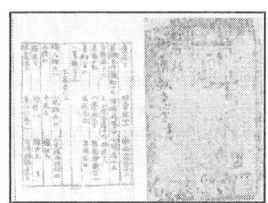

>>>> 향약집성방

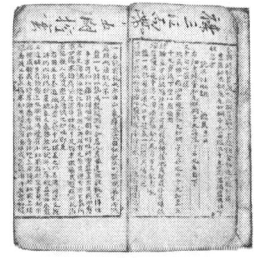

>>>> 동의보감

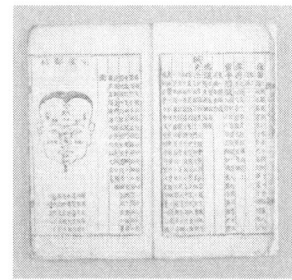

>>>> 동의수세보원

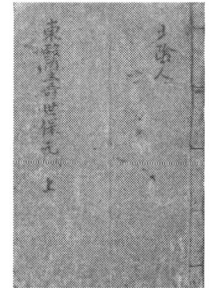

자료쏙쏙!

>>>> 삼국사기

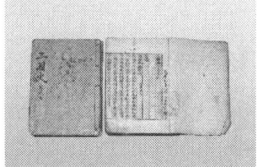

>>>> 삼국유사

기출문제

9회 4급 15번

다음 (가), (나)의 역사서에 대한 설명으로 옳은 것을 〈보기〉에서 고른 것은? [2점]

(가) 유교적 합리주의 사관을 바탕으로 서술

현존하고 있는 우리나라 최고의 역사서이다. 지배층 중심으로 기록하고 백성들의 삶의 모습은 별로 다루지 않았다. '서술은 하되 편찬자가 창작하지 않는다.'는 원칙에 입각하여 객관적으로 편찬했기 때문에 사료적 가치가 높은 책이다.

(나) 우리 고유의 문화와 전통을 중시

우리나라 고대의 문화사를 서술한 역사서이다. 불교사를 중심으로 고대의 민간 설화와 야사를 풍부하게 수록하였고, 우리 고유의 문화와 전통을 소중하게 다루었다. 다른 역사책보다 백성들의 삶에 대한 이야기를 진솔하게 서술하였다.

㉠ (가) - 연대순으로 기록한 편년체로 서술되었다.
㉡ (나) - 대조영이 발해를 건국하였음을 기록하였다.
㉢ (나) - 가락국기를 통해 가야에 대한 기록을 남겼다.
㉣ (가)는 일연, (나)는 김부식이 편찬하였다.

① ㉠, ㉡   ② ㉠, ㉢
③ ㉡, ㉢   ④ ㉡, ㉣
⑤ ㉢, ㉣

해설≫ 제시된 자료 (가)는 삼국사기, (나)는 삼국유사에 대한 설명이다. 삼국사기와 삼국유사의 특징과 차이를 묻는 문제이다.
㉡ 삼국유사에는 발해와 가야의 기록이 남아있다.
㉢ 삼국유사에는 가락국기를 통해 가야에 대한 기록이 남아있다.
㉠ 삼국사기는 기전체로 본기, 세가, 지, 열전, 연포 등으로 나누어 편찬되었다.
㉣ 삼국사기는 김부식, 삼국유사는 일연이 편찬하였다.

→ 정답 ③

예상문제

다음 그림이 그려진 시기에 볼 수 있는 장면으로 옳은 것을 〈보기〉에서 고른 것은? [3점]

| 보기 |

㉠ 보람 : 고추장에 음식을 찍어 먹어야겠어.
㉡ 윤아 : 곧 겨울이니 솜을 넣어 옷을 만들어야겠어.
㉢ 유리 : 오늘 저녁에는 호박전을 해야겠어.
㉣ 소연 : 오늘은 김치를 담가야겠어.

① ㉠, ㉡　　　　　② ㉠, ㉢
③ ㉡, ㉢　　　　　④ ㉡, ㉣
⑤ ㉢, ㉣

해설》 제시된 자료는 조선 초기 세종의 3남이었던 안평대군의 꿈을 통해 이상향을 묘사한 안견의 '몽유도원도'이다. 즉 조선 초기에 존재하고 있었던 작물을 묻는 문제이다. 임진왜란 이후에 고구마, 감자 등이 들어온 것을 알아야 한다.
㉡ 목화는 고려 말기 문익점에 의해 들어 왔으며, 목화로 만드는 '솜'은 조선 초기에 상용화되었다.
㉣ 김치는 삼국시대부터 존재하였다.
㉠ 고추는 임진왜란 이후에 들어온 작물이다.
㉢ 호박은 임진왜란 이후에 들어온 작물이다.

자료쏙쏙!

》》》 생활상을 묻는 문제가 간혹 출제가 되는데, 음식을 예시로 드는 경우가 있다. 지금의 식생활의 대부분을 차지하는 음식은 조선 후기에 들어온 경우가 대부분이었다. 고추, 고구마, 감자 등은 모두 조선 후기에 전래되었다.

→ 정답 ④

많은 역사가 담겨 있는 주요지역과 자주 출제되는 내용(조약, 조선통신사)을 살펴볼까요?

출제핵심포인트

- 독도, 울릉도는 우리 땅이라는 주장의 근거를 알고 있어야 합니다.
- 주요 대표적인 유적지나 자료를 보고, 관련 있는 지역을 유추할 수 있어야 합니다.

01 주요 지역의 역사

12회 출제

28회 중급 44번	26회 중급 43번	24회 중급 46번	16회 중급 42번	12회 중급 37번
11회 중급 46번	10회 4급 49번	8회 3급 14번	7회 4급 40번	6회 4급 16번
5회 4급 36번	4회 4급 48번			

① 울릉도와 독도의 역사

▲ 울릉도　　　　　　　　▲ 독도

신라	삼국사기에 따르면 지증왕 13년(512) 때 이사부가 현재의 울릉도와 독도 일대에 있던 우산국을 정벌하여 신라영토에 편입
고려	우산국은 고려에 토산물을 바치고, 최충헌은 본토인의 이주 추진
조선	㉠ 태종 때 왜구의 침입을 예방하기 위해 울릉도 거주민을 본토로 이주시키는 공도정책 시행으로 관리가 소홀해짐 ㉡ 숙종 19년(1693)때 조선과 일본 어민 사이에 독도에서 분쟁이 일어나자 **안용복**은 일본에 건너가 울릉도와 독도가 조선 땅임을 확인하는 서계를 받아냄
근대	㉠ 고종은 칙령 제41호에 의해 강원도 울진현에 속해있던 독도를 울릉군의 한 부속도서로서 공식적으로 강원도에 편입(1900) ㉡ **러·일전쟁 중 일본이 일방적으로 시네마현 고시를 통해 독도를 다케시마로 개칭하고 시네마현에 편입**(1905.2) → 을사조약으로 외교권을 뺏겨 항의 못함
현대	**독도 의용 수비대**(1953.4.20.~1956.12)는 독도에 침입하는 일본 어선과 순시선 등에 맞서 독도를 지킴(순수 자발적 민간 조직)

자료쏙쏙!

〉〉〉〉 독도의 지명 변천

우산도	512년
삼봉도	1470년
가지도	1794년
석도	1900년
독도	1906년

〉〉〉〉 안용복 관련 조사보고서(1696년)

- 안용복의 2차 도일 시 활동 상황을 기록한 문서
- '죽도'(울릉도), '송도'(독도)가 강원도에 속한 조선의 영토임을 명기

〉〉〉〉 시네마현 고시 제40호

② 우리 땅이라는 증거
  ㉠ 「삼국사기」에 따르면 신라 지증왕 때 우산국(울릉도, 독도 지배)이 신라에 귀속
  ㉡ 「세종실록지리지」에 따르면 울릉도와 독도를 강원도 울진현 소속으로 구분

  》》 머릿속에 **콕콕**!

  > 우산(于山)과 무릉(武□) 두 섬이 울진현의 정동(正東) 바다 가운데에 있다. 두 섬이 서로 거리가 멀지 아니하여, 날씨가 맑으면 가히 바라볼 수 있다. 신라 시대에는 우산국이라 칭하였다.
  > 「세종실록 지리지」

  ㉢ 「신증동국여지승람」에 덧붙여 있는 지도인 팔도총도에 독도 표현
  ㉣ 일본 메이지 정부의 최고 국가기관인 태정관이 발간한 문서(1877)인 태정관지령에 죽도(竹島-오늘날 울릉도)와 송도(松島-지금의 독도)가 일본과 관계없다고 기술
  ㉤ 연합군 최고 사령부 훈령 677호(1946)에서 울릉도, 독도가 일본 영역에서 제외된다고 규정

  》》 머릿속에 **콕콕**!

  일본은 독도문제를 국제사법재판소로 넘기려는 이유
  ① 국제사법재판소로 넘기는 즉시 분쟁지역이라는 것을 인정받게 됨
     → 그 시점에서 둘 다 실효지배 권리가 사라짐(현재 한국이 실효지배)
  ② 국제사법재판소에 일본인 판사가 있는 반면에 한국인 판사는 없음
     → 일본에 유리

자료**쏙쏙**!

자료쏙쏙!

>>>> 강화도

02 강화도의 역사

08회 출제

| 23회 중급 45번 | 19회 중급 26번 | 16회 중급 30번 | 11회 중급 47번 | 9회 4급 36번 |
| 9회 3급 29번 | 5회 4급 36번 | 4회 4급 24번 | | |

① 강화도 부근리 고인돌

2000년에 유네스코 세계유산에 등재

② 강화도 마니산 참성단

단군이 하늘에 제사를 지냈다고 전해짐

③ 강화도 고려궁지

몽고 침략에 천도하여 세운 궁궐터

④ 강화도 정족산성 내 정족산사고

임진왜란 때 유일하게 남은 전주사고 실록 보관

⑤ 삼별초는 개경환도에 반대하여 강화도에서 몽고에 저항(강화도→진도→제주도)

⑥ 조선 후기에 정제두를 비롯한 양명학자들은 강화도를 중심으로 강화학파 형성

⑦ 병인양요(양헌수, 정족산성)때 프랑스군을, 신미양요(광성보, 어재연)때 미국군을 물리침

⑧ 운요호 사건 이후 강화도에서 최초의 근대적 조약인 강화도조약 체결

03 평양의 역사

08회 출제
26회 중급 6번 | 20회 중급 27번 | 14회 중급 34번 | 13회 중급 47번 | 7회 4급 39번
7회 3급 28번 | 6회 3급 34번 | 2회 3급 17번

① 평양의 고구려 안학궁터

장수왕 평양천도와 함께 궁성으로 활용

② 평양의 안악 3호분 벽화

고구려인들의 생활모습이 잘 나타남

③ 묘청이 풍수지리사상을 바탕으로 서경(평양) 천도운동 추진

④ 무신 집권기 때 서경 유수 조위총이 반란을 일으킴

⑤ 미국의 제너럴 셔먼호가 평양의 대동강 일대에서 불타게 됨

⑥ 조만식의 주도하에 물산장려운동이 평양에서 처음 시작

⑦ 평양 백화원의 영빈관(북한의 대표적인 국빈 숙소)에서 6·15남북 정상회담이 개최

자료쏙쏙!

〉〉〉〉 을밀대

〉〉〉〉 대동문(평양성 내성의 동문)

〉〉〉〉 제너럴셔먼호

자료쏙쏙!

>>>> 길재의 시조

> 오백년 도읍지를 필마로 돌아드니
> 산천은 의구하되 인걸은 간 곳 없네
> 어즈버 태평연월이 꿈이런가 하노라.

※ 길재가 고려가 멸망한 후 개경을 돌아보고 지은 시조로, 인생 무상과 망국의 한을 표현하였다.

04 개경의 역사

05회 출제

18회 중급 31번 | 18회 중급 28번 | 18회 중급 27번 | 6회 4급 20번 | 3회 4회 5번

① 개경의 만월대　　　　② 개경의 남대문

송악산 기슭에 있는 고려 왕궁 터　　개성 성곽의 남쪽에 있는 성문

③ 개경의 선죽교　　　　④ 개경의 공민왕릉

 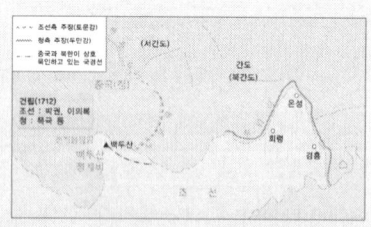

충신 정몽주가 암살된 곳　　고려 31대 공민왕의 무덤

⑤ 개성공단 … 한국과 북한이 공동으로 세계적 규모의 산업단지를 조성한 자유경제지대

>>> 머릿속에 콕콕!

간도와 백두산정계비(1712)

- 숙종 때 청과 조선의 국경을 백두산 일대를 근거로 경계 확정
- 비문의 토문강에 대한 해석을 놓고 조선과 청 사이에 간도의 귀속 문제 분쟁 발생
- 을사조약 이후 일본은 철도부설권을 얻는 대가로 간도를 청의 영토를 인정하는 간도협약 체결(1909)

조선의 개항과 불평등 조약을 알아볼까요?

출제핵심포인트

- 강화도 조약과 부속조약, 조·미 수호통상조약, 조·청상민수륙무역장정의 내용을 통해서 그 성격을 알아야 합니다.
- 개항 이후 일본과 청 상인의 상권 침탈 경쟁을 이해해야 합니다.

21회 출제

23회 중급 32번	22회 중급 30번	21회 중급 35번	21회 중급 32번	19회 중급 28번
16회 중급 32번	14회 중급 38번	13회 중급 30번	12회 중급 35번	11회 중급 28번
11회 중급 30번	10회 3급 34번	9회 4급 37번	8회 3급 18번	8번 4급 8번
8회 4급 50번	6회 4급 28번	3회 3급 34번	3회 4급 9번	2회 4급 49번
1회 4급 50번				

자료쏙쏙!

>>>> 운요호 사건

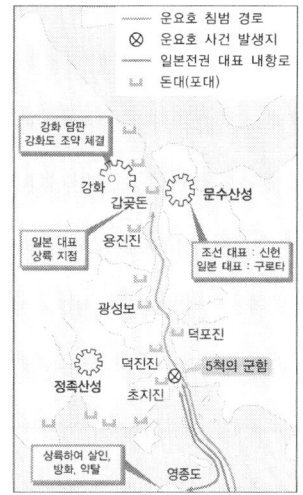

01 강화도 조약(조·일수호조규, 병자수호조약, 1876. 2)

① 배경

  ㉠ 흥선대원군이 물러나고 민씨 정권이 들어선 이후 통상개화론이 힘을 얻음

  ㉡ 일본이 **운요호 사건(1875)**을 일으키고, 이를 구실삼아 통상조약 체결을 강요 → **강화도 조약 체결(최초의 근대적 조약이자 불평등 조약)**

② 조약의 주요 내용과 일본의 의도

> **강화도 조약의 주요 내용**
> 제1관 조선국은 자주국이며, 일본국과 평등한 권리를 가진다.
>   * 청의 종주권을 부인하기 위한 의도 → 청의 간섭 배제
> 제4관 조선국은 부산 이외 제5관에서 제시하는 두 곳의 항구를 개항하고 일본인이 왕래 통상함을 허가한다.
> 제5관 경기, 충청, 전라, 경상, 함경 5도의 바닷가 중 통상에 편리한 항구 2개소를 앞으로 20개월 내에 개항한다.
>   * 부산(경제적 목적) + 인천(정치적 목적) + 원산(러시아의 남하를 견제하는 군사적 목적)
> 제7관 조선국 연해의 섬과 암초는 극히 위험하므로 일본국의 항해자가 자유롭게 해안을 측량하도록 허가한다.

>>>> 강화도 조약 회담 당시의 모습

> 자료**쏙쏙!**

> *연안자원, 항로 확보 및 효과적인 군사작전의 정보획득과 침략에 도움이 되게 하기 위함
>
> 제9관 인민은 각자 임의에 따라 무역을 하고 양국의 관리는 조금도 이에 관여하지 못하며, 제한, 금지하지 못한다.
> *조선 관리의 통제를 받지 않고 일본 상인들의 자유로운 활동 보장
>
> 제10관 일본국 인민이 조선국이 지정한 각 항구에서 죄를 범할 경우 일본국 관원이 재판한다.
> *조선에서 활동하는 모든 일본인에 대해 치외법권 보장(일본 상인의 약탈적 무역활동 가능)

③ 결과
  ㉠ 해안측량권과 치외법권 등을 인정하는 **불평등 조약 체결**
  ㉡ 일본 세력이 한반도에 진출하게 되며, 일본 공사관이 설치됨
  ㉢ 청의 조선에서의 영향력이 약화
  ㉣ 미국, 영국 등 서양의 여러 나라들과 조약 체결→서구 자본주의 질서로의 강제적 편입

02 일본과의 부속 조약

〉〉〉〉 조·일통상조약 체결 기념연회도

조약	주요 내용
조·일수호조규부록 (1876.8)	• 간행이정 10리(거류지 무역 허용) • 개항장에서 일본 화폐의 유통 허용
조·일무역규칙(제1차 조·일통상장정, 1876.8)	• 무항세, 무관세(수출입 상품) 적용 • 양곡의 무제한 유출 허용
조·일수호조규 속약 (1882.8)	• 간행이정 50리(거류지 무역 사실상 파괴)→2년 후 100리로 변경 *임오군란 이후 제물포조약에서 체결
조·일통상장정 (1883.7)	• 수출입품의 관세협정 • 방곡령은 1개월 전 일본영사관에 통보 • 일본 상인에 최혜국 대우 인정 • 아편 수입 금지 • 전라도·경상도·강원도·함경도 등 4도 어채권 허용

03 조·미 수호통상조약(1882)

① 배경
  ㉠ **김홍집이 「조선책략」이라는 책을 조선으로 반입** → 연미론 주장 + 전통적 화이관이 변화
  ㉡ 청의 알선으로 러시아와 일본의 견제를 위해 미국과 수교가 이루어지게 됨

② 조약의 주요 내용
  ㉠ 치외법권, 최혜국 대우, 협정 관세 등을 인정하는 불평등 조약
  ㉡ 거중조정권의 내용도 담겨져 있었으나 지켜지지 않았음
     (❸ 을사조약)

> 제1조 제3국이 한쪽 정부에 부당하게 또는 억압적으로 행동할 때에는 다른 한쪽 정부는 원만한 타결을 위해 주선을 한다.
>   * 조선이 제3국으로부터 부당한 침략을 받을 때 미국은 즉각 개입하여 조선 안보와 안위를 지키는 거중조정권의 내용 담겨져 있음
> 제4조 조선 백성이 미합중국 국민에게 범행을 하면 조선 당국이 조선 법률에 따라 처벌한다. 미합중국 국민이 조선 인민을 때리거나 재산을 훼손하면 미합중국 영사나 그 권한을 가진 관리만이 미합중국 법률에 따라 체포하고 처벌한다.
>   * 미국의 치외법권 인정
> 제5조 무역을 목적으로 조선국에 오는 미국 상인 및 상선은 모든 수출입 상품에 대하여 관세를 지불해야 한다.
>   * 조선은 저율이긴 하지만 관세권을 인정받았으나 미국에게 '최혜국 조관'을 인정
> 제14조 본 조약에 의하여 부여되지 않은 어떤 권리나 특혜를 다른 나라에 허가할 경우 이와 같은 권리나 특혜는 미국 관민과 상민에게도 무조건 균점된다.
>   * 최혜국 대우는 한 나라가 어떤 외국에 부여하고 있는 가장 유리한 대우를 조약 상대국에도 부여하는 것으로 미국 이후 모든 나라가 차례로 가지게 됨(열강들에게 이권 침탈 빌미 제공)

자료쏙쏙!

>>> 조선책략(4회 출제)
15회 중급 34번, 10회 3급 32번, 3회 4급 12번, 1회 3급 46번

> 오늘날 조선이 세워야 할 책략으로 러시아를 막는 것보다 급한 일이 없다. 러시아를 막는 책략은 무엇인가? 중국과 친하고, 일본과 맺고, 미국과 이어짐으로써 자강을 도모할 뿐이다.
> 「조선책략」

※ 조선책략은 청국인 황준헌이 러시아의 남하정책에 대비하기 위해 조선, 일본, 청국 등 동양 3국의 외교정책에 대해 서술한 것으로, 1881년 수신사로 파견된 김홍집이 귀국 후 조선 책략을 유포하였다.

자료 쏙쏙!

〉〉〉〉 영남만인소

그 책에 실려 있는 논의의 요점은 조선의 경우에 러시아를 막는 것보다 급한 것이 없다 하고, 방법에는 친중국(親中國), 결일본(結日本), 연미국(口美國)보다 급한 것이 없다고 하였습니다.
일본은 우리와 깊은 관계가 있는 나라입니다. 그런데 삼포의 난이나 임진왜란 때의 숙원이 아직 풀리지 않고 있습니다.
미국은 우리가 잘 모르는 나라입니다. 잘 알지도 못하는데 공연히 타인의 권유로 불러들였다가 그들이 재물을 요구하고 우리의 약점을 알아차려 어려운 청을 하거나 과도한 경우를 떠맡긴다면 이에 어떻게 응할 것입니까.
중국은 우리가 섬기는 나라입니다. 해마다 요동을 거쳐 비단을 보내고 신의를 지켜 속방이 되어 온 지 200년이 되었습니다. 러시아는 본래 우리와 싫어하고 미워할 처지에 있지 않은 나라입니다. 공연히 타인의 말만 믿었다가 틈이 생긴다면 우리의 체통이 손상되게 됩니다.
「영남 만인소」

※ 제시된 자료는 1881년 이만손을 중심으로 하는 경상도 유생들이 「조선책략」의 유포에 반발하여 올린 상소문이다. 「조선책략」을 주장하는 외교 정책의 문제점을 지적하고, 정부의 개화정책을 비판하였다.

04 각국과의 조약 체결

① 청의 알선으로 영국(1882), 독일(1883), 프랑스(1886) 등과 외교 관계 수립하고 러시아(1884)는 직접 수교→열강의 침략 경쟁 무대가 됨

② 문호 개방(서양 근대적 사상 + 문물제도 수용)으로 근대사회 발전 계기 마련

05 조·청 상민수륙무역장정(1882)

① 배경
  ㉠ 청은 임오군란을 진압하고 그 대가로 조선에 대한 내정 간섭을 본격화
  ㉡ 청은 조·미통상조약과 같은 해에 조·청상민수륙무역장정을 체결

② 조약의 주요 내용

> 전문 : 수륙무역장정은 중국이 속방을 우대하는 뜻에서 상정한 것으로, 이전의 대등한 국가 간의 일체균점(국제법상 다른 나라와 동일한 혜택을 받음)과는 예와 다르다.
>   * 조·미통상조약의 최혜국 대우를 견제하고, 미국·일본에게 청의 조선에 대한 종주권을 우회적으로 주장
>
> 제1조 청의 상무위원을 서울에 파견하고 조선의 대관을 천진에 파견한다. 청의 북양대신과 조선 국왕은 대등한 지위를 갖는다.
>   * 청국의 황제와 조선의 국왕은 상하관계라는 것을 역설적으로 설명
>
> 제2조 조선에서 청의 상무위원의 치외법권을 인정한다.
>   * 청나라 상인들에게 치외법권 허용
>
> 제4조 중국 상민은 북경과 한성의 양화진에서의 개잔무역을 허용하되 양국상민의 내지채판(내륙 지방의 시장에 상품을 운반해 판매하는 상업행위)을 금지한다. 단 내지채판 및 유력이 필요할 경우 지방관의 집조를 받을 것
>   * 개항장이 아닌 한성과 양화진에서 청국인이 점포를 개설할 수 있는 권리와 도성에서의 상행위 허용하고, 호조(일종의 여행증명)를 가진 자에게는 개항장 밖의 내륙통상권과 연안무역권까지 인정

③ 결과
- ㉠ 청 상인의 내륙 진출로 조선상인(시전상인, 공인 등)이 몰락
- ㉡ **청과 일본의 상권 경쟁이 치열(일본 상인의 무역 독점 종식)**
  → 청·일전쟁(1894)의 한 원인

06 개항 이후 일본·중국 상인의 침투

① 개항 초기 거류지 무역
- ㉠ 개항 초기 일본 상인은 개항장 사방 10리 이내로 활동이 제한되어 조선 상인들을 매개로 무역활동을 전개→일부 객주나 여각 등이 많은 이득 얻기도 함
- ㉡ 조·일 통상장정 개정(1883)으로 내륙 진출 허용→약탈무역으로 조선 상인 몰락
- ㉢ **일본 상인들은 영국산 면직물 판매하고 쌀·귀금속 등을 대량으로 수입**→식량부족과 쌀값이 폭등하고 농촌의 면직물 공업 몰락

② 임오군란 이후
- ㉠ 조·청 상민수륙무역장정 체결(1882)이후 청의 정치적 영향력 강화 및 청 상인 내륙 진출 허용
- ㉡ 청과 일본 상인 간의 치열한 경쟁
- ㉢ **청·일 전쟁(1894) 이후 일본 상인들이 주도권 장악**

자료쏙쏙!

>>>> 겸재 정선의 양화환도

- 양화진은 지리적으로 노량진 동작진 한강진 송파진과 함께 서울에서 주요한 나루터
- 인천과 전국 각지를 연결하는 해상 통로의 전진기지로서 서울의 관문 역할을 담당

>>>> 대일 수출입 상품의 품목별 비율 (1890)

일본상인은 영국산 면제품을 헐값에 사서 비싸게 파는 중개 무역을 통해 얻은 수익으로 곡물을 대량 구입→조선 농촌 면직물 공업 큰 타격+쌀값 폭등

자료쏙쏙!

>>>> 통신사 접대요리

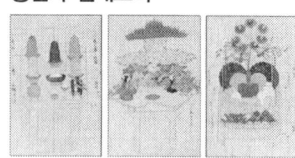

에도 막부가 통신사 접대에 엄청난 공을 들였는지를 알 수 있음

통신사와 한·일 교류를 알아볼까요?

출제핵심포인트

• 통신사의 역할과 의미를 이해해야 합니다.

01 통신사

04 회 출제
9회 3급 21번 | 7회 4급 22번 | 2회 4급 24번 | 1회 4급 20번

① 통신사

㉠ 조선정부는 200여년에 걸쳐 12회에 걸쳐 대규모 사절단 파견
→ **외교사절로서 조선의 선진문화를 일본에 전파**

㉡ 일본은 선진문물 수용하고 에도막부의 쇼군이 바뀔 때 마다 막부의 권위를 인정받기 위해 조선에 파견 요청→ 일본은 국가손님으로 극진하게 예우

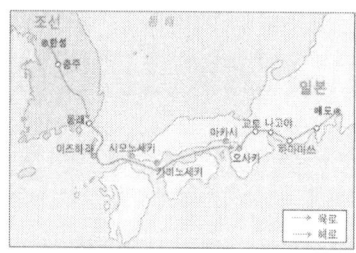

▲ 400년 전 통신사가 간 길

▲ 통신사 행렬도

② 통신사의 구성

- 통신사를 인솔한 삼사
- 음악과 행렬을 담당한 사람들
- 통역을 담당했던 통사와 훈도
- 글로 문화 교류를 담당한 사람들

▲ 에도시대의 최고 화가들이 동원되어 그린 통신사의 인물도

기출문제
12회 중급 35번

(가), (나) 조약이 체결된 시기 사이의 경제 상황으로 옳은 것을 〈보기〉에서 고른 것은? [3점]

> (가) 제10관 일본국 인민이 조선국 지정의 각 항구에 머무르는 동안에 만약 죄를 범한 것이 조선국 인민에게 관계되는 사건일 때에는 모두 일본국 관리가 심의한다.
>
> (나) 제4조 조선 상인이 베이징에서 규정에 따라 물건을 팔고 사도록 하며 중국 상인이 조선의 양화진과 서울에 들어가 영업소를 차릴 수 있도록 하되 …… 상무위원은 지방 관리와 함께 공동으로 날인하여 화물을 구입할 지방 이름을 밝힌 증명서를 발급해 준다.

| 보기 |

㉠ 일본 상품에 대한 무관세가 허용되었다.
㉡ 청나라 상인의 내륙 통상권이 허용되었다.
㉢ 개항장에서의 일본 화폐 사용을 허용하였다.
㉣ 황국 중앙 총상회가 상권 수호 운동을 전개하였다.

① ㉠, ㉡   ② ㉠, ㉢
③ ㉡, ㉢   ④ ㉡, ㉣
⑤ ㉢, ㉣

자료쏙쏙!

>>> 조청상민수륙무역장정 체결 이후 개발된 인천 외국인 거류지

해설 》 제시된 자료의 (가)는 강화도 조약, (나)는 조·청상민수륙무역장정이다. 강화도 조약과 조·청상민수륙무역장정이 체결되던 시기의 시대적 상황을 묻고 있는 문제이다.
- ㉠ 강화도조약을 계기로 일본 상품에 대한 무관세가 허용되고 일본 상인들의 조선 시장 진출이 활발해졌다.
- ㉢ 강화도 조약의 부속조약인 조일수호조규부록으로 개항장에서 일본 화폐 사용이 허용되었다.
- ㉡ 조·청상민수륙무역장정 체결 이후 청나라 상인들의 내륙 통상권이 허용되었다. 즉 (나)시기 이후의 일이다.
- ㉣ 강화도조약(1976)과 조·청상민수륙무역장정(1882) 이후 청, 일본 등 외국 상인의 내륙과 서울 진출로 많은 피해를 보게 되자 서울 상인들이 시전상인들을 중심으로 황국중앙총상회를 조직(1898)하였다.

→ 정답 ②

자료쏙쏙!

>>>> **정족산사고**

인천광역시 강화군 길상면 정족산성 내부의 전등사 서쪽에 있었으며, 실록의 보관이 주 업무였다. 강화도에 사고가 운영되기 시작한 것은 1595년이었다. 임진왜란으로 춘추관과 충주·성주의 사고가 불타고 유일하게 남은 전주사고의 실록이 해주를 거쳐 강화부 관아 건물에 보관되었던 것이다. 그 후 그것은 다시 영변의 보현사와 객사를 거쳐 1603년 새로 설치된 강화도 마니산사고에 옮겨져 복간되었다.

→ 정답 ②

예상문제

다음 지역과 관련된 내용으로 옳지 않은 것은? [3점]

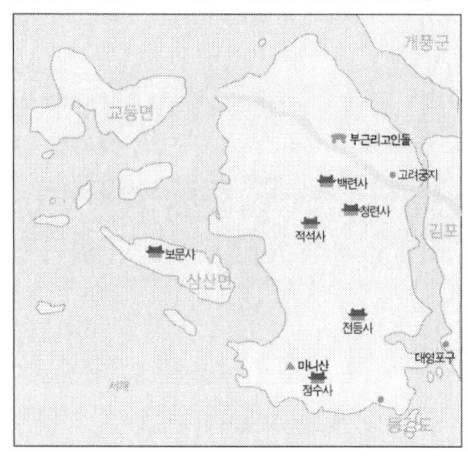

① 조선 후기 정제두를 비롯한 양명학자들이 학파를 형성하였다.
② 조선 인조가 청나라의 침입으로 삼전도의 굴욕을 겪은 곳이다.
③ 단군이 하늘에 제사를 지냈다고 전해지는 참성단이 있다.
④ 신미양요 때 어재연 부대가 미국 군을 무찌른 곳이다.
⑤ 임진왜란 이후 역대 실록들과 서책들을 옮겨 보관하는 사고가 설치된다.

해설》 제시된 자료는 강화도의 지도이다. 이를 통해 '강화 지역'에서 일어났던 한국사의 주요 사건들에 대해 알고 있는지를 묻는 문제이다.
② 삼전도는 조선 시대 한강 상류에 있던 나루터이다. 오늘날의 위치로는 서울특별시 송파구 삼전동 부근이다. 이 부근의 한강을 삼전도라고 칭하기도 했다.
① 조선 후기 정제두를 비롯한 양명학자들이 강화도에서 강화학파를 형성하였다.
③ 강화도 마니산 산정에 단군이 하늘에 제사를 지냈다고 전해지는 참성단이 있다.
④ 신미양요 때 어재연 부대가 강화도의 광성보에서 미국군을 격퇴시켰다.
⑤ 임진왜란 이후 강화도에 역대 실록들과 서책들을 보관하는 정족산사고가 설립되었다.

예상문제

밑줄 친 '사절단'에 대한 설명으로 옳은 것을 〈보기〉에서 고른 것은?
[2점]

임진왜란 이후 순조 11년(1811)까지 파견된 사절단은 일본에서 국빈으로 대접을 받았으며, 일행 중에는 문인과 서화가 등이 동행하였다. 일본의 지식인들은 이들과 접촉을 통해 조선의 문화는 물론 역사, 경사(經史), 풍물, 화풍 등을 얻는 것을 그들의 영광으로 여겼다.

| 보기 |

㉠ 조선의 선진문화를 일본에 전파하였다.
㉡ 17세기 초부터 19세기 초까지 12차례 파견하였다.
㉢ 시암, 자와 등과 교역이 활발하여 각종 토산물을 가져왔다.
㉣ 조사 시찰단이라고 불리기도 하였다.

① ㉠, ㉡ ② ㉠, ㉢
③ ㉡, ㉢ ④ ㉡, ㉣
⑤ ㉢, ㉣

해설 » 제시된 자료에서 '일본에서 국빈의 대접', '임진왜란 이후' 등의 표현과 사진 자료를 통해 조선통신사에 대한 내용임을 알 수 있다. 1607년은 일본의 국교 재개 요청으로 첫 조선통신사가 파견되어 순조 11년(1811)까지 12회 가량 파견이 되었다. 조선통신사는 에도 막부의 요청으로 정기적으로 파견되었으며 조선의 문물을 일본에 전파하는 역할을 하였다.
㉠ 조선통신사는 조선의 선진문화를 일본에 전파하였다.
㉡ 17세기 초부터 19세기 초까지 12차례 파견하였다.
㉢ 시암, 자와 등과 교역이 활발하여 각종 토산물을 가져온 것은 동남아시아와의 교류와 관련이 있다.
㉣ 조사 시찰단은 메이지 유신(1868) 이후 파견된 사절단이다.

자료쏙쏙!

》》》 사대는 중국, 교린은 일본 및 여진에 대한 외교정책으로 세력이 강하고 큰 나라를 받들어 섬기고, 이웃나라와 대등한 입장에서 사귀어 국가의 안정을 도모한다는 조선 개국 아래의 외교방침이다. 특히 중국에 대한 사대는 조선의 기본 법전인 「경국대전」에 올려 이를 뒷받침하였다.

→ 정답 ①

공무원 기출문제집

서원각 기출문제집으로 시험 출제경향 파악하자!

▲ 기출문제 정복하기

전 직렬 공통 필수과목
일반행정직
사회복지직
교육행정직

▲ 최신 기출문제

필수과목/행정직
교육행정직/사회복지직

▲ 최근 5개년 기출문제

국어/영어/한국사/사회
행정법총론/행정학개론
교육학개론

▲ 최근 10개년 기출문제

국어/영어/한국사/사회
행정법총론/행정학개론
교육학개론

▲ 최신 3개년 기출문제

필수과목/행정직
교육행정직/사회복지직

▲ 문제만 담았다! / 해설만 담았다!

영어/한국사/사회
행정법총론/행정학개론
교육학개론

▲ 기출문제 정복하기

9급 건축직/7급 건축직/
기계직

▲ 서울시 공무원

필수과목 기출문제 정복하기,
국어/영어/한국사/행정학개론/
행정법총론

네이버 카페 검색창에서 '공무공부'를 검색하셔서 네이버 카페 공무공부에 가입하시면 각종 시험 정보를 보실 수 있습니다.

상식키우기

서원각과 함께하는 상식키우기!

▲ 공사공단 일반상식

▲ 시사일반상식

▲ MAC을 짚어 주는 시사일반상식

▼ 공사/시사 일반상식

정치·법률, 경제·경영, 사회·노동, 과학·기술, 지리·환경, 세계사·철학, 문학·한자, 매스컴, 문화·예술·스포츠 관련 상식을 중요한 것만 모아 수록하였다.

▲ 공기업/공공기관 채용 빈출 일반상식

▼ 공기업/공공기관 채용 시리즈

공기업과 공공기관 채용시험에 나올 법한 상식만을 모았다! 정치·법률, 경제·경영, 사회·노동, 과학·기술, 지리·환경, 세계사·철학, 문학·한자, 매스컴, 문화·예술·스포츠 관련 상식을 중요한 것만 모아 수록하였다. 또한 한국사의 기출유형문제를 정리하여 포함하였다.

빈출 일반상식 – 중요 시사상식 및 빈출용어 수록
간추린 일반상식 – 출제가 예상되는 문제와 해설 수록

▲ 경제용어사전

▲ 부동산용어사전

▼ 한눈에 쏙! 시리즈

경제용어사전 – 단기간에 완성하는 경제용어 및 금융상식
시사용어사전 – 시사용어 및 시사 상식을 한눈에 쏙
부동산용어사전 – 부동산과 관련된 핵심 용어를 쉽고 간결하게 정리